児玉源太郎関係文書

尚友倶楽部児玉源太郎関係文書編集委員会 編

児玉源太郎 陸軍中将

明治35年 後藤新平（左）と児玉源太郎（右）

明治37年 寺内正毅（左）と児玉源太郎（右）

日露戦争前後
前列右端、児玉源太郎
後列左より、大山巌、井口省吾、福島安正、一人おいて松川敏胤

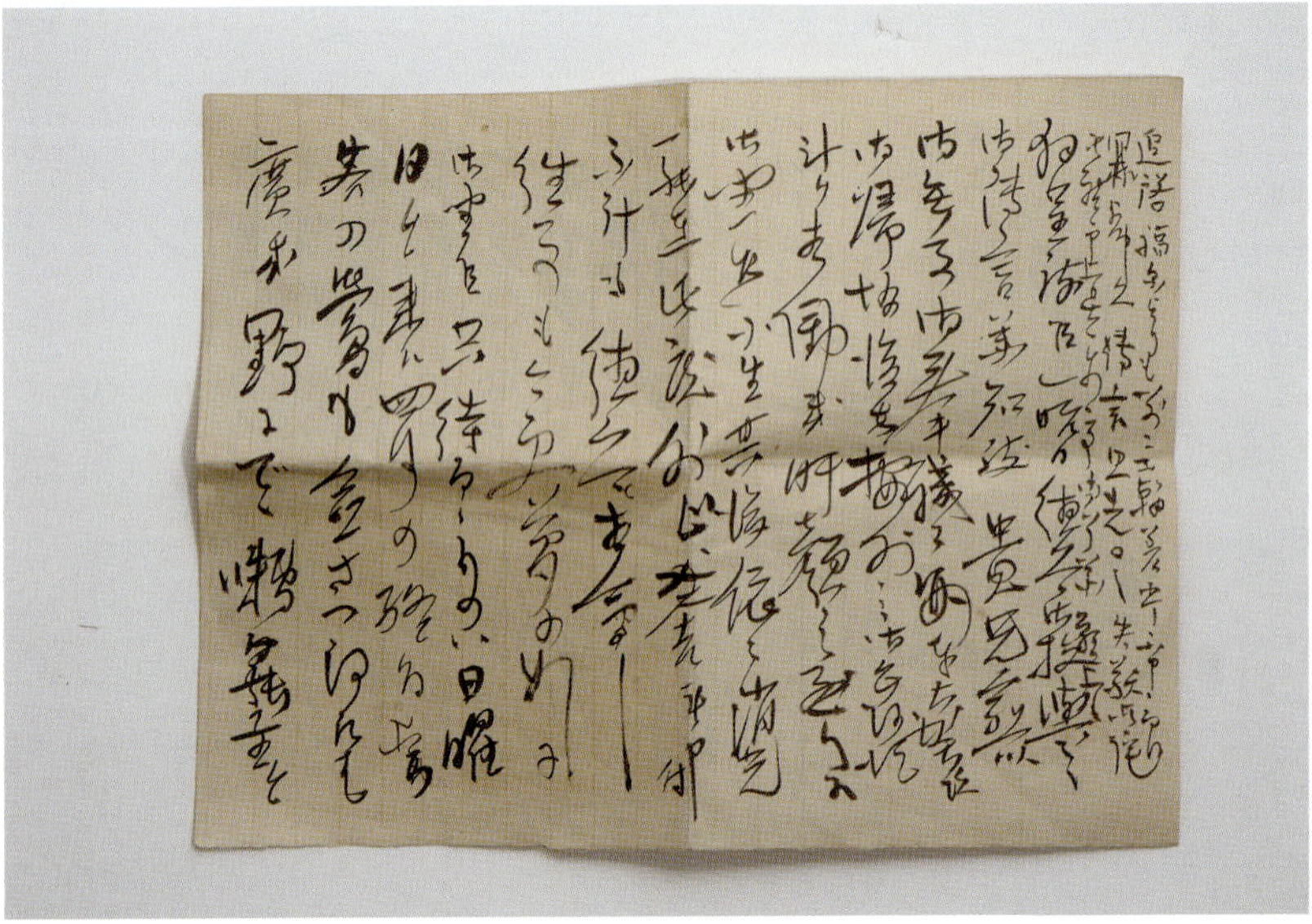

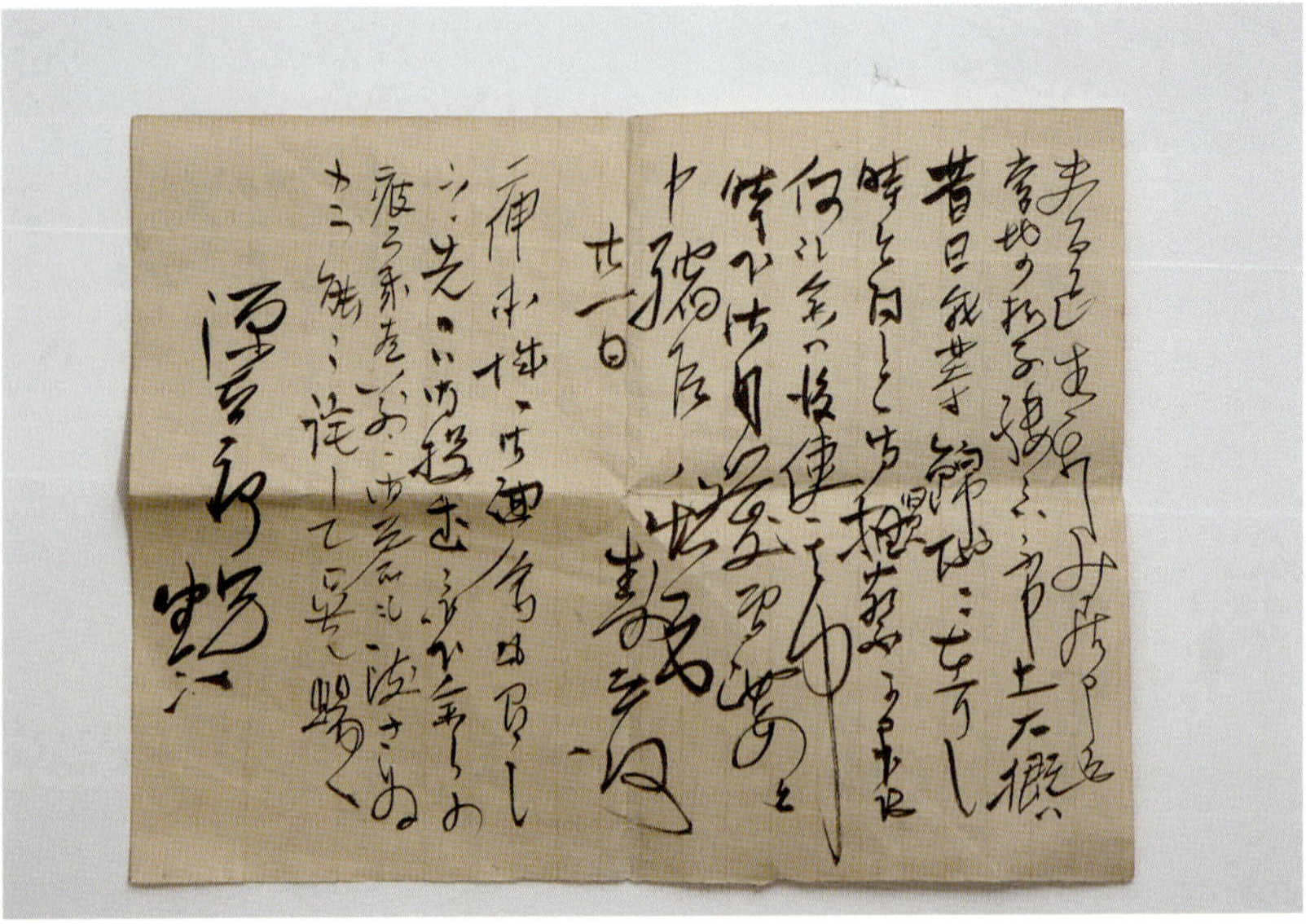

寺内正毅5番書簡

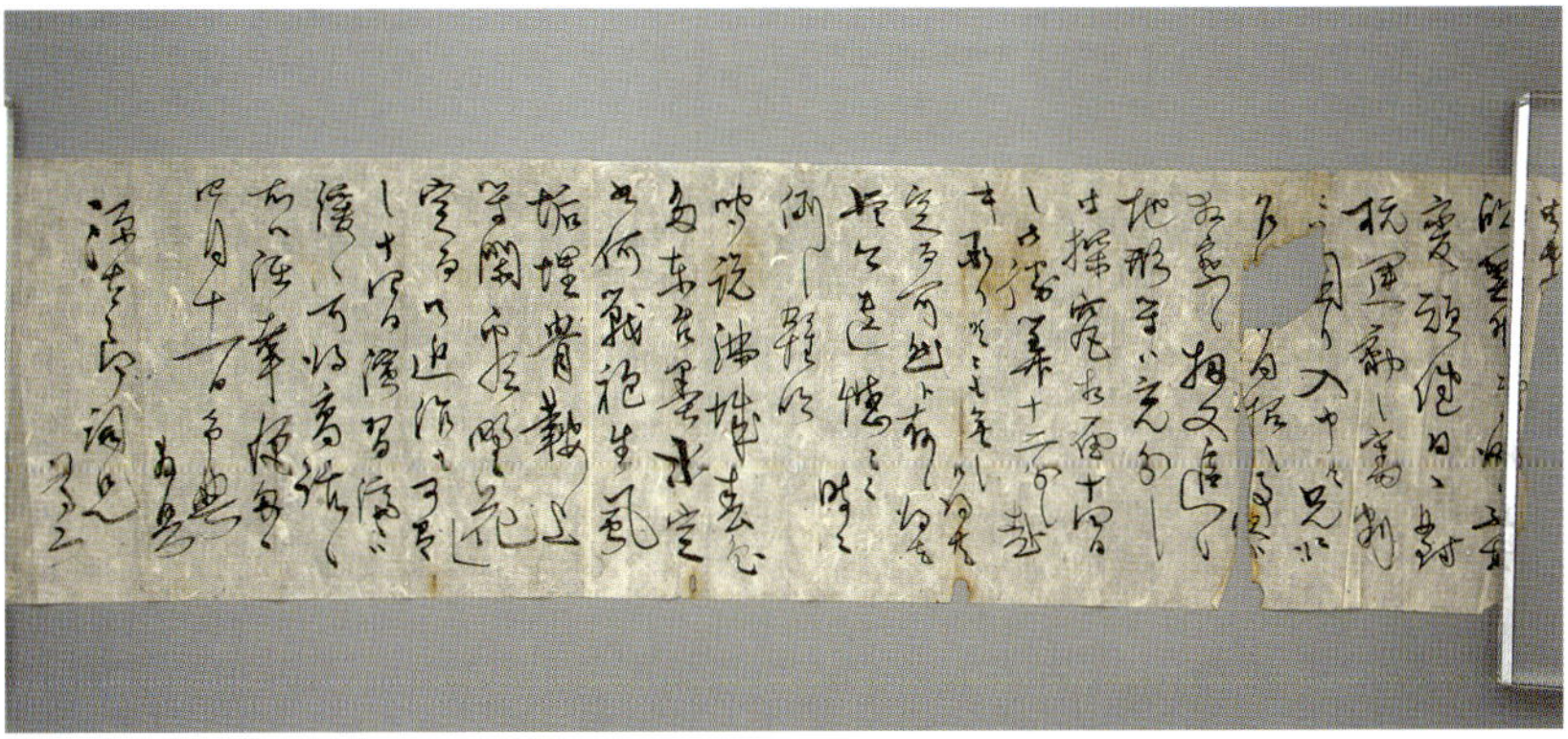

乃木希典１番書簡

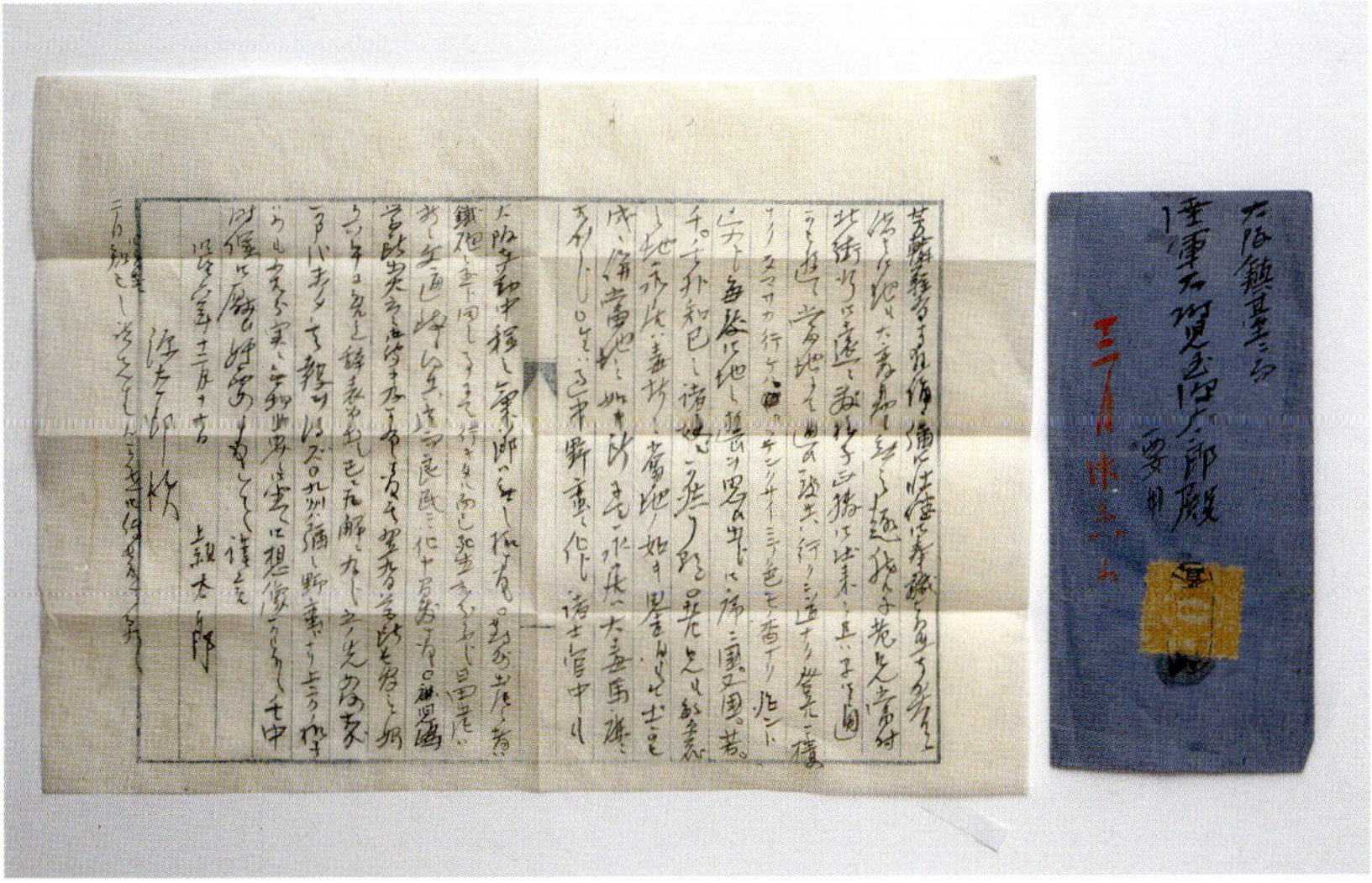

山田穎太郎１番書簡

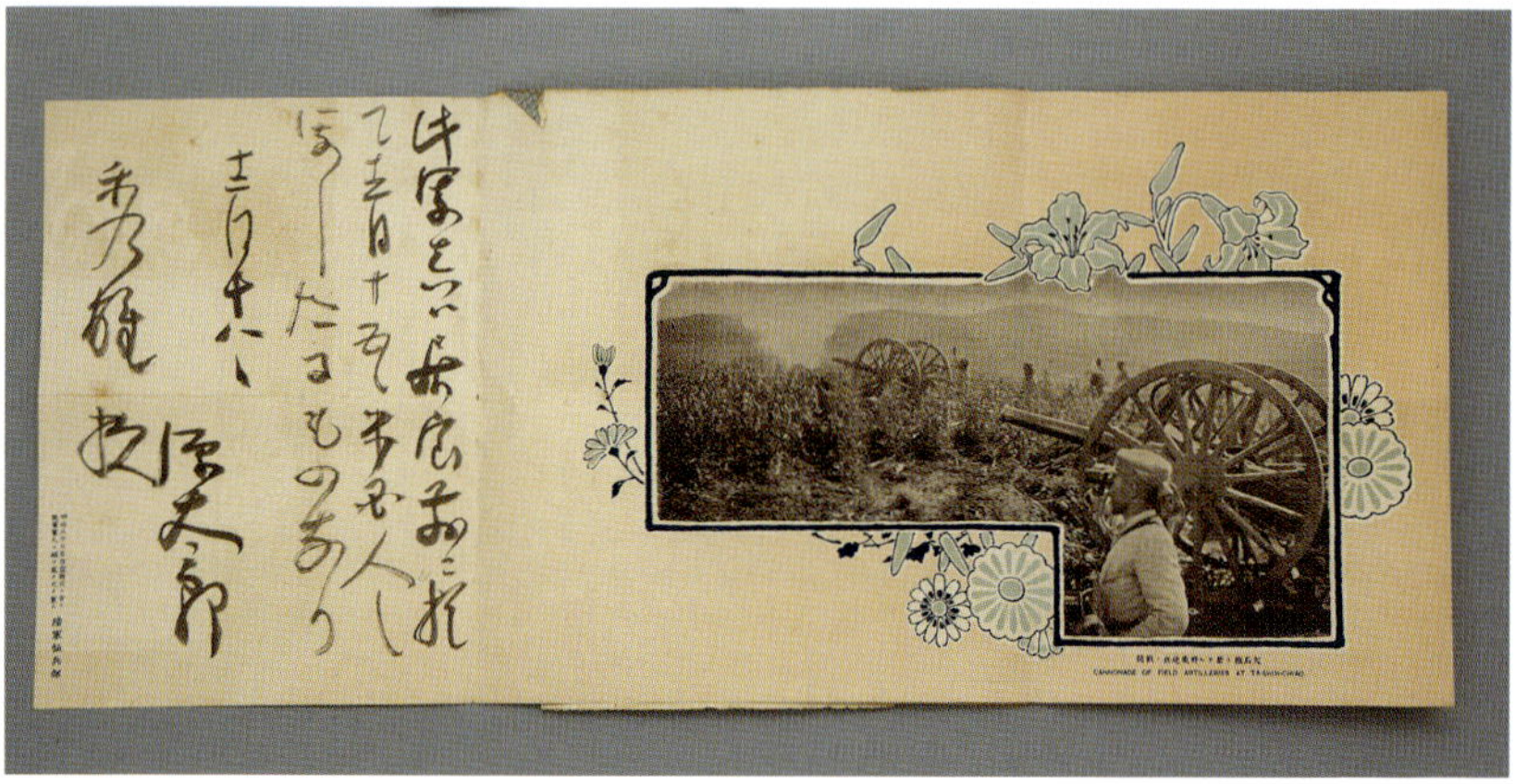

児玉源太郎14番書簡

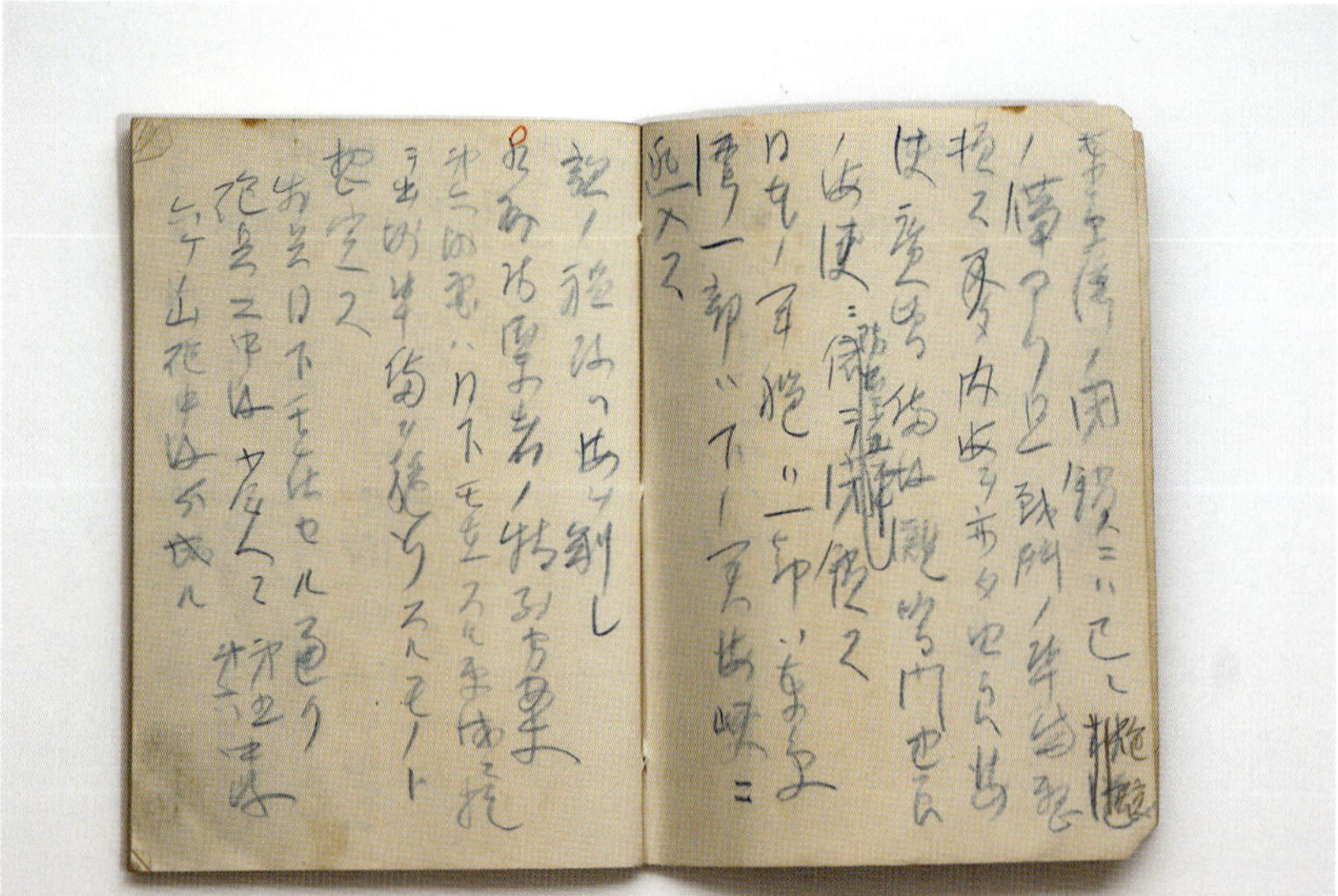

手帳メモ　明治（21）年

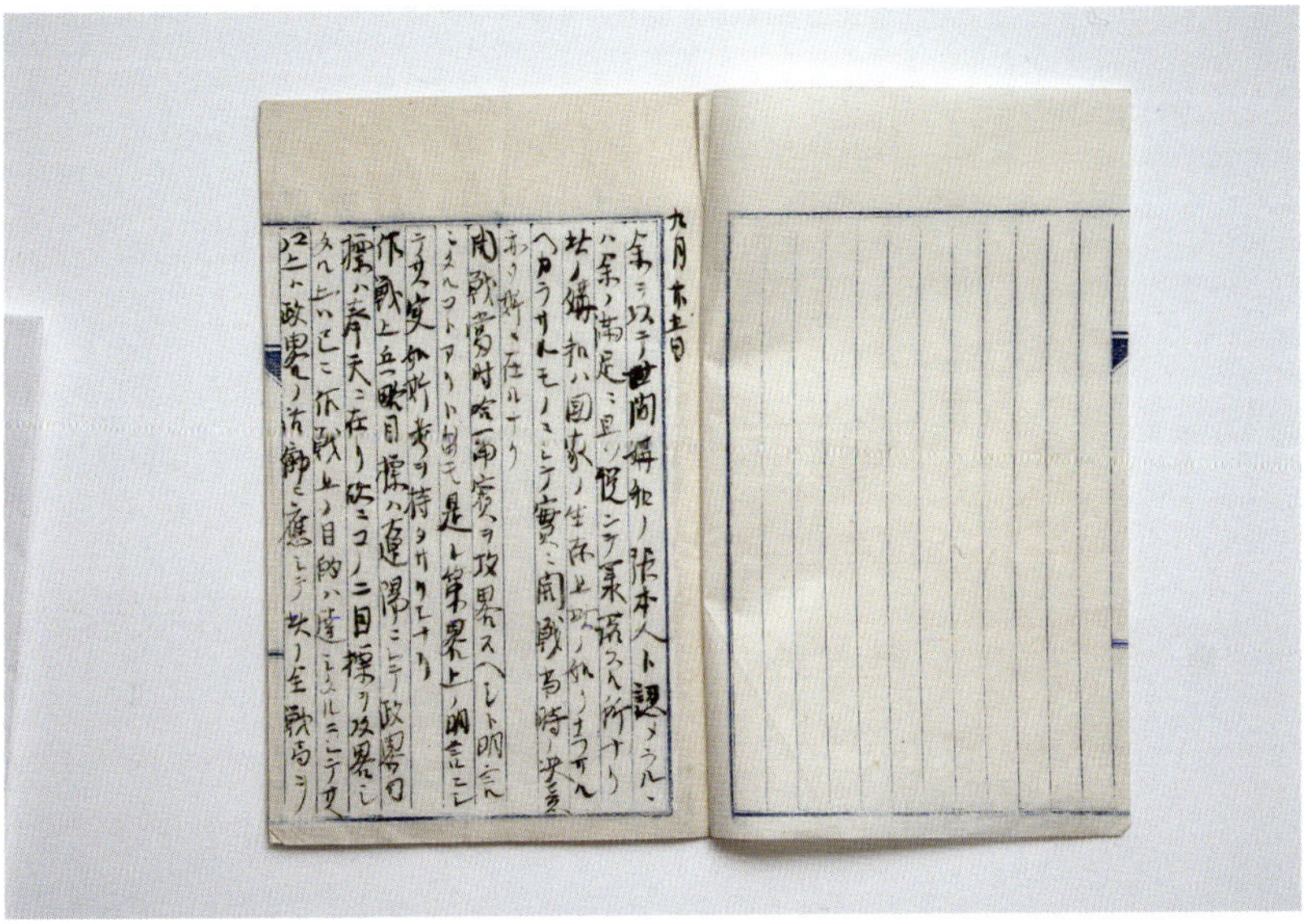

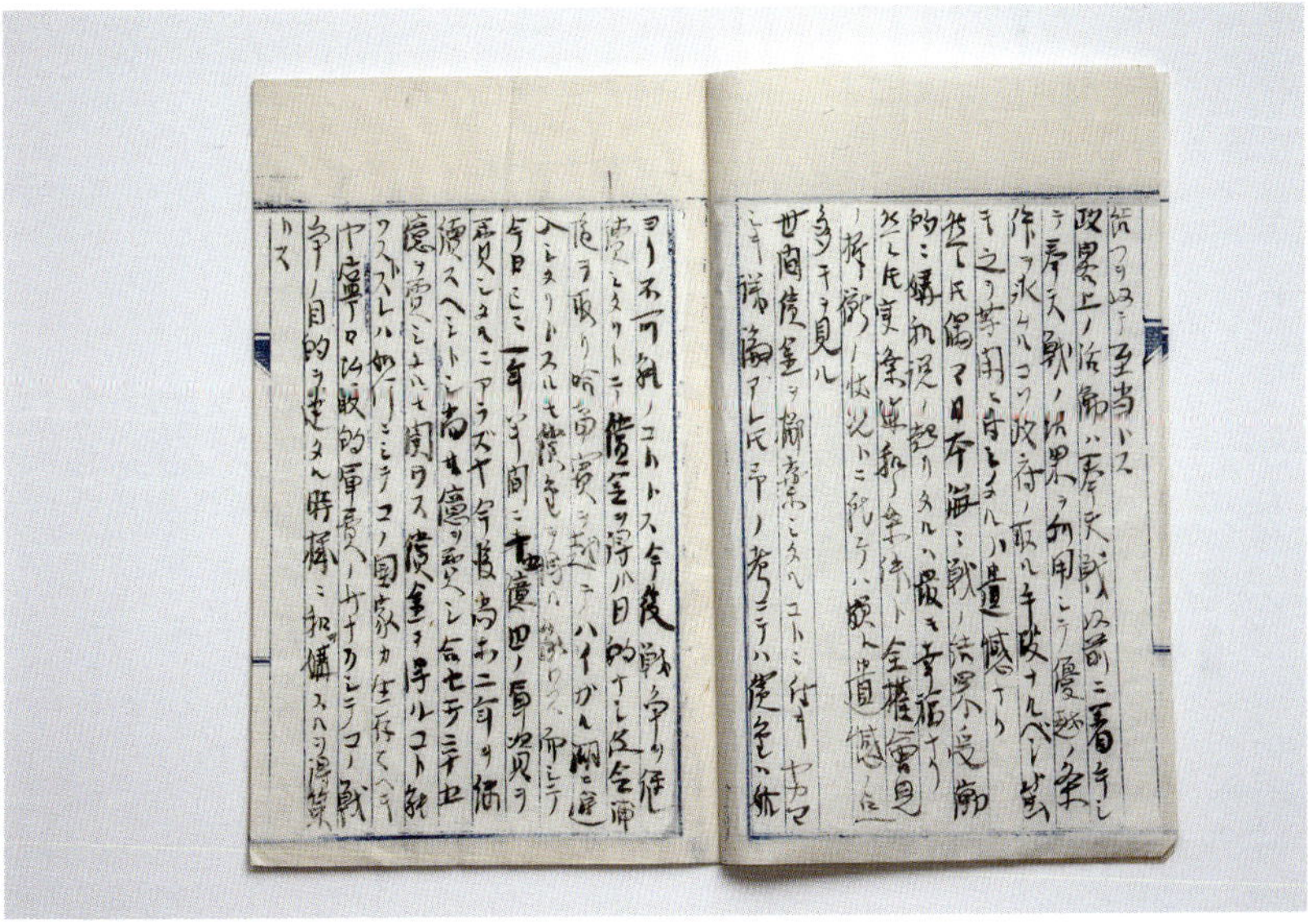

日露講和締結に満足する覚書

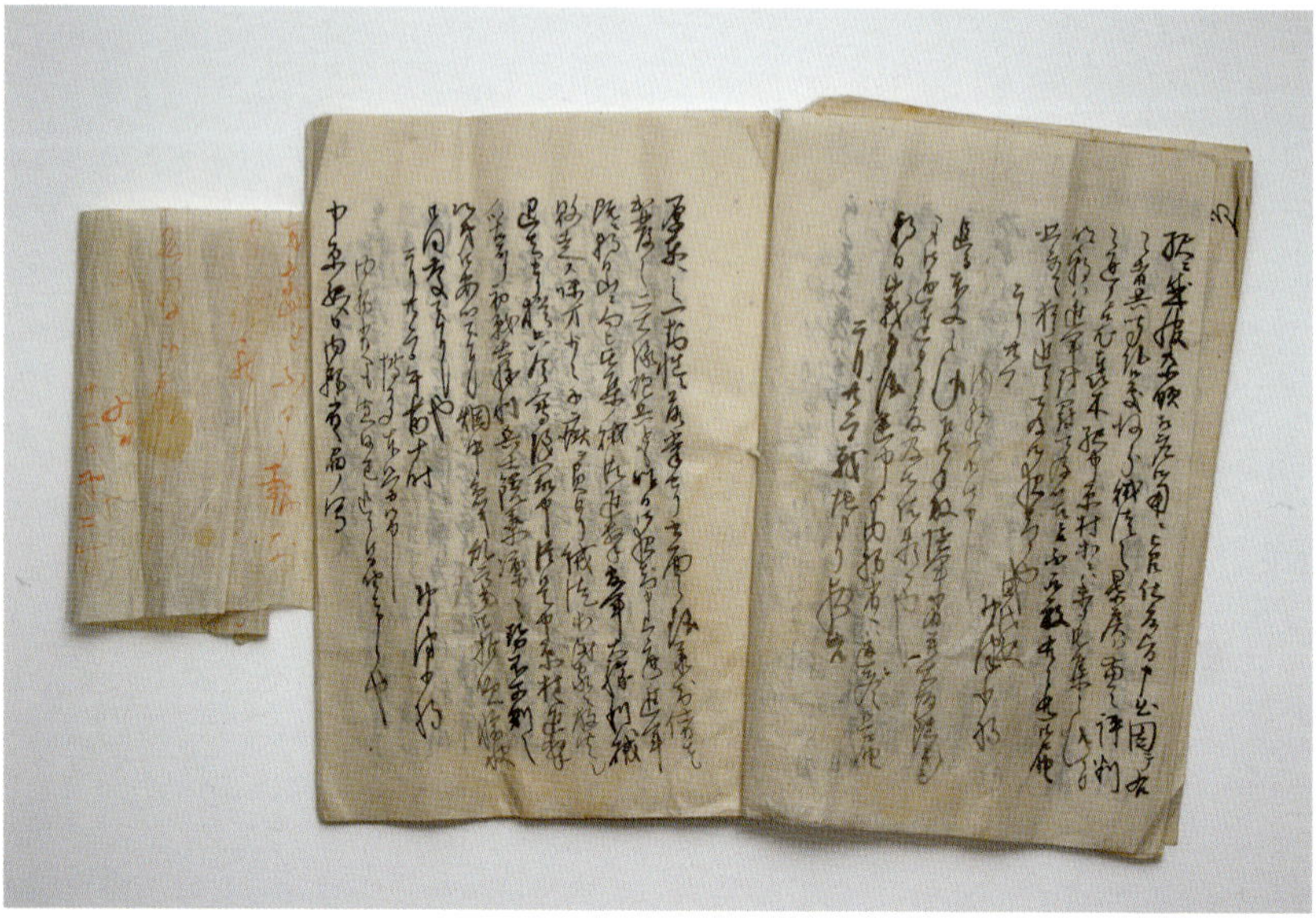

佐賀の乱に関する書類綴

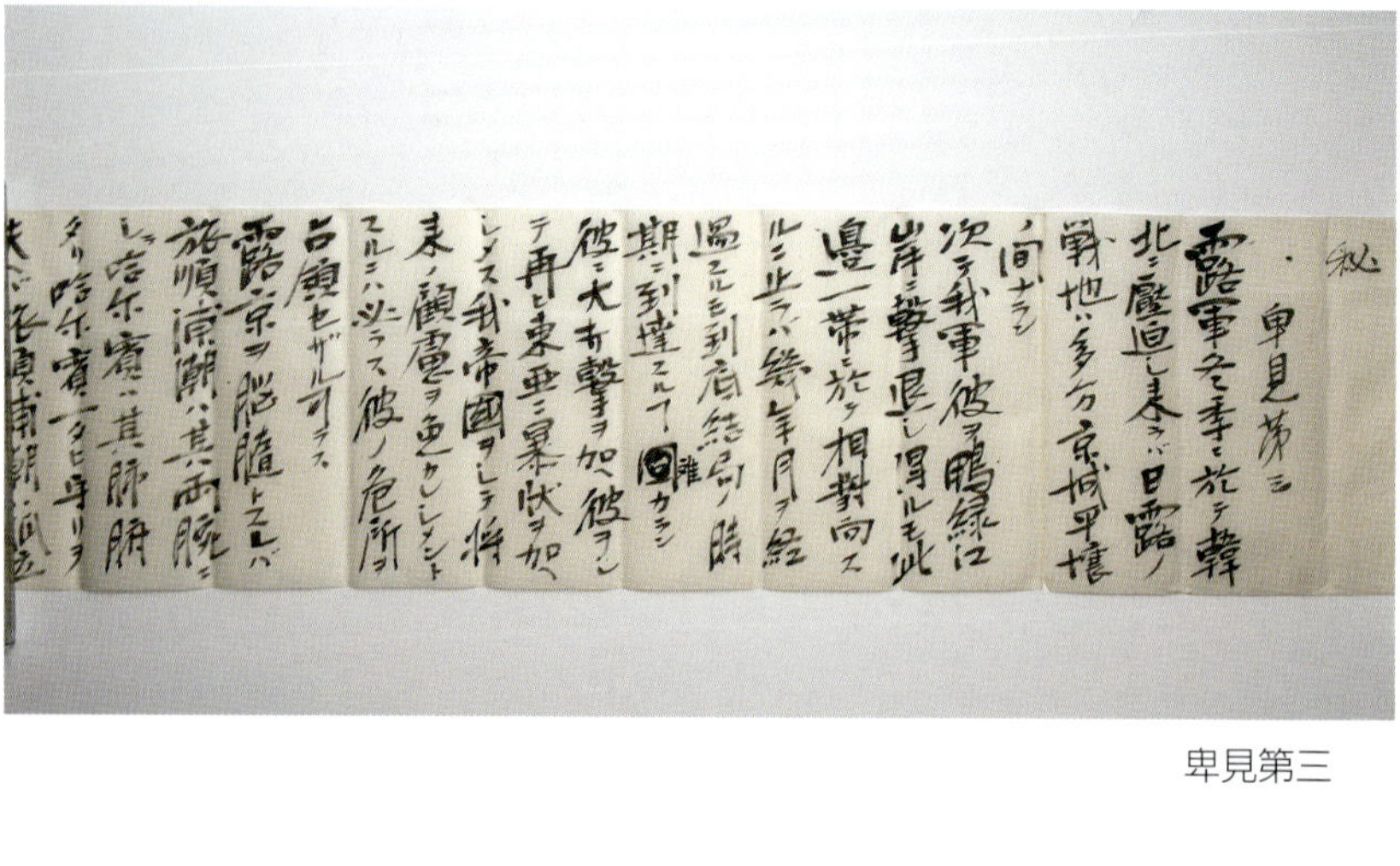

卑見第三

写真提供：児玉家

刊行にあたって

この度、『児玉源太郎関係文書』を刊行する運びとなった。

尚友倶楽部では平成二二年に児玉源太郎子爵のご令息児玉秀雄伯爵の関係文書を尚友叢書『児玉秀雄関係文書』Ⅰ・Ⅱとして発刊している。児玉秀雄関係文書の刊行後、児玉家のご後裔の方にお会いした際に、新たに見つけられた児玉家文書のお話があり、ご提示いただいたものが児玉源太郎子爵関係文書であった。今回児玉家から提供された史料は、明治初年からの家族間書簡、源太郎から秀雄への書簡、長州関係者からの書簡、報告書、身に着けられていた手帳等で、明治新政府発足時の様子も伺われる未公開のものである。

児玉源太郎子爵は明治二年に兵部省に士官、明治一〇年の西南戦争に於いて熊本鎮台司令長官を補佐して熊本城を守りきる経験をされ、創生期の日本陸軍の発展に寄与された。日清戦後明治三一年二月に台湾総督を拝命し、後藤新平を台湾総督府民政局長に起用し台湾統治に貢献され、また日露戦争では陸軍参謀本部次長、満州軍総参謀長として偉功をたてられ、明治三九年に陸軍大将で逝去された方である。

今回このような貴重な資料を当倶楽部に提供され、叢書としての刊行を快諾された児玉家当主児玉紀氏には心より感謝申し上げる。

東京大学名誉教授伊藤隆氏は、全史料を点検、検証されその価値を認められ、叢書としての刊行にいたるまで指導を賜った。創価大学教授季武嘉也氏は、多岐にわたる史料群を整理、編集し、収録のための選択作業をされ、見やすく纏める煩雑な仕事の労をとられ、一点一点の史料に解説を附された。玉川大学非常勤講師濱田英毅氏は季武氏とともに、原史料受け取り段階から係わられ、膨大な史料を仕分け、整理し、目録を作成、解読入力も担われた。御茶の水女子大学非常勤講師田中潤氏は、判物の整理、目録作成、解読入力と専門的分野でのご協力をいただいた。

以上の方々に深甚の謝意を表し、本書が他の尚友叢書同様に日本近代史研究に資することを願う次第である。

平成二十五年十二月五日

一般社団法人　尚友倶楽部

理事長　醍醐　忠久

目次

②　届　渡辺央・野津鎮雄〔西郷従道宛〕　明治7年3月2日
③　再度の嘆願書　副島義高・木原隆忠　明治(7)年3月28日
④　東伏見征討総督宮随従官員　明治(7)年(3)月
⑤　田代駅より出張内務省へ届　野津鎮雄〔内務省宛〕　明治(7)年2月21日
⑥　二月廿二日戦地より報告　野津鎮雄〔博多本営宛〕　明治(7)年2月22日
⑦　二月廿二日戦地再報告　野津鎮雄　明治(7)年2月22日
⑧　苔野村より御届　野津鎮雄　明治(7)年2月23日
⑨　苔野村より再届　野津鎮雄　明治(7)年2月25日
⑩　三瀬御戦地略報　小笠原義従〔山田顕義宛〕　明治(7)年2月27日
⑪　三瀬御戦報告　月形潔〔山田顕義宛〕　明治(7)年2月26日
⑫　山田少将へ御届　吉田唯一〔山田顕義宛〕　明治(7)年2月22日
⑬　廿七日戦地報告　野津鎮雄　明治(7)年2月27日
⑭　廿八日戦地報告　野津鎮雄　明治(7)年2月28日
⑮　佐賀入城之上内務省へ届　野津鎮雄〔内務省宛〕　明治(7)年2月28日
⑯　官軍死傷之員数　明治(7)年
⑰　電信之訳　三上豊昌〔児玉源太郎宛〕　明治(7)年3月9日
⑱　書簡　晋〔児玉源太郎宛〕　明治(7)年4月25日
敬神党の乱に関する諸書類写綴……………………290

①　十月二四日の景況　児玉源太郎　明治(9)年(10)月(24)日
②　非常に付施行并に文移之概略　児玉源太郎〔山県有朋宛〕　明治9年10月25日
③　児玉源太郎司令長官代理任命の達　熊本鎮台〔各隊・各部宛〕　明治9年10月25日
④　与倉知実諸兵指揮官任命の達　熊本鎮台〔各隊・各部宛〕　明治9年10月25日
⑤　要地扼守の達　児玉源太郎〔乃木希典宛〕　明治(9)年(10)月(25)日
⑥　非職将校出仕の報告　熊本鎮台　明治9年10月25・26日
⑦　雑役司令官任命の達　熊本鎮台〔会計部宛〕　明治9年10月25日
⑧　長崎砲台兵引揚げのため伝令派遣の件　児玉源太郎　明治(9)年(10)月(25)日
⑨　小倉・大阪の兵の移動について上申　児玉源太郎〔山県有朋宛〕　明治9年10月25日
⑩　防禦線・病院等に関する方針　児玉源太郎　明治(9)年(10)月(25)日
⑪　県庁よりの攻撃の要請　児玉源太郎　明治(9)年(10)月(25)日
⑫　賊徒攻撃につき心得の布告　児玉源太郎〔会計官・武庫主管宛〕　明治(9)年10月25日
⑬　已未決囚兵士採用の達　熊本鎮台〔裁判官宛〕　明治9年10月25・28日
⑭　県庁より護衛兵派遣の依頼　桑原戒平〔熊本鎮台宛〕　明治9年10月25日
⑮　弾薬・雷管製造の伺　北川柳造〔児玉源太郎宛〕　明治9年10月25日
⑯　従者を軍属に遇する布告　児玉源太郎〔各隊・各部宛〕　明治9年10月26日
⑰　電信開通の件　児玉源太郎　明治(9)年(10)月(26)日
⑱　秋月の乱に関する電報　児玉源太郎〔吉松秀枝・津下弘宛〕　明治(9)年10月26日
⑲　秋月の乱に関する電報　乃木希典〔児玉源太郎宛〕　明治(9)年10月26日

⑳　秋月士族暴発の電報　明治(9)年(10)月(27)日
㉑　管下各県に対し暴走の所為の移牒　児玉源太郎〔小原正朝・渡辺清・小嶋秀朝・大山綱良宛〕　明治9年10月26日
㉒　糧米貯蔵の達　児玉源太郎〔会計部宛〕　明治9年10月27日
㉓　酒肴下賜の達　熊本鎮台〔会計部宛〕　明治9年10月27日
㉔　秋月の乱鎮圧の達　児玉源太郎〔乃木希典・吉松秀枝宛〕　明治(9)年10月27日
㉕　銃・弾薬返納の命令　熊本鎮台〔歩兵第一三聯隊・工兵第六番隊宛〕　明治(9)年10月27日
㉖　久留米出兵の命令　熊本鎮台〔歩兵第一三聯隊宛〕　明治9年10月27日
㉗　埋葬の件　明治(9)年(10)月27日
㉘　蒸気船出帆差し止めの申進　熊本鎮台〔熊本県宛〕　明治(9)年10月27日
㉙　鹿児島へ探偵派出の件　明治(9)年10月28日
㉚　傷痍者へ慰物下賜の件　熊本鎮台　明治9年10月28日
㉛　熊本県賊徒追討の仰出の件　山県有朋〔熊本鎮台宛〕　明治9年10月28日
㉜　三角繃帯并に兵粮配布の達　熊本鎮台〔各隊宛〕　明治9年10月28日
敬神党の乱の際の日誌　明治9年10月24日～11月1日……………………313
諜報誌……………………319
①　十月廿五日熊本県庁よりの報　明治(9)年10月25日

② 十月二十五日確報を得たる件　明治(9)年10月25日
③ 会計部より遣したる探偵者より報知　明治(9)年(10)月(25)日
④ 会計部より遣したる小林一義の報　明治(9)年(10)月(25)日
⑤ 細川護久使者より聞きたる件　明治(9)年(10)月(25)日
⑥ 平野長俊・立田山形況探偵の報　平野長俊　明治(9)年(10)月(25)日
⑦ 江口和俊・高橋探偵の報　江口和俊　明治(9)年(10)月(25)日
⑧ 緒方軍平・熊本市中近傍探偵の報　緒方軍平　明治(9)年(10)月(25)日
⑨ 小林一義・植木探偵の報　小林一義　明治9年10月25日
⑩ 十月廿六日報　林隼之輔　明治(9)年10月26日
⑪ 使者野池伍長より報　明治(9)年(10)月(26)日
⑫ 県庁に分遣したる支隊の司令新井少尉試補より報　新井太郎　明治(9)年10月25〜26日
⑬ 仝日午后第七時月岡・柴田両中尉より金峰山の報　月岡三郎・柴田正孝　明治(9)年(10)月(26)日
⑭ 十月廿七日之報　明治(9)年(10)月(27)日
⑮ 十月廿八日之報　明治(9)年(10)月(28)日
⑯ 十月廿九日の報　小林一義　明治(9)年(10)月(27)日
⑰ 県庁官員より聞きたる件々　明治(9)年(10)月(29)日
⑱ 佐舗より帰りたる平野長俊の探偵報　平野長俊　明治(9)年(10)月(29)日
⑲ 十月廿九日の報　明治(9)年(10)月(29)日
⑳ 十月卅日之報　小川又次〔児玉源太郎宛〕　明治9年10月30日

㉑　南関駅より徳久大尉より報告　徳久蘇八〔与倉和実・児玉源太郎宛〕明治9年10月29日
敬神党の乱に関する報告書写綴……332
①　中村宗則〔児玉源太郎宛〕明治9年10月31日
②　岡本高道〔中村宗則宛〕明治9年10月30日
③　三浦煥〔児玉源太郎宛〕明治9年11月1日
④　田中元朝　明治9年10月31日
⑤　岡井高尚　明治9年11月2日
⑥　不明　明治(9)年10月24～31日
明治9年10月24日夜賊徒暴動及ひ戦備の景況　塩屋方国〔大山巌宛〕明治9年11月6日……344
明治10年籠城中聚糧調高　川口住武　明治11年……347
Ⅵ　日清・日露戦争関係……353
赴任来之景況　明治(27・28)年(　)月24日……354

三国干渉に関する電報写　明治(28)年(5)月……363
卑見第三　福島安正　明治(36)年(10・11)月……366
秘　第四　福島安正　明治(36)年(10・11)月……370

VII　その他の書類……373

地租増徴に関する上奏案　桂太郎　明治(35)年(12)月……374
行政整理に関する卑見　有吉忠一〔児玉源太郎宛〕明治(36)年……382
学制改革案に対する意見書　平田東助　明治(35・36)年……390
地租増徴案・砂糖税増徴案に関する意見書草稿　明治(36)年……399
行政改革に関する諸覚書　明治(36)年……402

凡　例

一　本書は、児玉家に所蔵されている児玉源太郎に関わる書簡・日記・書類の中から、史料的に価値が高いと思われるものを選択して編集したものである。なお、同家に残された源太郎長男児玉秀雄宛の書簡・電報は、尚友倶楽部児玉秀雄関係文書編集委員会編『児玉秀雄関係文書Ⅰ　明治・大正期』、『児玉秀雄関係文書Ⅱ　昭和期』（ともに尚友倶楽部、二〇一〇年）として刊行した。

二　選択した史料は、以下のように分類し編纂した。

「Ⅰ　児玉源太郎宛書簡」では、源太郎に宛てられた書簡をすべて差出人別、年月日順に配列した。

「Ⅱ　児玉源太郎書簡」では、源太郎が秀雄に宛てた書簡をすべて年月日順に配列した。

「Ⅲ　児玉源太郎　日記・手帳」では、源太郎が手帳に書いた日記や覚書をすべて年月日順に配列した。

「Ⅳ　児玉源太郎　意見書草稿・覚書」では、源太郎が記したあるいは記したと推定される意見書草稿や覚書のうち、史料的価値が高いと思われるものを選択し、年月日順に配列した。

「Ⅴ　佐賀の乱・敬神党の乱・西南戦争関係」では、これらの事件に関する報告書類などのうち、史料的価値が高いと思われるものを選択し、事件別、年月日順に配列した。

「Ⅵ　日清・日露戦争関係」では、両戦争に関わる書類のうち、史料的価値が高いと思われるものを選択し年月日順に配列した。

「Ⅶ　その他の書類」では、源太郎が作成したものではないが、源太郎の手元に残った書類のうち、史料的価値が高いと思われるものを選択し年月日順に配列した。

三　推定年代や推定作成者には（　）を付した。

四　表記法は漢字・平仮名を原則とし、漢字は新字体、仮名遣は原文のままとした。

五　明白な誤字・脱字は〔　〕に入れて右脇に示した。誤用・慣用が通用しているものについては傍注を付さなかった場合がある。

六　各史料の末尾に〔註〕を付し、封筒表記や用箋についての情報、登場する人物についての情報、および史料の背景についての解説などを記した。綴られた史料については、【註】にして示した。

七　闕字・平出については原則としてこれを再現しなかった。

八　句読点は適宜付した。

児玉源太郎 関係文書

Ⅰ　児玉源太郎宛 書簡

浅見栄三郎

1　明治（8）年8月30日

一翰呈上。残炎難凌候処御壮健御勤仕奉遥賀候。御留守皆様御無事被為入御安心可被成候。野生方同断。当年取分暑気強く雨気一向無之困却致居候処、漸今朝快雨諸人大喜に御坐候。田作は近年之豊作競申候。夫は扨置御老母様先日より少々御不快被為在、強て御気遣と申程之事にも無之候得共、御老年之上御弱体に付兎角御肥立果敢取不申候。大に御案申候。御食餌も御病体相応には相進候由、御自用も六ケ敷右手不可言語も常体ならす、夫故か余り御咄等も不被成、姉者も大に心配被致候。池田好安療治掛りに付、此間彼方へ罷越いか程之義に可有之哉。様子次第源太郎へ可申遣と相考候処、左ほと之義にも及間敷、先達而脳を御煩被成候余毒と見思候通申聞候。次第に時候涼気にも相成候へは、漸く御全快可被成相楽居申候。尚御留守より委曲可申参候得共、野生見場有体之処得御意迄に御座候。其内何とか趣も御坐候は丶、早速可申述、文太郎にも右之趣御聞せ可被下候。彼生も追々出精可仕、御老母も兎角気に懸り候趣、毎々御噂有之事に御座候。先は御見込旁如斯御座候。其内残暑御厭可被成候。余は後鴻申残候。不悉

八月二十日　　自省斎

源太郎様

文太郎様

尚々幾重も御用心可被成候。家内より宜申上呉候様申聞候。

〔註〕浅見栄三郎、雅号は自省斎、徳山藩の剣術指南。源太郎の父半九郎は栄三郎の息子次郎彦を養子とし、源太郎の長姉ヒサと結婚。半九郎の死後、次郎彦が児玉家を継ぐが、藩内俗論派によって正義派の次郎彦は元治元年に暗殺された。源太郎の母モトは明治8年に体調を崩し、同年10月8日死去。文太郎は次郎彦・ヒサの息子。

2　明治(8)年(8)月31日

昨日委曲申上候通、御容体都合相替義も無之処、即今池田好安の宅へ被越申候は、差而急に御気遣之義に有之間敷候得共、何分御老年之義、頃日通御食餌進兼ては御つかれも出可申候。兼々御咄も御坐候事に付為念申上候。熊本へ其御心得を以被仰遣、可然存候通申聞候。仍而は為見込一応早々御帰郷候は丶、双方御安心之義と相考申候。其上にて御全快候は丶早速御帰鎮可然存候。先は為其早々如此御坐候也。

三十一日

尚々御用心可被成候。文太郎も同断候也。

〔註〕巻封表「源太郎様　自省斎　無事急き」。浅見栄三郎1番書簡と同じく、母モトの病状を伝えた書簡。

3　明治(8)年10月9日　浅見端と連名

一筆致啓上候。

御母上様御病気次第に御衰弊、御食餌近頃は一向御進不被成、種々御介抱には着手候得共、終に御養生無御叶、昨八日午後四時過御死去被成、絶言語驚入候義に御坐候。御承知之上御愁傷致遠察候。文太郎打罷帰郷候て間に合、御相対御本懐之義と相見申候。御病体何と申御様子にも無之、漸々御老衰御臨終何之御苦労も無之、至極御平穏之事に候共、委細は池田氏より申上候義と存候。最早此上は孝子之事終り、一図忠信之御周旋肝要之義に御坐候。姉家幷大坂御愁傷想像致候。しかし御留守の義は先当分は御安心可被成候。追々御相談も可申上何分無人に込り申候。半七柳蔵其余共何れも心配致呉候。此度之一件も大に出精不容易働に御坐候。先は御悔如此御坐候。其内御気分御保護御勤可被成候。家内より色々申上呉候様申聞候也。

十月九日　　浅見自省斎

浅見端

児玉源太郎様

〔註〕浅見端は浅見栄三郎の息子。源太郎母モトの死去を報じた書簡。従来は命日が10月9

日とされていた。源太郎には次姉ノブがおり、陸軍将校波多野毅と結婚。大阪には源太郎の妻マツの実家がある。

4　明治（10）年（10）月9日

九月十四日薩国出水より之御状、同廿五日受取申候。先以御無事御周旋被成珍重存候。大坂表皆様御無事御安心之事に御坐候。薩賊も静謐相成候。先は一統安心之義に御坐候。長々御心配之義御察申候。爰元何れも無別条相暮候間御懸念被下間敷候。当節何処之御在陣に候哉。此上無御油断御勤仕肝要に御座候。

一、此内は次郎彦祭礼頼被下、難有委細大坂申遣候。定而御承知と存候。先達而祭礼も為済申候。且又御母上様三回忌にて咋八日於興元寺御法事御頼上申候。旁御安堵可被下候。柳蔵より書状さし出候趣是非急為知候に付、不取敢一筆如此御坐候。尚時下御厭可被成候。余は後便相縮申候。不悉

九月九日〔ママ〕　夜　燈火認　　自省斎

源太郎様

尚幾□御用心可被成候。秀雄子余程丈夫に相成候趣に御坐候。今暫家内芝居留守旁□御見込且ふし計申上候。以上

〔註〕西南戦争当時の書簡。当時、源太郎は妻子を大阪に避難させていた。

5　明治(10)年10月15日　　浅見端と連名

修次もふ事に御坐候。

本月七日之御状十日受取辱致拝見候。先以六日無御滞御凱旋、目出度致安心候。勝て冑之緒しめよ、此上御注意肝要に存候。今日野村武吉貴覧に罷出候付一書差出候。爰元都合静謐に御坐候。西南戦争之一件も新聞にて略察申候。尚追々承知仕度候。山田小太郎も此節帰省致居候。大坂にも御無事之由、当地御留守之義御安心可被成候。先達而被下候七十円之義は一の井手百姓に田方質入れにして預け置候間、是又御安堵可被成候。半七世話致候。先は御見込旁如斯御坐候。其内冷気御用心可成候。余後便申縮候。已上

十月十五日　　浅見端

〃自省斎

児玉源太郎様　御元へ

尚々時下御厭可被成候也。

6　明治(11)年5月16日

近衛府御出書之由、重畳結構者難有御座候。随分御謹慎御勤務専一に御座候。此内珍書沢山御恵贈被下辱直様相楽申候。野老も当年八十一歳に相成次第に老衰、乍併二三里之路木履にて随分歩行致候。先日端心配して寿筵相開、案外盛宴に相成申候。御同慶可被下候。此内より追々皆様御着京御安全奉賀候。文太郎何卒相応之人物に相成候へかし何分御心配無義奉願候。江村も転任候

由、娘も此間富海へ引越申候。矢嶋今日出立也。爰元春以来雨天勝にて処々□候。世上金子之払底に込り候様子也。当年如何之訳か毛虫沢山生出、庭樹も畠物も食荒し込り物に御座候。東京如何哉。先達而庄恵塩川等も懲役済帰り候様子に御座候得共、一向見懸け不得候。営は広島へ巡査罷出居処中風致し一向不叶にて帰り居候様子也。追々ひ子御廻申候。其外都合相替候義も無御座候。秀雄子丈夫に相成可申察し候。被入御念可然候。御家内様宜御伝声奉希候。御留守は堅固、柳蔵半七無事に御座候。老物執筆に致困却候。御推察可被下候。余は譲後鴻候。不悉

五月十六日　　自省斎

源太郎様

尚々幾重も時下御用心可被成候。家内より宜申候也。四、五日以前日面寺へ泥棒這入、和尚小僧も推転し及狼藉候様子也。

〔註〕内封筒表「源太郎様　御元へ　自省斎」。明治11年2月25日、源太郎が近衛局出仕となった際の書簡。文太郎は当時、広島英語学校で学んでいた。

7　明治(14)年(1)月(　)日

新年目出度御同慶也。扨又当県は二十年来未曾有之寒気にて寒入以来あわ雪花昼夜無断絶老物抔は一向外出は相成不申、炬燵計にて縮居候て夜半よりは閉目不相成無余義左之通寝言出来候故、則懸御目候間御一笑是祈。

寄懐源太郎子

丈夫遠役幾星霜　喜聴童児各健強

記否吾今八十四　無銭無酒困宵長

除夜山静亭作

世上未聞歌□窮　価人嚢底覚銭空

□他兄弟斟椒酒　静話山方大古風

又

姪也勧杯弟也歓　阿見心事更寛之

又有貢光克操作　内成歳計不言貧

新年

四海風清波不驚　聖君仁徳逮蒼生

固知天意無新旧　何故民間思夏正

節分

米価近来兼玉争　掃煤舂餅亦人情

世間万事多児戯　痴夢宝船迎福名

一月廿一夜大雪

昨夜寒風叩戸鳴　老翁衾冷多難成

児達朝穴□窓望　言是前庭出樹生　穴之下説の□字

弔事

雪満山村暮景寒　豊年端入野人欽

老夫頼遁風蓆事　擁膝炉辺一睡安

又

鶯子林間未鼓峴　四山晴雪勧詩腸

東恵頼為伝春信　夢白梅花一点芳

修次も愈申迫□申聞是も塾生遠来芝居之者廿人位、送当地□通ひ生三ー暮之昼夜の取立随分相応に多用に御坐候。酒は又々一切不飲旧冬は□□にて何れも難渋之趣御坐候。

御留守之儀半七心配之趣也。委細彼之者より可申上、先は御祝詞如此。向寒御用心可被成候。以上

自省斎

源太郎様

〔註〕浅見栄三郎は明治15年死去。本文中の「今八十四」から年代を推定。

浅見端

1　明治(11)年3月15日

先達より度々御状追々受取辱拝見仕候。是よりは無申訳御無音申上候。御上京御滞尚御転任御賜金旁重疊目出度奉存候。此節は御家内様も御上京相済可申、姉様には近々爰元帰郷之趣柳蔵方迄申参候由、是又早々上京と申事也。此内より被仰下候御給禄受取即為御印章等之義、爰元取計ひ相済し置申候。御家納御伝来之印鑑如是為御心得差送り候間、其旨御承知可被下候。野生共は是迄一向存不申候。此印判は半七受持にて万端取扱候趣承り候得共、至極大事之物納に付野生方に取収置候間、右様御承知可被下候。此内は知行方受取等之義半七一手にて取計、一図彼方に引受候様子に御座候得共、近年来は親類ならては受取不相成、且委任状等事六ケ敷相成候故、野生一応受取金子は即日半七に相渡受取状致させ置申候。去暮より懸り物一向無御座、万事御留守之世話は半七引受居候趣に付、金銀等出入之義彼者に直様被仰聞候都合以来宜敷哉に相考申候。此段申上置候。委細は姉様御承知之義旁付御相談可被為成候。しかし表向之義は野生取計ひ申候間、御安心可被成候。御印章何そ御好も有之候は丶可仰下候。御取替被成候得は夫々届入申候。

御令妻送籍左之通。

大坂府下第四大区拾四小区堂島北町第三番地　岩永たき女まつ

安政三年辰四月十八日生

右、明治九年丙子三月廿二日仕出、大坂より送籍到来也。爰元にても此外可証物一向無之本城子も先日帰郷暫時滞留御様子委細承知仕候。親父よりも何角申上度候得共、此度は御無音仕候由宜敷申上己に御申聞候。石碑之義も承知、好き御思立篤と相考委曲可申上段申候。

去暮以来寒気殊の外甚敷、此節少々相緩み于今梅花も残居申候。来月三日徳信霊神二百年之御祭礼也。発性院様之御事也。先は用事計申上候。随分時下御用心可被成候。文太郎出精仕候処御世話之義に御座候。皆様に宜御伝声可被下候。姉様上京之節委細可申上候。早々不備

三月十五日　　浅見端

児玉源太郎様

尚々御用心可被成候。

〔註〕「故人の家書類」と書かれた袋入り。附箋「御伝来之印章」〔丸印の押印〕。浅見端は浅見栄三郎の息子。御家内様とは妻マツ、姉様とは波多野ノブ、発性院とは毛利輝元の次男で初代徳山藩主毛利就隆（一六七九年死去）。マツは大阪の岩永秀松・タキの長女。

2　明治(11)年5月9日

先月十二日之貴書早速受取忝拝見仕候。先以御満家様御清勝之由奉恐賀候。次に野生方何れも碌々消光仕候間、乍憚御休意可被下候。姉様無御障被成御着之由、目出度安心仕候。文太郎無恙致勉強候由、御世話之儀御座候。家翁も歓申候。家翁年賀旧三月十五日開筵仕候。案外盛宴に相成、来客も五十人計御座候。御同慶可被下候。其御地にても思召有之段忝、老人も本懐之様子に御座候。近衛局へ御出仕委曲被仰下、皆々難有かり申候。扨又御留守公債証書利子近日御渡下け相成候に付、其取計仕置候。尤於県庁渡方相成候に付何れも申談、区長渡辺官吾へ受取方相頼申候。仍而貴家より野生迄受取置呉候様御頼之証拠無之候而は渡方不致趣に付、是又其取計仕候間、此段御承知被置候様存候。右利子金は受取之上半七へ相渡申下意に御座候。尚追々可申上候。矢島帰郷之節は、段々珍書御越被下、老人歓昼夜披見仕候。宜御礼申上候様申聞候。此内より早速御願旁可申上候処、何角取込大延引汗顔之至に御座候。乍末御家内様へ宜御伝声奉願候。其内時下御用心可被成候。尚後音申残候。早々頓首

五月九日　　端

源太郎様

尚々帰来重々御用心専一奉存候也。

〔註〕家翁とは浅見栄三郎。

3　明治（16）年3月26日

口演別啓

梅地央近年下の関へ住居仕候処、如何したる事に哉、二階え菰を敷腹を切り因て突候処、早速療治此節漸平愈仕候由。誠に後日之恥辱此の事に御坐候。可咲〳〵。

二月十一日之御郵書速に相達し難有拝読仕候。日増春暖相成候所先以御館皆々様御安体と奉大賀候。次に小生方皆々無異に罷在候間、乍失敬御休意可被下候。扨先般は御転役大佐御奉命之段被仰聞重畳目出度家内諸共に奉大慶候。早速御答御歓可申上之処、兎角延引仕候。御錦地当春は余寒殊之外手強御坐候由、嘸々御込り被成候と奉遠察候。爰元は取替へ寒気も昨年より少し、降雪も余り積み候事無之旁以仕合申候。猶御息子様方追々御丈夫被遊候と想像申上候。御一統様へ宜敷様御伝言奉願上候。先は乍延引御歓として以愚筆如斯に御坐候。可祝。

三月廿六日　　浅見端

児玉源太郎様　玉机下

二白　時候御用心専一に奉存候。文太郎へ宜敷御噂被下度御頼申上候。不悉

〔註〕封筒表「下総国佐倉宮小路十一番地　児玉源太郎様　平安信」、封筒裏「徳山村　浅見端」。源太郎は明治16年2月6日大佐に昇進。梅地央は幕末時、源太郎義兄で正義派の次郎彦と敵対していた俗論派。

4　明治（　）年4月1日

漸く暖気相成候所、愈御揃御安健被成御勤奉拝賀候。次に小生共無異罷在候間、乍憚御休意可被下候。扨は別紙之通り回達相成候間、雛形之通り印鑑三枚以前之御実印御認至急御送り方被下度、併し外県出役之分は往復之義も有之候に付、日限通りには如何成り急用にても相運ひ不申段、其向役所え申出置候間、左様御思召可被下候。其内申も乍疎時下御加養可被成候。右已如斯に御座候。頓首

四月一日　　　　　　　　　　　　　　端

源太郎様

尚々時候御厭可被成候。乍筆末御一統様へ可然御伝声可被下候。奉願上候。

諸公債証書に付詮義之次第有之趣、各所有者は左之雛形に依り印鑑三枚宛、四月五日限り差出方相成度候事。

但、日限迄に差出方無之向は無之と見倣し上申不致候事。

都濃郡徳山村何番屋敷居住　族籍 印鑑㊞　　　　　何の誰

金尺巾一寸長さ四寸用紙厚紙

貴家之分則大略左にて宜敷かと奉愚案候。

都濃郡徳山村千七百三番地屋敷居住士族 印鑑㊞　　　　　児玉源太郎

〔註〕封筒表「下総国佐倉宮小路十一番地にて　児玉源太郎様　平安　至急」、封筒裏「□〔破レ〕防徳山村三番丁　浅見端　四月一日　発」。

5　明治（　）年（　）月（　）日

此書簡は過日可差出筈にて相認め置候間、右様御思召被下度。矢島氏帰京に付不取敢申上候。公債証書利子金は此間則区長取締於扱処受取申候。尤貴君より委任状御送方之筈之処、爰許にて其取計に及ひ、過日半七方へ慥に相渡申候間、旁御承知可被下候。以上

〔註〕封筒表「東京小石川水道丁三十番地　児玉源太郎様　平安書　浅見端」、封筒裏「徳山三番丁」。

伊舎堂盛英

1　明治(9)年9月14日

口上

今日御出艦被成目出度存候。御祝詞申入候。以上

九月十四日

藩王使

伊舎堂親方

〔註〕源太郎は明治9年8月、前年に琉球に設置された熊本鎮台分遣隊を巡視するため、琉球に渡った。この書簡は、熊本に帰台する際のものと思われる。琉球藩王は尚泰、伊舎堂親方は伊舎堂盛英（唐名・翁逢源）で、外交を担当する琉球王府高官。

伊藤博文

1　明治（29）年4月18日

爾来（貴恙如何）国事繁忙且老父死没等之為彼是取紛不候。御起居疎濶〔ママ〕に打過慙愧之至に候。却説軍備拡張之為陸軍に臨時建築部事務官を被置候趣に而、高杉東一事其末班に御登庸相叶候得は大に仕合可申、同人之所言に而は其資格は有之候趣に而、試に老台え御願申上候。万一大山大臣え小子より申込み候儀必要との御考慮も可有之候へは、小子より可申試候間無御遠慮当人え指示被下候。為其。早々頓首

四月十八日　博文

児玉次官殿

〔同封〕履歴書

履歴書

東京市芝区田町弐丁目十三番地山口県士族

高杉東一

元治元年十月生

明治十八年三月十四日　高等商業学校卒業

七月一日　出納方補兼交換掛可相勤　第拾五国立銀行

月給八円給与候事

同　二十年十二月六日　任外務属　外務省

仝日　叙判任官七等　仝

仝日　会計局勤務を命す　仝

同　廿一年一月廿六日　任領事館書記生　外務省

仝日　叙判任官七等　仝

仝日　在ホノルヽ領事館在勤を命す　仝

仝日　七級年俸英貨弐百参拾磅支給す　仝

同　廿二年　八月六日　御用有之帰朝を命す　仝

十一月四日　任外務属　仝

仝日　叙判任官七等　仝

仝日　会計局勤務を命す　仝

同　廿三年　七月七日　陞叙判任官四等給下級俸　仝

九月九日　非職を命す　仝

九月十一日　本年九月九日附を以て正金銀行役員に就職致度旨願出の件許可す　仝

九月十一日　当銀行手代申附候事但八等相当月給金十五円支給候事　横浜正金銀行

仝日　当銀行計算方申附候事　仝

同　廿四年　二月廿日　依請求解傭候事　仝

同　廿四年二月廿一日　復職を命す　外務省

二月廿三日　任公使館書記生　仝

仝日　叙判任官四等　仝

仝日　年俸弐百八拾磅支給　仝

仝日　維也納在勤を命す　仝

四月一日　給上級俸　仝

同　廿四年四月一日　在勤俸九百円支給　外務省

同　廿五年十二月十五日　格別勉励に付金参拾五円賞与す　仝

同　廿七年四月廿六日　帰朝を命す　仝

同　廿八年二月十五日　給四級俸　仝
　　　　　十六日　依願免本官　但諭旨　仝
　　　　　十八日　在官満七年以上に至り退官に付　仝
　　　　　　　　　金百四拾円給与
同　廿八年二月廿七日　雇員を命す　但月俸四拾五円を給す　陸軍省
　　　　　仝日　大本営附を命す　仝
　　　　　廿八日　大本営附を免し第二軍附を命す　大本営
　　　　三月八日　金州行政庁附を命す　第弐軍司令部
　　　八月廿一日　雇員を免す　陸軍省
同　廿八年九月十六日　任会計検査院属　会計検査院
　　　　　仝日　賜四給俸　仝
　　　　　仝日　臨時軍事費検査委員を命す　仝

〔註〕封筒表「児玉源太郎殿　親展」、封筒裏「博文」。伊藤博文は首相。博文の父伊藤十蔵は明治29年3月19日死去。大山は大山巌陸大臣、高杉東一は高杉晋作の遺児。

2　明治(40)年(11)月(9)日

何かかけとてかく事ないよ　愧てもかくより外はなし

〔註〕写真「伊藤博文」。消印40・11・9。

伊東巳代治

1　明治(28)年5月8日

昨朝七時到着、直に告知に及、午後清国の全権伍廷芳、聯芳に面会し、夜に入り九時より十二時迄の間開会して批准交換の取極を為し、今朝に至り清国政府より其全権に電報を送り、一見したるに左の如し。

「露国政府は日本政府に批准交換及休戦の延期を要求したるに因り、米公使をして同事件を日本政府に電報を以て懸合たり。総理衙門の恐るゝ所は、現在の休戦時期経過以前に回答を得難きに在り。故に日本派出の全権に依頼し、三国の干陟〔ママ〕に基因するに依り批准交換を延期せられん事を願ふ趣を、日本政府に発電せん事を以てせり。」

清国全権委任帖には欠点ありと雖、之を恕し訓令に従ひ交換予備の取極めは辛くして協定する事を得たり。然しなから目下の情勢訓令を待たすして反対して交換を結了するは、到底望むへからず。今朝も手強く交換を求めたれとも、此上之を強ゆるは破談に至るの外なし。故に本日午後迄に確然たる訓令に接せされは、交換を三日間猶予する事を告け、清国不承諾なれは直に交換を拒否するものと看做し、清国政府に其違約〔プロテスト〕を責むるの一書を残し出立するの外なし。

芝罘五月八日午前四時五十五分了発　　伊東巳代治

〔註〕明治28年4月17日、日清講和条約が締結され、同年5月8日に芝罘（山東省煙台）で両国元首の批准書を交換することになった。しかし、その後に三国干渉があり、ロシアは清側に批准書交換の延期を忠告し、清もそれに従って日本に延期を申し入れていた。このような中で、5月2日に伊東巳代治内閣書記官長は批准書交換のため日本を出発、芝罘に5月7日未明到着した。本史料にあるように、この時点でも清側は依然として交換に消極的であったが、結局8日に交換は完了した。本史料は、外務省編『日本外交文書　明治　第28巻第2冊』（巌南堂書店、一九五三年）に、陸奥外務大臣宛の電報として掲載されている。また、この経緯は晨亭会編刊『伊東巳代治』上巻（一九三八年）に詳しい。

揖斐章

1　明治（　）年10月21日

略啓
野戦砲隊行軍之写真一枚、此程持参候積に候処、丸で失念仕候間、幸便之節御送回被下候様仕度、此段御依頼仕候也。

十月廿一日

〔註〕封筒表「児玉陸軍大尉殿　御直　揖斐章」。児玉が大尉だったのは明治5年7月25日から7年10月19日。揖斐は幕府陸軍出身で、大阪兵学寮の教官をしていた。

〔大島〕邦秀

1　明治(　)年4月30日

拝啓　近日余り御疎遠罷過候付、本日午後四時比より敝屋へ御賁臨被下度、自余之御京所と相変り真に殺風景に而御窮屈と奉存候得共、幸い御台諸君来杖を願置候間、此段御案内申上候。頓首

四月三十日　　邦秀

児玉老台　侍史

尚以、自然幕僚諸君、大迫其外へも御逢共御坐候はゝ、御同伴奉希候也。

〔註〕差出人は、児玉の熊本鎮台時代の同僚である大島邦秀と推定。大島は明治9年10月24日の神風連の乱で戦死。

大山巌

1　明治(25)年8月19日

拝啓　途中御恙なく昨日御帰朝被遊候趣、大慶の至りに奉存候。就ては少々御拝顔の上御談申度事御座候間、甚乍御足労明朝永田町官邸迄御来臨被下度候。先は当用のみ。余は拝眉之節万々可申述候。敬具

八月十九日　　大山巌

児玉少将殿　侍史

〔註〕封筒表「児玉源太郎殿　至急親展」、封筒裏「八月十九日　大山巌」。明治25年8月、児玉が欧州から帰国した際の書簡。大山は明治25年8月8日陸軍大臣に就任。同月23日児玉が陸軍次官就任。

2 明治(27)年9月27日

拝啓　陳は御一別後御不沙汰打過候処、先以御壮栄被成御坐候条奉敬賀候。さて過日来度々御書面拝受仕りながら拝答も不致、失敬仕り候段真平御海容可被下候。小生之義昨日第二軍司令官被仰付、来月五、六日頃迄には広嶋を出帆致候様相成可申候。陸軍大臣之跡は不取敢西郷海軍大臣に臨時代理被仰付事に内決致候由、付而は福家小佐は同行致す事に大本営等えも相談致置き候間、跡代りは誰れか御見立一人広嶋え御遣し可被下候。尤西村小佐は広嶋に残置き可申候。東京之陸軍部内は全く老兄御一人之御引受けに而、定而御多忙之事なるべしと毎度話合ひ申候。尚此上何分可然御尽力為邦家希望する所に御坐候。来月十五日より議院も開け候付、いつれ其頃は御出広相成可申、先は不取敢拝答迄如此御坐候也。頓首

九月廿七日　　広嶋に於て　巌

児玉次官殿　閣下

時下御自愛奉祈禱候。

〔註〕封筒表「京　児玉次官殿　広嶋より　巌　至急親展」。明治27年9月25日大山第2軍司令官就任に伴う人事異動に関する書簡。10月9日西郷従道海相が陸相を兼任。福家は陸相副官福家安定で、大山に従い第二軍参謀副官として戦地に赴くが病死。西村は西村千里陸相副官。

3　明治（28）年6月17日

御一別後御不沙汰打過候処、先以御壮栄被成御坐候条奉珍賀候。さて小生之義出京後意外に塩梅も宜しく折角保養罷在候間、乍余事御放念奉仰候。

一、台湾臨時電信布設部、同炮台建築部の両官制、不日布達相成るへきに付、右部長、人撰之義御申越之趣、承知いたし候。小生は貴兄御兼勤相成候方可然と存候付、乍御苦労御気張被下候様希望する所に御坐候。不取敢拝答且つ御願迄如此御坐候也。頓首

六月十七日　　西京木屋町池店に於而　巌

児玉次官殿　閣下

〔註〕封筒表「東京陸軍省　児玉陸軍次官殿　親展拝復」、封筒裏「西京より　大山巌」。明治28年5月26日大山は陸相に復帰。

4　明治（　）年10月15日

昨日御話致置き候鴨緑江外之海戦記及ひ評論差出候間、御落手可被下候也。

十月十五日　　巌

児玉次官殿

外有楼主

1　明治（　）年2月13日

分袂後一鞭五時帰京、于時前週来之御致意被用壮快之楽真に不過之拝謝此事候。併後朝之競争寸分之遺憾無之奇中之奇に有之、同行中又後談に残置候。必す御出京之節は杯盤に相供可申候。不取敢以書中謝詞。草々頓首

二月十三日　外有楼主

児玉老契　剣北

逐而　御来会之治彦幷捕助者之一統に宜布御加声可被下候。

書副

帰宅之後直に風味宗到来、印幡之光景席上に写出候。

桂太郎

1　明治(26)年7月27日

必御火中。他見御用捨。

秘密之懇書本日相達正に拝読。爾来御清栄大賀之至に候。二に小生碌々幸に御休意可被下候。さて軍備拡張議も被相開、費用之用途丈けは議定との御事、先々重畳、此上は実行に至り誠の変交〔更〕なきを希望仕候。全体軍備拡張事業之容易之事に非らさるは御意見之通、之れは先年生も経検〔験〕あり。併し費用の出場があれは夫れ丈けは手易きなり。如貴諭整理と拡張は同時に計画を要するは勿論なり。元より豪傑揃なれは疎も無之事とは相考候へ共、御互に経検ある如く、是等之事業は小田原評議の成し得へき事に無之、到底独断決行は毎々要する事と相考へ申候。故に大体の方針を先つ弐三人に而決定し、夫れに就き学者に細目の仕事を被致候こそ適当の方法ならんか。如此する時は或は人望を一時失する位の事は覚語〔悟〕の前になかるべからず。併し前日の不人望は却而後日の人望、真の人望を得るの階梯ともなるべし。此辺の事如何御考案被成候哉。御疎も無之事には候へ共、到底御手元に回り候は必然ならんと相考候間、主任者の仕事に一任せす、概め結局の方法御計画有之度希望仕候。左なくては前日陸軍の整頓云々も、此後は海軍の整頓云々に一変も難計候。如何となれは、海軍は漸次改良に赴くも陸軍已前の情実世界に変する時は不得止の事ならん。小生愚考す。此際軍団にするもよし、師団の数を増するも良し、又旅団を増すも良し、兎に角是を人の上よりせす、真戦闘必用の上より編制せさるべからさることと相考申候。此已前御互に従事したる拡張若しくは整理は、已前の不始末を先つ整理し、之れをして軍隊の形を造りたるに過きす。併し将来は形のみにあらす、真に強敵に当るの覚語を以て整理充実せざるへからず。又現在の上一千三百万円の増加を見る時は、是をイキメーへ行く様に仕用するときは、目下の形勢に対しては充分戦闘力のある軍隊製造し得べしと愚考す。何分充分御尽力肝要に祈上候。

于時三好の事万々願上候。青木の伝言正に拝誦す。一ケ年余音信を不致、切角如何致居候哉と相考居候処、定めし無事と推察に付候。

白根専一より一書を得たり。書中近日芋将官に華族になる人あるとの事あり。充分我儘勝手をなすべし。併し例の七歩三歩の色気仕事は、明治二十八年にはなき様致度ものに候。御高案如何。嗚呼、やらせるなれは凡て任せてやらせるが宜し。左もなくは一般の人限として仕用して可ならん。今日の天下は明治初年比の天下とは些か違ふべし。又不得不違。此辺の御高慮は如何。

于時過日御示しも有之候御会合の事は其後如何哉。御都合出来候へは興津辺は御出掛有之候而は如何。小生は用なし東京迄も参り候而も可然候へ共、箱根を越すと却而世上の耳目をひきをこし不面白事も有之候半と相考候間、興津なれは実に仕合申候。重々御話も有之候へ共筆上には難尽候。まづは悪口半分の事多く候へ共御推読被下度候。其内時下御自重専一に候。拝復

太郎

七月廿七日

源太郎老兄

〔註〕白根専一は宮中顧問官。

樺山資紀

1　明治(10)年4月19日

立田山より以南渡鹿村にて第五旅団に接し、鎮台兵連絡、砂取迄受取相決申候付、昨夜参軍より御達相成候。砂取より中之瀬迄は第二旅団より受取不相成候而は六ケ敷御坐候付、是段山田少将へ御打合せ被下度、尤今日右少将参軍所へ出頭之筈之由。復職次第には野拙にも后急行旁差出致候儀も可有之と存候。尚細事も御聞取被下度、此旨至急申入候也。

四月十九日　　　　　　　　　　樺山中佐

児玉少佐殿

〔註〕樺山資紀は当時熊本鎮台参謀長。西南戦争で鎮台のあった熊本城は西郷軍に包囲されたが、明治10年4月14日政府軍が到達して解放された。以後児玉らは城から出て西郷軍と戦っていた。山田少将は山田顕義別働第2旅団長。

川口

1　明治（9）年11月7日

残逆暴悪なる賊徒一挙の始末漸々拝承、実に悪むへし。大兄幸に賊降を免れ、同夜中より司令長官に代り御尽力之段電報其他に而伝承、不相変御勇猛之段感佩に候。種田君初高嶋、大島子は実に憫然に候。又重友等も逆刃に係り非命之死を遂し候段残念に候。併し大兄には御無難の由、寔に以万賀此事に御座候。尚御養身御精勤之程、邦家之為辱身武骨祈る所に候。匆々

十一月七日

児玉老台

〔註〕巻封「児玉老台　川口生」。神風連の乱の際の書簡。熊本鎮台司令長官種田政明、同参謀長高島茂徳、大島邦秀らが死亡し、児玉が指揮をとって鎮圧した。

ケリー・ケンニー

1　明治(39)年2月24日

拝啓　台湾茶御送り被下、誠に難有御礼申上候。貴下は大戦争中に於ては御偉功之如く、亦台湾之政府に於ても至極御重要なる御方なりと申上る事を御容し被下候。敬具

二月廿四日

ケレ　ケンニー大将

児玉大将閣下

〔註〕封筒表「General Baron Kodama Chief of General Staff」。イギリス王室より明治天皇にガーター勲章を授与するため、アーサー・コンノート親王が明治39年2月19日来日。ケレ・ケンニーとは随員のトーマス・ケリー・ケンニー陸軍大将。なお同封書簡の差出人は、侍従武官ウィンダム陸軍大尉、エドワード・シーモア海軍大将。英文あり（訳文

のみ採録）。

〔同封1〕　ウィリアム・ウィンダム書簡　明治(39)年2月24日

二月廿四日

アーサー　オフ　コンノート殿下之命に依り、貴官より同殿下に贈られたる台湾茶に対して御礼申上候。且又殿下随行員にも同様御贈与被成下難有、私自身よりも深く御礼申上候。敬具

ウヰリアム　ワインドハム

児玉大将閣下

〔同封2〕　イー・エチ・シーモア書簡　明治39年2月25日

東京霞ケ関離宮に於て

千九百六年二月廿五日

親愛なる陸軍大将児玉子爵閣下

閣下御恵送相成候台湾烏龍茶一函、難有拝受致し深く感謝仕候。茲に此の機会を利用し、閣下か前年戦役中貴国陛下の御為に御尽し相成候御偉勲に対し謹而祝辞を呈し、合せて閣下の万歳と御健康を祈上候。尚又台湾の御治蹟に難〔ママ〕しては、前年同島上陸の光栄を担候時既に御収穫相成候如く、尚来に於ても益々御成功あらん事希望の至に不堪候。敬具

閣下の親実なる　イー　エチ　シーモァー

〔厚東〕武直

1　明治(7)年4月1日

余程暖和に相成候処、御別袖後御傷処如何被成候や。追々御快様拝承仕、大賀此事奉存候。さて佐々木少尉は衰弱強く相成様横井軍医正より此程申来候付、一行大安し致居申候。其外怪我人は一向何たる事も不相分候付、定而快方と奉存候。爰許林隼は昨年より之痔疾頃日も矢張引籠療治致居申候。乍併不日快気と相見申候。此内より此旅宿えも両三度出掛候。□〔破レ〕抔屋之如く候間御安心可被成候。十九大隊御知己之人は皆此節は佐賀之跡仕舞に出張致居候故、面会も不得仕候。当隊御知己は熊本着後皆盛なり。南氏抔は日々素腥漬処に相成申候。夫に引替此は病居に罷在、長の月日を送りいかにも残念なり。甚々此之病気すら如此日数相掛申候故、兎に角御気長に御療養専一是祈候。千万乍失敬松田、佐々木両人えは別段書状も差出不申候間、よろしく御鳳鳴是亦奉願候。余は重便と申縮候。草々拝具

四月一日　　　　　　　　　　　　　　　　　　武直

児玉大兄　坐下

〔註〕「巻物　佐賀戦争之書類」として整理されていた。「武直」という名がつく当時の陸軍軍人は厚東武直少佐だけ。佐々木少尉は佐々木養次郎、横井軍医正は横井信之、林隼は林隼之輔大尉、松田は松田憲信少尉。

河野通好

1　明治28年1月1日　児玉源太郎・寺内正毅宛

恭賀新年　在清国

河野通好

明治廿八年元旦

児玉少将閣下

寺内少将閣下

玉剣下

御連名甚た失敬に候得共、郵便の制限も有之候間御宥恕被下度候。

爾来御疎遠打過候処、益御壮剛被為在奉大賀候。小生も幸に無病乍余事御休神被下度。扨て其後も引続き御繁忙に御配慮不少御義と奉遠察候。小生等の如きは単に一部一隊の事而已にて、時としては閑暇に苦むの日も有之候位にて、諸君御鞅掌の事を想像すれは恥入り候次第御座候。両軍の戦況及ひ給養土地の人情風俗諸情況等は、逐一御詳悉の事とは存候得共、頃日閑暇に付小生之感覚を起候数件を開陳して清聴を汚し候。

携帯天幕は至極結構なり。寒気に向ひ露営難堪勉めて舎営為致候に付、天幕は天幕を為さすして或は分配風ろ敷となり、或は坐蒲団となり、其他種々の用を為す后来必需の品ならん。

油紙は朝鮮にては必要なりしならん。然れ共第二軍には必要なかりし。是れ雨季を過き漸次冬季に向ひたるを以てなり。油紙は季候に因て要不要ならん。

防寒用毛布外套は其考案至極周密にして実に妙と云ふの外なし。御蔭にて寒気を凌き得ん。只外隠しなきは少し不便なり。又其手袋の指裏に穴を明けしは、便利に似て便利ならす。何分此穴より寒風の透入する事甚敷、寒国の寒気は暖国の寒気とは違ひ、穴一つも大違ひに御坐候。

当地方の家屋は煉瓦又は石造の塗り家にて、一室は凡そ八畳敷に仕切り、南方のみに一つの窓を設けあり。其室内の半分は土間にて、半分に床を設け床下に火を焚くの設けあり。故に床上暖にして蒲団を要せす。実に室内の温度は室外と非常の差あり。殊に半分土間なるを以て、銃器背嚢を爰に置き床に腰を掛け、夜間は床上に其儘横臥せり。靴脚半を脱せす暖に眠る事を得る。之を本国の畳敷き、戸障子の不便に比すれは、舎営の為め大に便利なり。加之其構造間仕切りは各戸共尽く同一にして、家屋の大小は只々間数の多少のみ。一間に兵七八人を入れ得る故に、歩兵一分隊に二間を要す。故に間数二十四あらは中隊を入れ得る。舎営の配当極めて便利、畳数を数へす戸数を問はす間数を以て配当す。且つ毎戸に在る所の飯焚鍋尽く同寸にして、竈の構造も同様なり（鍋は八升焚き位）。故に村落に依りては人民の鍋を用ひて各戸に自炊するの便あり。又彼の家の鍋を此家に持ち来るも容易に用ひ得らる。実に意外の便あり。

支那兵の防禦は主として攻勢を執らさるは御承知之通り候処、十一月廿一日旅順攻撃候由、不孝にも金州守備隊の任を以て金州に在り、此間支那兵七八千人北方より襲来、二大隊に足らさる守備隊を以て之を撃退し為めに、珍敷も支那兵の攻撃を親しく目撃し、旅順に行く事能わさりし不平も消滅し不幸中の幸を得申候。今彼れの攻撃の大略を述へんに、横隊及ひ縦隊の隊形は一も見へす。只延伸する側面縦隊と錯雑なる前兵を以て進み、数ケの梯隊に区分しあるも、之を一線に増加する事なく、為めに前兵已に発火を始むるも、尚ほ后方五六千米突に到る間処々集団して停止し進まさる隊あり。又左翼は前進するも右翼は進ます、右翼進むも中央は進ますと云ふ如き、各区隊各個に動作し、全く統一の指揮なきは瞭然に候。又協同動作と云ふ事は絶て知らさるか如し。射撃は随分沢山に数へ候得共、歩きなから撃つものあり。前兵錯雑中后方より単発するものあり。何百米突並に打ちか丶れの号令は全くなきものと被想候。一斉射撃は一回も見す、迚も号令射撃は行はれさるへし。射撃の指揮は全くなきものと被察候。弾薬は余程沢山携帯せしむるならん。死屍を見るに尚ほ数十発を余せり。而し弾薬筒を途中に落失しある事実に驚く計りに候。例の旗は如何にも沢山にて、先頭に進む旗持ちは如何にも剛勇なり。旗先つ進んで一止すれは其近傍に集まる兵あり。旗は方向を示し或は停止点或は彼等翼を示すならん（五十人長或は百人長の旗ならん）。丁度消防組の纏持と同様の感あり。如此各個の動作を為すも、其敗退に当ては一翼已に敗れは他も亦全敗して、収集する事能わさるに到る。実に退却にあらすして敗北に到るは、統一の指揮なき為めと存候。彼れの携帯口糧には粟団子を所持せり。之を餅《ヒン》と云。彼れは背嚢を負はす。又外套の如き雨具を持するもの一人も見す。◯旅順敗退兵の内我隊の捕虜となるも数十名あり。内哨官一名哨長一名あるを発見し種々訊問せしに、言語頗る明瞭にして全く降伏して恭順を表せり。仍て紙筆を与へて日本軍の命令に服従するの意を書せと云ひしに、両人共壮兵出身の士官なるを以て文字を知らす。要すれは全捕虜の内一人の什長に僅かに文字を知るものあり、之れに書せしめんと答へたり。大に当惑致候。

目下当地寒気日々加はるも、風の吹かさる日は堪へ難きにあらす。温和の日には行軍には汗を出し申候。乍併北風の吹き来るに当ては、室外の動作殆んと為し難き事あり。去月十四、五日頃行軍中に北風に逢ひ随分当惑致候。五分間乗馬にて行軍せは、手指は覚へさる程に凍へ申候。夫も皮の手袋にフラネルの裏付けたるものを始終用ひ居り候。迚も乗馬にては堪へられ不申候。徒歩行軍にても手袋を用ひ僅かに凍へさる計りに御座候。小休止中巻煙草一本を汲〔ママ〕ふ間、手袋を脱し居る事難義なり。口髭の凍るは素より、鼻水凍り終に鼻穴の中へ氷張詰申候。弁当の凍を恐れて握飯と為し、之を焼き紙及ひ布にて包み携帯せは多く凍らさるも、之を喫するに当て日中野外にて喫し初めしに忽ち氷り、握飯の半分は喫する事能わさりしには驚き申候。乍併風の吹かさる日は左様の事無之、目下金州湾の海岸より三千米突計氷結致居候。

〔註〕封筒表「日本帝国広島本営にて□〔切レ〕軍少将寺内正毅殿　親展」、封筒裏「在清国　陸軍歩兵大佐　河野通好」。消印28・1・2。河野は、児玉と同じく徳山・献功隊出身で、第1師団第1旅団連隊長として日清戦争に出征。宛名人の寺内少将は寺内正毅。

2　明治(32)年1月6日

新暦之吉慶不有際限候。先以貴兄足下弥御安康御超歳可被成万々奉賀祝候。当方野弟都合無別条加齢仕候間、此段乍憚貴慮易く思召可被下。扨は弟も当地へ出張後既に壱年、数年前を回顧するに最早千変万化世上の開化は野間に洽く、唯依旧者は弟等之業而已、恰も夢中の如く打過て、既に年寄仲間に這入り候而も、未た少年の心得に而、此先き時あれは如何様の大業も遂へく様と思ひ居候得共、全く眠の醒さる事と此春より一入勉強心を起し候得共、御存し通海外之南嶋に流寓して頑陋之風に泥着する而已、御察可被下候。試に之を見よ。僻境に在りては一事を見るに頑固の事なり。一事を聞くに是又野鄙の事なり。見る事、聞事、一として耳目を悦はしむる者なし。若し都会に在れは一事を見る文明の事なり。一事を聞く是又開化の事なり。何分にも困り申候。噂さに一昨年より出張致居候者は交代に相成と歟申事に御座候得共、何日か都会へ出る事もある歟と案し居り申候。

一、御地は定めて何歟御繁栄の事と奉遙察候。当地も学校抔は追々取設け、盛大に相成り申度に一奇事あり。御地も府之御諭により月代する事無用に而、士民惣而シヤキリに相成候由、当地は髷無用との論に依而、士民不残丸て法師の如く何れも白頭を振り廻し、恰も是富士の白峰を望むか如し。乍併一議もなくして尽く速に移善県の説諭を奉しは感心の事に御座候。

右年始御祝詞かた〳〵如此御座候。尚期永謁之時候。頓首々々

一月六日　　　　　　　　通好

源太郎尊兄

尚々揖斐先生へ別に拙簡得差出不申候間、乍憚御序手之節よろしく御転言奉希候。不具

〔註〕河野は明治30年4月台湾守備混成第2旅団長、同年11月台湾補給廠長（〜明治33年10月）。児玉の台湾総督就任は明治31年2月。

後藤新平

1　明治(39)年5月25日

拝啓

時下益御清福奉敬賀候。佐久間総督も一昨廿三日午前入府、市民盛に歓迎之意を表し、来廿八日は特に台北官民歓迎之宴を開き、御招待申上候事に相成居候。未た事務を視られ候期に達せす。昨夜来下痢にて引籠り居られ候へとも、一時事にて快復被致可申、各局長も両三日中より一応各局事務の経過、将来の見込に付報告会を開き、順次申上候筈に致し候。小生も着後多事、不在中之経過もまた十分承知不仕、漸く震災之事完了候次第に御坐候。過般相願候寄付、各大臣之分弐百円と相成候故、新旧総督之分は五百円と可致かと内定、如何に可有之か。右減額にてよろしく候はゝ、乍御手数台湾協会へ御寄附御申入被下度奉願上候。満州経営之閣議、閣下御提案之通相決し候哉もれ承り候而少し安心申候。此上人物御撰定之一事大切と奉存候。韓国経営論は曾て御聞に達し置候通り、目賀田論は根本より下官の意見に同しからす。是は伊藤侯にも再応申述候へとも、また投合の機会を得す。遺憾千万。何処迄も韓国財政独立に努め、其力を以て拓殖を図り候経綸は、殖民政策上の大誤謬に有之。本国より年に一定の資本を注入して経営し、期年の間に一定功果を挙け、露国か十年後否其前にも捲土重来に備るの策着々進行せさるへからすと確信申候。其一定資本は、日韓貿易総額歳割にし国民の純利より打算して殖民経済の原則により、事兼て申上候通に計画する外成案無之ものと奉存候。否らされは姑息の況、将来悔を遺し候事無疑ものと奉存候。別紙は鄙見の大要御手許へ差出候。御多忙中恐縮之至に奉存候。御一覧之栄を得候へは難有奉存候。先は右まて。草々頓首

五月廿五日　　　　後藤新平

児玉総長閣下　下執事

〔註〕封筒表「東京麹町区　田町　児玉陸軍参謀総長閣下　必御親展」、封筒裏「台北　後藤新平」。後藤は当時、台湾総督府民政長官。佐久間左馬太が台湾総督に就任したのは明治39年4月11日。目賀田は目賀田種太郎韓国政府財政顧問。なお、こののち後藤は明治39年11月に満鉄総裁に就任し満州経営に関わる。

佐久間左馬太

1　明治(28)年8月10日

拝啓　炎暑之時節爾来弥御清適奉賀候。平和克復後却而御繁忙と遠察致候。当地何之異状無之、暑気も可なり烈敷、日々諸種之患者を生し候。虎列剌も本日之報告に依れは、各地共新患者壱名位に減少せり。併脚気病は案外に多く、同病之予防は麦飯の外手段無之、各師団共行軍等にて随分運動法は相付居り候得共、兵舎か脚気の製造に脇〔協〕ひ居り候間、消滅は出来難く候。福原も終に死去致し、実に気之毒千万に御座候。占領地之撤兵は随分長引き候趣は福原より承知致候。政府之議決は、廿九年五月八日壱億万両を掌握する迄は即今之形ちを維持し、同日を過れは第四師団は金州半島に集め、第二師団之半部は帰国せしむるか〔ママ〕、或は本年十一月八日を期し前陣之通り実行する覚悟共には無之哉と憶測せり。迚も永久占領と申毫胆なる謀計は如何あらんかと相考候。何卒内々事情御洩被下度、渇望之至に奉存候。秘密洩泄之患は万々受合申候間、御安心可被下候。

罪人の遠嶋と同様誰壱人書面を呉れ候者も無之、日本の内情は知るによしなし。新聞を見るの外何も用事無之候。軍備拡張一件は、船頭が沢山にて却而御困難と遠察致候。日本政府は莫大之費用を捨、遼陽半島を長く維持するは、弐億万両の外に地代として七千五百磅、更に三国へ談判中抔と申事が外国新聞に見へ居れり。然るや否や。軍艦の注文も金、勲功調査も金次第、其の引当ては弐億両の外にはなし。故に政府は償金の事には大心配ならん。鳳凰城付近之支那軍は旧の儘更に変せす。九連城、鳳凰城之日本兵を他日撤するときは、支那兵は直に九連城に位置を転す。然るときは直に朝鮮に火か付き、為めに京城に異動を生すると云ふの懸念はなきや。御高慮如何ん。朝鮮公使は三浦法師交代の趣新聞に見へたり。果して適任なるや否や。一朝の憤りに万事水泡と云ふ事はなきや。

時下御自愛奉祈候。敬具

八月十日　　佐馬太

児玉老台　侍史

議会に出す軍備拡張案、壱部御廻を乞ふ。

〔註〕封筒表「日本陸軍省　陸軍次官児玉源太郎殿　必親展　書留」、封筒裏「清国金州　佐久間佐馬太」。当時、佐久間は占領地総督。福原は福原豊功陸軍少将・台湾占領地総督部参謀長、明治28年7月27日死没。

佐々友房

1　明治38年7月29日

拝啓　本日は久々振颯爽たる英姿に奉接し、為国家欣喜之至に存候。拝別後帰宿、左之七律一篇を拈り申候。御一粲之栄を得候は、幸甚々々。

功名富貴現如蓙　猛気当難不顧身
閲尽炎涼諳世味　抛来生死養天真
南方瘴痛因君散　北地風煙為孰新
恨教関山戈未息　将軍鬚髪白於銀

御示し相成候高作中埋山河之埋字は九値之韵に有之候へは、蓙の字ならば確に仄字に候へは御換用如何。又結句年余は皆平字に候へは、両載に被成候而は如何。又は「心沙場到処是吾家」似可矣。

又永陵高作中之流水は渓水にては如何。長征の二字を征袍に被成候而は如何。晩輩未熟者敢て喋々候段恐縮千万に存候。

生渡韓以来之拙作数篇、入高覧申候。陣中御行楽之一に被数候は、幸甚之至に存候。本日は内外之事自重大なる高話拝聴仕候而誠に難有御坐候処、只恨む浄琉璃一曲承り不申而已呵々。

含英は一部持参いたし居候へ共、是は生之商売道具に御坐候へは、北京辺より別に一部差出可申候。幸に持合せし唐宋大家の蘇東坡と陸放翁之分有之候へは、二冊丈け献上仕候。先は拝別迄。

草々拝具

三十八年七月二十九日　於奉天兵站部燈下　克堂生　佐々友房

児玉大将　麾下

〔註〕佐々は熊本藩士の子として生まれ、西南戦争に西郷軍として参加、のち熊本国権党指導者。

佐藤里治

1　明治(34)年3月7日

粛啓　此程奉悃願候大洲湾地所御換地願之儀は台湾に於而書面呈出候様申遣置候得共、別紙御手許迄不取敢奉呈上候。何卒事情御洞察之上御聞届被下候様奉願候。頓首

三月七日　　里治

児玉総督閣下　侍史

〔別紙〕　地所御交換之儀に付願　明治34年3月

地所御交換之儀に付願

台北県基隆堡大洲湾荘

一地所支那反別弐甲五分九厘

内山地弐甲四分弐厘五毛

草地壱分六厘八毛

日本反別坪数六千六百七拾六坪

右之地所中え今般火薬庫御建築相洩候に就而は、該周囲を一私人之勝手に使用難相成儀と奉存候間、此際右地所全部御寄附仕度候間、何卒右換地として他之方面に於而御不用に属する地所御交附被下置候様奉願候也。

山形県西村山郡西山村

持主佐藤エイ代

佐藤里治

明治卅四年三月

台湾総督男爵児玉源太郎殿

〔註〕台湾総督府は前年より基隆に要塞を作り始めていた。佐藤里治は山形県選出無所属代議士で、同県西村山郡西山村出身。

品川弥二郎

1　明治(27)年(12)月(　)日

毎度之即時御通知。

◎先つ御同賀に堪へす。とても此冬の到雪を凌き得る身体に非らす。今殺しては文武とも行末之大関係を生し、大将故どうぞして是非とも々々帰朝さする方向をとりて御尽力を祈り申候。一昨夕伊藤総理にも白根内蔵頭を御遣し被下度云々の談も致し置候間、夫々の軍規の手順を経て、白根が是非とも御内命を奉して連れ帰る事を御心配被下度、国家の為めに祈る也。大将一身丈けに付ては帰清之地に是を埋めさせて我に迄も遺憾なきも、此後日本の為めに今暫らく生かして置かねばならぬ。国の為御尽力祈る々々。

やじ

児玉老台下

〔註〕大将とは山県有朋か。第1軍司令官として出征した山県は陣中で病気となり、いかに帰国させるかで政界も紛糾した。伊藤総理は伊藤博文、白根内蔵頭は白根専一宮中顧問官兼内蔵頭。結局、勅命で山県を召還。

2　明治（　）年5月5日

くま本日記写し差出候処、御落手可被下候。何故か小生くま本にて一見せしものとは余程略し有之、決して御参考に相成ものに無之候得とも、御約束故差出申候。警視隊の棒を捨て肩え銃をなせし順次は、過日御使え相渡し内務卿よりの電報写にて可然と奉存候。

権令富岡え鎮台へ協議しろとあり、警視隊長綿貫えは権令に協議しろとあれは、谷少将よりは権令と三岡との協議にて警視兵は籠城の上、棒をとり替えしに相違なし。内務卿より谷少将え電報にて云々と申事は無之よし。内務の電報扣へ其外出張中にも相見不申、且つ一昨日内務卿え直に相尋ね候得とも、覚へ無之と同卿より申されし。余は拝芝の節と之迄。草々頓首

五月五日　　　　　　やじ　拝

児玉様　御下

〔註〕西南戦争の際、児玉も品川も熊本城に籠城した。「くま本日記」とは、その際の日記か。富岡敬明熊本県権令、綿貫吉直警視隊長、谷干城熊本鎮台司令長官、三岡は三間市之進権少警視か。大久保利通内務卿。

曾禰荒助

1 明治（ ）年（ ）月31日

唯今杉山より種々事情承り勘考するに、前刻差出候案は御取消有之て、左案の如く相成候て宜布候間、右にて御話被下度、小生は其趣同氏に話置候。草々

政府の決心は今日より向ふ五日間に確定すへし。

〔花押〕

児玉盟兄

唯今御話申上候義は左之意味に有之候。

日本政府の決心尚ほ二週間位を要するか如し。而して九十円の手取り以上は出来さるか競争者もあるか如し。

卅一日　〔花押〕

児玉盟兄　坐下

〔註〕封筒表「托　杉山氏　児玉陸相閣下　必親展」、封筒裏「荒助」。児玉が陸相なのは明治33年12月23日～35年3月27日。曾禰は明治34年6月2日第2次桂内閣蔵相に就任。杉山は杉山茂丸か。当時、杉山はアメリカでの外債募集に奔走していた。

高島茂徳

1　明治（9）年2月29日

下官儀途中無異去廿五日着倉、翌廿六日馬関ゟ渡海、直ちに渡辺中佐方ゟ同寓仕候。此地諸各将熟れ〔ママ〕も無異、只彼地の報知を待つ之外他事なく、実に御気之毒に見受け申候。小倉与倉隊中取締方至極厳正、是は御放意可被下候。○兼而御打合いたし候件々、参謀長之高慮格別異論無之候。只新募兵編隊之儀は須要之件に付、陸軍卿迄内意伺出候処、先つ定規通り旧兵を三分し、新兵を各隊ゟ増補分入候方可然、就而は第十三聯隊は此形勢に付、第一大隊を除き置第二大隊を二分し、新兵を第二第三人隊ゟ編入候而可然と相極め申候間、其御都合に而今少し時機を御待ち相成候方宜敷旨参謀長も被申聞候。○警備の事は按外にて、広島鎮台よりも誠に簡単之文章にて既に差出相成申候。兵員と右を配置する場処附にて宜敷様子に有之、小生は右に要する兵員召集編隊の事に可有之旨主張いたし候得共、参謀長の意見前の如き訳に付、先其意に任せ申候。尤大阪等ゟは断然姫路等ゟ幾隊を置けと之達諭ありし由なり。○此地駐在の将校は陸軍卿、三好少将、高島大佐、滋野中佐、高橋大佐、福原大佐（支那より）川崎監督等なり。○下官も大概御用も相済候に付、片時も早く博多ゟ廻り候心得之処、玉浦丸と云船韓地より今明日は必帰港之筈に付、右の一報を得候上帰台の方都合よろしかるべくに付、是非右を相待ち候様との命令に付不得止滞留仕候。○前原一件も乃木少佐少敷聞込の事あり、一昨廿七日当地ゟ相越し長州人鹿児島ゟ行き、西郷大将よりの返翰を持返へれり。右使者横山某に与ふる詩三首を乃木の舎弟玉置某に示〔ママ〕める由にて、乃木当地ゟ持参いたし候。当地ゟも前原方より頻に探偵を入候様子、彼れの曰く、馬関、長府ゟ兵を置くは、名を征韓に借り其実薩長を謀るならん、などと大に疑を抱き候よし。併し訛説多く何れも信するに足らすと雖も、亦大に我も警戒を加へさるべからず。○昨夜壮兵解除の儀中立通り許可之よし、チリヌルヲワカ拝承仕候。夫是大に手順を立るに宜敷、此節之時態も決して長き事には無之、徴兵新来の前には充分黒白相分り可申間、成るべく寛々着手候方可然旨、当地の先生方申聞け候。
砲兵出張準備は全く一小隊に而、渡辺より下副官壱名と兼而通報あるは誤りに御坐候。乗馬士官と雖も馬なき者は背嚢を負ひ候事に而、従僕は将官の外召連れざる事に決定相成申候。○大迫も出る方なり。○歩兵大隊長の事は猶帰台の上委詳御話可致候。葛城転管の事は今少し時機を待ち候方宜敷、却而本人ゟ断然酷命あるやも難計、先つ少敷保護すべしと云われたり。其他は帰台の上御面話可致候へ共、存外帰台も迂遷可致と存、一書を以て申進候也。

西南部町《ナベマチ》紅屋喜助方

二月廿九日　高島中佐

児玉少佐殿

猶、台中諸君ゑ宜敷。野津殿旅宿左の如し。

西南《ニシナ》部《ベ》丁《マチ》山田や喜兵衛方

〔註〕渡辺中佐は渡辺央熊本鎮台参謀長。与倉は与倉知実中佐、第13連隊（熊本）長、西南戦争で戦死。陸軍卿山県有朋、三好重臣少将、高島鞆之助大佐、滋野清彦少佐、高橋勝政大佐、福原和勝大佐（清国大使館付武官）、川崎祐名陸軍会計（副）監督。前原一件とは、前原一誠のことで明治9年10月27日に萩の乱を起こす。乃木希典陸軍少佐、横山俊彦。玉置は乃木の弟で玉木文之進養子の玉木正誼。正誼はしばしば乃木に前原側につくように進言、しかし乃木は受け付けなかった。正誼は萩の乱に前原側で参加し戦死。

〔別紙〕

山砲一小隊

兵器表

官名	人員	物品	惣員	内訳 本隊	内訳 予備隊
小隊長	一				
予備小隊長	一				
分隊長	三	砲	六	六	
計		車台	七	六	一

曹長	一
軍曹	六
火工下長	一
器械軍曹	一
給益軍曹	一
伍長	十二
炊事伍長	一
計	
火工卒	六
砲卒	四十二
馭卒	六十八
喇叭卒	四
計	
軍医副	一
馬医副	一
蹄鉄工	一

引栓	十二	六	六
装杖	十八	六	十二
手挺	十四	六	八
器械箱	六		甲三
			乙三
弾薬箱	三十六	十二	廿四
空箱	六		六
鞴箱	一		一
鉄工箱	一		一
斧	三十六		三十六
方鋤	十八		十八
円鋤	十八		十八
丁字鍬	三十六		三十六
台鞍	七	六	一
駄鞍	十三	十二	一
榴弾	三百廿四（榴弾・榴霰弾）	八十四	百六十八
榴霰弾		十二	二十四

計		霰弾	十二	二十四
合計				
乗馬	一			
駄馬	十八			
合計				

2　明治(9)年9月25日

爾来益御鋭猛之儀と欣然奉賀候。陳は昨廿四日大迫大尉延期願済之末帰台いたし候処、未貴官鹿児島ゟ御帰着無之趣承り申候。乍併不日御帰台之儀と存候。実は疾く一書可差出心得に御坐候へ共、多分途中行違べくと見合居候。例之銅貨引替之儀は隊よりも伺出候に付、去月三十一日交換貨及運送費は毎月定額金の内を以て仕払、右受領証書を残金と見做し決算に相立、且鹿児島県ゟ交換之儀懸合置候処、当時五千円位は差支無之、尤会社ゟ預け置候事故相当之引替貨は可払呉旨回答申来候間、其辺御含み猶現場之都合も可有之候条、可然該県へ御照会相成度候。看病卒之儀も隊より申出候に付、本省へ伺済之上兼而出張之両名当台該分遣隊附被命、去月三十一日本隊ゟ相達置候。◯中谷帰台後聯隊分遣仮営引渡し書類は本隊ゟ可差出哉云々、隈岡申居候趣に付当台ゟ相収候様猶貴官より御通知被下度、併多分貴官は取計済と考、別段通報も不致居候に付為念此段申進候。西部検閲使は井田少将、堀口中佐、吉沢監督、足立寛（軍医正）等に御坐候。当年も広島の次に無之候。先は前文申進置度。草々頓首

九月廿五日　　　高島中佐

児玉少佐殿

長官は去十八日帰台一日異状無之候。御宅に而も各位御平安に候御放意可被成候。

〔註〕高島陸軍中佐は明治8年2月から熊本鎮台幕僚で、神風連の乱にて戦死。この書簡は明治9年8月に児玉が琉球に巡視に行った際のものと思われる。司令長官種田政明、大迫尚敏大尉。

3　明治(　)年6月14日　渡辺央・児玉源太郎宛

昨十三日貴地発途懸け尊寓幷少将殿ゟ是非参上之心得に御坐候処、強雨中終に不能其儀、昨宵は山鹿ゟ一泊仕候処、今朝に到り暴雨川留めと相成り未滞在罷在候。模様次第午後発程之心得に御坐候。尤川崎監督は昨日当地ゟ会合之約に候処、雨の為めに出向無御坐候。此段申上置候間、少将殿えは宜敷被仰達可被下候也。

六月十四日

〔註〕封筒表「熊本鎮台　渡辺陸軍中佐殿　児玉陸軍少佐殿」、封筒裏「山鹿　高島陸軍中佐」。宛名人の渡辺は渡辺央鎮台参謀長、少将は鎮台の司令長官。川崎祐名陸軍会計監督。

〔竹下〕弥三郎

1 明治（5）年10月19日

去十一日之芳翰難有拝見仕候。弥御清適之御様子奉大賀候。当地は至而無事故厚東、秦野、小弟之三人は、日々〔杯の図・略〕に而消光仕候間御休意可被下候。さては過日井街氏え托し置候洋馬具御世話被成ト、今朝着仕難有奉謝候。就而は代金早速御贈り可申之処幸便無之故、近々小弟出坂之覚悟に罷在候間、夫迄之処御取替置被下間敷や奉懇願候。先は右御礼旁呈寸楮候。不敬

十月十九日　弥三郎

児玉賢兄　坐下

〔註〕竹下は山口県出身の陸軍将校。井街はやはり山口県出身の陸軍将校井街清顕。竹下弥三郎2書簡との関連から年代を推定。

2　明治（5）年10月22日

十八日之芳雲今朝拝誦仕候。弥御多祥御勉励之御様子奉賀候。然は過日御配意之洋馬具代金二拾八円七拾五銭之込、此度植田書記致出阪候に付差出申候間、御握手奉願候。尚又揖斐氏過日十七日東京行之由、何日比に帰阪相成候哉。乍御手数御報奉希候。令姉此度秦野家え御祝嫁之御様子、大賀此事に奉存候。尚御満家様によろしく御伝言被成下度奉頼候。時下御用心申も疎也。井街氏之書翰正に握掌、御配慮奉謝候也。

〔註〕包み封表「十月廿二日　源太郎大人　坐下　弥三郎　拝上」。姉とはノブと思われ、ノブは明治5年11月5日に陸軍将校波多野毅と結婚（長田昇『児玉源太郎』）。揖斐は揖斐章。

谷干城

1　明治（　）年12月6日

樺山より申来り候廉も有之、今日御仕舞掛け又は明朝御出勤掛に而も官敷、一寸御立寄被下度、且別紙昨日差出可申筈之処等閑に相成、則本日為持差出申候也。

十二月六日　谷干城

児玉少佐殿　机下

〔註〕谷は熊本鎮台司令長官。樺山資紀熊本鎮台参謀長。明治9年または10年の書簡。

津田陳衛

1　明治（7）年（　）月（　）日

題筥崎招魂場図蓋応児玉将校需

嗚呼志操高於松　随軍討賊安天公

勤五魂在筥崎駅　為表当時忠義功

只今は茶菓難有候。不得止杜選を顧みす一詩を綴候。御一笑之上御消却是祈。

津田陳衛

児玉将校

〔同封〕

万人□唱凱風歌　正見天皇徳化加

戦死忠魂誰祭主　　陸軍少将涙痕多

　筥崎招魂場

〔註〕「巻物　佐賀戦争之書類」として整理されていた。同封書は「大阪鎮台病院」罫紙。津田は陸軍軍医。

寺内正毅

1　明治（3）年7月5日

爾来は御書翰も不差出近状如何哉。定而御無事に御奉職奉恭賀候。小生も都合不相替無事に遊怠罷在候間御放念可被下候。日外は兵学寮引揚之節江村氏に御托候貴翰、正に落手致候。其後寮中にて再度江村氏え出会し、貴兄方の噂計も致居候。当地も旧友散乱、とんと音通する人もなく肱枕の午眠而已、御一笑〳〵。甚恐入候得共、別府、高松へ幸便之節御送方奉願上候。何卒幸便之節、錦地御様子御聞せ被下候様奉願候。恐々頓首

七月五日　　　　寺内寿三郎

児玉源太郎様　侍史

書余、時下御厭ひ専要存候。本城君へも別に御見舞不致候間、乍失敬宜しく御伝言奉頼候。以上

〔註〕寿三郎はのちの元帥陸軍大将・総理大臣寺内正毅。児玉は明治3年6月に大阪兵学寮

を卒業。本城は本城幾馬。

2　明治(4)年5月29日　児玉源太郎・本城幾馬宛

一書呈上仕候。暑さ亢増候。愈以御荘健に御奉職奉賀候。嘸々御勤務御多端に可有之、万事御配慮と奉愚察仕候。生も無事に着致し候間、御放念可被下候。当大隊も御親兵五番大隊と改称被仰付に有之候。諸御士官様も御荘に御勤に御坐候折節は栗崎村抔之奇談も不少候。余は万事御推察奉祈候。当地は御地と違ひ市中共脱刀之人は甚少く、大概双刀を帯ひ威気揚々、万事右之体御推察候。

一、本城君へ申す。出立之節私持参致候大隊教練書は、栗屋□にては無之と申故無余義、私所持致居候間誰そ持主相分り候得共乍〔マヽ〕御妨御申越可被下何時も送り方可致候也。

一、当地之下士官も不相変等閑に御坐候。かく申上るは可笑けれ共、片山、瀬野、床原、神谷兄方は随分勤直に御坐候。床原抔は当地着後一切遊歩も無成す様承り候。神谷杯は少々遊歩□御楽しみ有之趣然は出立之節御噺し相成候事は、委しく片山等に噺し置き候間御安心是祈。当地兵部省にも仏人教師一員御雇に相成候。近々より少々のテヲリーも相始る様の噂さ頻りに御坐候。生等も矢張井蛙と同様にて、世情之噺も一切不相分遊惰而已、御叱咤奉頼候。恐々頓首

寺内権曹長

尚々藤井氏外は荘にて周旋致居候。百武九隊長も随分何にやらかやら御配慮を奉察候。

五月廿九日認

児玉副官様

本城准少尉様

〔註〕封筒表「児玉忠精様　寺内正毅　要用調」。明治4年2月新たな親兵制度が創設され、寺内は親兵として上京。

3　明治(4)年9月9日　児玉源太郎・本城幾馬宛

過月廿三日之御書翰到来難有拝誦仕候。追々冷気亢増候処、先以御荘健に御所務之由奉大賀候。小子も碌々消光罷在候間、乍憚御放念可被下候。御地には先日は野営と演習にして宇治辺へ御行軍之由被仰聞承知仕候。実に是迄にも無之御盛挙羨しく存候。尚児玉君えは其節の写真御贈被下当地之形況想像致し往昔の梶原、佐々木の互に魁けを争ひなとも此地なりと回顧致し朝夕を慰め、誠に難有御礼申上候。当地よりは何も可申上程之変態も無御坐候。然し七月大改革以来追々文明に趣候様覚候。先月十八日には皇帝自ら近臣之馬車に乗し玉はり、御親兵騎兵隊御警衛にて浜殿へ行幸あらせられ、夫れより大政大臣三条殿、外務卿岩倉殿へ行幸あり、夕刻還御に御坐候。其後今月四日兵部省へ行幸、御親兵隊之各少佐御召にて自から詔書御捧読あらせ玉ふ。其文に曰、汝等積年苦労にて以て今日に至る、所謂実力なる者なり、全く汝らか服役するにあり、朕太た是を喜す、方今外交内務日新之時に当り、邦家の盛衰は実に兵制之強弱に存す、汝ら深く朕か意を体し、弥以衆心一致励精尽力せよ。○前書之詔書を拝承する者は昼夜を不置、勉励為邦家は謂ふ迄無之事なり。されとも生等は鬱々生もせす死にもせす遊怠而已、御叱正奉頼候。然し当大隊にては抜擢沢山、元之伍長等は皆々軍曹に昇進致候。余は御推察可被下候。此度□□なる者帰坂致幸便、右荒増之御答而已。余は他日緩々可申上候。恐々敬白

九月佳節夕認む　　寿三郎

○先つは河の氏は不宜所業有之帰藉申付したる由、実に御配意千万赤面の到りに御坐候。尚々申も疎に候得共時下御保愛専要に奉存候。当地片山諸坐君も昇進致、殊之外勉励之様子に御坐候。尚御地之土倉其外は如何致し候や。若しも御内へも参り候得□御噂可被ト、水木君も五番大隊を免され第二聯隊一番大隊へ附属に相成候。滋野当隊へ既に申付られ候。

○御示教に預り居候通り御互に旧交に不絶様は勿論、何卒御叱正願上候。尚当地よりも変換も候得は御報可致候。以上

宣光様
忠精様
　　坐下

〔註〕七月大改革とは廃藩置県。宛名人宣光は本城宣光陸軍少尉で、のちの本城幾馬。幾馬の父本城清は、源太郎の義兄次郎彦とともに藩内の争いで暗殺された。なお、周南市立図書館には本城宛児玉書簡が所蔵されている。

4　明治(4)年11月22日

再度御書翰御贈被下難有奉謝候。追々寒気烈しく愈以御精康に御勤仕之由奉大賀候。二に小生も碌々消光罷在候間、乍憚御放念是祈候。爾来不通千万軽薄之到り鉄面至極に御坐候。先日河村洋

興氏来京、御地之様子委細承知仕候。引続き老兄には御配意之由、定而苦慮と奉遙察候。当大隊を先達而来変換も有之、阿武少佐殿も隊外にて兵部省七等出仕滋野、兵頭、葛城各少佐に任せられ原沢五番大隊長に命せられたり。去る十一日欧米各国之使節御発帆、随行之生徒も少々有之由、実に横浜開帆は殊之外愈〔ママ〕快なる之由。衆人雲井に登る心地なりし由不堪想像候。◯河村律御坐藤村正之諸兄先日久保町焼失之節火災に逢ひ申候。昨日よりの皇帝は横須加製鉄場へ御出輦に相成、仏国ミニストル請て供奉せる由、信乎。其余市中之些事日々に昔しに変る物覚申候。御互に当時より未た来らぬ先を思ひやり候得は、かくをかしきもの抔にてはとても一世を通してはならすと存候。「ある先生の御嘶に、今時は馬鹿にても済むか、今より十年も過くれは決して馬鹿にては済むまじ、少年の勉強せねはならぬ時なりと云はれしなり。去る十七、八日、十九日両三日の大嘗会豊明節会御興行相成、〔ママ〕郡臣に祭酒も賜り、市中ダシ車を引き、柳橋日本橋金春る抔の妓とか申者はかしに出立、市中も車を引き、躍舞ひ言語に賑しく御坐候。其他の珍事我等の禿筆の能く尽す所に非す。只君と面語せさる事を恨む。恐々乱筆多罪

十一月廿二日

正毅

忠精賢契　玉机下

尚々申も疎なから、寒中別而御用心専要也。乍失敬本城兄に宜敷。先日河村来京之節は御書翰被下万々謝入候。倉卒故別に御答も不差上多罪之段御詫奉願候。已上（馬鹿口上御宥恕是す□ちと御火中奉願候）

〔註〕封筒表「浪華に而　児玉忠精賢契　寺内正毅　無異御親披」。河村洋興、阿武素行、滋

野清彦、葛城義方、御座雄定（児玉と同じく徳山・献功隊の出身）、藤村正彦など陸軍将校。明治4年11月12日岩倉使節団が出発。

5　明治(6)年(8)月21日

拝呈致候。一昨日徳久へ御投与之御伝言承知致、貴兄愈以御無事御奉職之段奉大賀候。御帰坂後も按外之御無沙汰計り相働き、〔ママ〕肝顔之至りに御坐候。小生其後依々消光罷在、此度外山入舎被申付不計も徳久と相会し、往事も今更夢の如くに御坐候。只待るゝものは日曜日と、来る四月の終るころ春の鶯も愈さへつれは広き野にてゝ〔ママ〕囀舞台と、夫而已相楽しみ居中候。当地の様子縷々は不申上、大概は昔日我等錦地に在りし時と同しと御賢察可被下候。何も余は後便。其中時下御自愛専要と申縮候。頓首

廿一日　寿三郎

源太郎兄　坐下

二伸　本城に御面会も有之候はゝ、先日は御投書被成下余りの疲□き故、別に御答も致さぬから能々詫して呉れ賜へ。

追啓　福原よりも別に書翰差出し不申候間よろしく伝言、且先日之失敬御詫御礼申上呉候との事、御了承願上候。

〔註〕寺内は明治6年8月、創設されたばかりの陸軍兵学寮戸山出張所（翌年陸軍戸山学校に改組）へ入学した。徳久蘇八、福原豊功、溝部素史も同期生。本城幾馬。

6　明治（38）年2月5日　大山巌・児玉源太郎宛

閣下の御健康を祝する為め、此に代絵を以て左右に呈す。

寺内閣下誕辰日にて

一輔

児玉秀雄

山本歓正

児玉松子

さわ子

瀧

二月五日

正毅

寺内毅雄

すゑ□□□□

〔註〕葉書表「出征満州軍総司令部　侯爵大山元帥閣下　男爵児玉大将閣下」。

徳久蘇八

1　明治（6）年（7）月14日

極暑之砌御坐候処、阿兄弥御安寧御奉職と奉欣然候。御地出足之節御存知之通り火急之事故、御暇乞も不得仕残念奉存候。在阪中は御厚情に預り候段奉万謝候。偖は先月廿八日夜十時頃川口出帆、本月一日暁四時頃豊前小倉え着船致候処、福岡県頑武已に鎮静候由に付、二日朝より陸行、九日夕肥後国山鹿駅着陣仕候処、熊本陣屋半途に付暫時当地え滞在と相成候故、小隊或は半隊つゝ寺院、学校等え屯致居候。小倉より当地え着迄之途中雨天に而誠に込入申候由、尤一日之道程平均四里余位ひに御坐候へとも、始終之大雨難渋御推察可被遣候。何れ廿日過ならては屯処落成無覚束様子に御坐候。尤山鹿駅は温泉も有之、且白川県内第一之開化之地と申事に御坐候処、是を御地に譬ふれは森口、牧方辺より相劣り候位ひ御坐候。猶当地之模様其他後便宜申上候。其内時下御自重為邦家肝要と奉存候。謹言

十四日　徳久蘇八

二伸　竹下君え別紙不差出候間宜布御願致候。三上氏えも同様奉願候。以上

児玉源太郎様　坐下

尚々御満堂様え宜布御鶴声奉願候。以上

〔註〕封筒表「大阪に而　児玉源太郎様　徳久蘇八　無異急き」、封筒裏「従肥後山鹿駅」。徳久は陸軍将校。福岡県では明治6年6月に筑前竹槍一揆が起きており、その鎮圧に向かったと思われる。

2　明治（6）年（8）月3日　児玉源太郎・本城幾馬宛

爾来弥御壮剛御奉職奉遙賀候。小子不相替消光罷在候間、乍憚御放念可被遣候。偖は御地出立後十八日当地着、一昨一日戸山元尾州邸陸軍兵学寮出張所え入舎仕候。然る処未た学術両科とも相始め不申候へとも、朝五字より夕九時まて講堂の机え掛り居、寝室等えは決而行事不相成規則ゆへ、実に込入申候。其他御推察是祈。何も人目を盗み寝室にて相認候事故、委曲は後日遊歩先より緩々御報申上候。御地の溝部其外諸君は御盛に候。尚福原、寺内等は同寮私共同様入寮罷在候処、両兄え宜布申上呉との事に御坐候。其中時下御保護専一に奉存候。頓首

三日　蘇八

二伸　児玉兄え申上候。出京之節御地え罷出候へとも、折悪御他行中にて拝青を不得、千万残念奉存候。◯甚卒爾之御尋には御坐候へとも、昨年天□□に而御同居之節洋算例題写答書御用達置

候歟とかすかに相考候へとも、是も岐度致候事相覚不申候間、若間違候へは御免々々。右御尋申上候間、乍御手数御報奉願候。実は右答書何方え貸候歟失念罷候処、当時有用に付右昨年之事思出候間、不取敢御尋申上候。

本城兄え申上候。御同隊之諸君え宜布御鶴声奉願候。

○御地滞留之節は万々御厄害に相成候段厚く御礼申上候也。

児玉様
本城様
坐下

若右答書御膝下に有之候へは、郵便てなりとも御送り被遣候様奉願候也。

処は東京戸山尾州邸陸軍兵学寮出張所

〔註〕明治6年8月東京に陸軍兵学寮戸山出張所が設置され、翌年2月に陸軍戸山学校に改組。同校一期生として徳久のほか溝部素史、福原豊功、寺内正毅らがいた。

〔友安〕治延

1　明治（　）年12月29日

前略　大乱筆御免。
扨は毎事之儀今日申上候は万々奉恐入候得共、過日御願申上置候一件何卒よろしく奉願上候。実は唯壱銭も無御坐誠に大難渋仕候間、御配慮之程伏而奉希上候。百拝

十二月廿九日　　治延

児玉様

〔註〕友安は、児玉とともに徳山藩献功隊出身、のち陸軍中将。

〔内藤〕正明

1　明治（　）年12月5日

其後御疎闊に相成居候。先以御満堂様御静穏奉賀候。降而迂生儀当地着後は公私混雑、加之親玉連は引続之来営、御推察可被下候。于時新聞紙上朗読するに、司令官巡回之節は国中無二之演習等施行被為在候由、敬賀々々。生在隊中は非常御愛顧を蒙り無御見捨奉希候。新発田は存外にへチヤ長居御奉公は難出来、老兄等其筋え御申出、弐度目之佐倉行に而可然候間、御週〔周〕旋奉仰候。左すれは生も飛て往生会に相加度、悃願之至に奉存候。先は御疎遠御起居相伺旁拝呈如此。書外後鴻又可申上候。頓首

十二月五日　夜

北越路阡陌　河堤幾変遷　可憐多雨霰　風物又帳然

夢中留別

木落疎林秋粛々　飄蕭帰袖故園情　幽懐難問先流涕　起剪残燈夢可驚

〔註〕巻紙表「児玉君　閣下内呈　正明」。詳細は不明だが、明治12〜16年頃、新潟県新発田に屯営する東京鎮台第3連隊第2大隊長に内藤政明少佐という人物がいる。

永嶺〔春直〕

1　明治(7)年10月8日

九月廿三日之御手翰拝見仕候。愈御勇健可被成御奉務奉慶賀候。滞坂中色々御面倒を奉願、帰着無滞遂納相済忝く奉存候。右は今般還納之由御本省より御指図御坐候由に而、当県庁へ御申越被下候由、且武庫司より別段之受取は御差出無之段被仰下趣、承知仕安心仕候。遠路態々被示下千万忝候。御多用中御手数而已奉懸心痛仕候。右貴答迄。早々不備

十月八日　　永嶺少属

児玉大尉様

再伸　時下折角御自愛御専一奉存候。以上。

〔註〕「白川県」罫紙。この当時、永嶺姓の県官吏は白川（熊本）県の永嶺春直のみ。

中村

1　明治（　）年4月10日

一寸御暇乞に罷出可申筈之処何分取紛、此度乍不本意失敬、多罪々々。此度揖斐氏へも委敷儀文通におよび不申、宜敷御伝声奉仰候也。

四月十日　　中村

児玉君　御下

再伸　四条殿始諸先生へも御致声奉仰也。

〔註〕揖斐は揖斐章、四条は大阪鎮台司令長官四条隆謌か（明治5年1月29日～7年4月12日）。

西寛二郎

1　明治(39)年4月12日

拝啓　過刻御示談有之候上原之件、篤と勘考候処、当部に於而尤必要に有之、折角之御希望に候得共、当分之処他に御人撰相願度、至急御返事致候方御都合歟と奉存候に付、乍略儀書中を以さし上候。書余拝眉万縷可咄候。草々敬具

四月十二日　　寛二郎

児玉閣下

〔註〕封筒表「児玉陸軍大将殿　必親展急」、封筒裏「西陸軍大将」。当部とは教育総監部と思われ、西は明治38年5月9日より教育総監。上原とは工兵監上原勇作か。

乃木希典

1　明治(14)年4月11日

〔前切レ〕□欣賀候。弟儀も不相変頑健、日々対抗運動之審判には困り入申候。兄にも乍〔破レ〕□同様之事歟と拝察候。扨又追々地形等は充分之御探究相届、十四日之御勝算十二分之赴〔ママ〕き承り候にも無之候得共、定而可然と存候得は従今遺憾々々。時に例之雑吟。

聞説満城春色多　東台墨水定如何
戦袍生虱垢埋骨　鞍上等閑朝野花

定而御近作も可有之、十四日演習済には緩々可得高話候。右は任幸便。匆々

四月十一日　　希典　敬具

源太郎詞兄　尊下

〔註〕乃木が東京鎮台第1連隊長、児玉が同第2連隊長であった明治14年4月1日〜14日に、

両者による対抗演習が千葉・習志野で実施された（『東京日日新聞』同年4月2日）。結果は中央突貫した児玉軍が勝利し、「何事も機転（希典）の利きし野狐（乃木つね）も五分の小（児）玉に投げられにけり」との狂歌も生まれたという（帝国聯隊史刊行会編刊『歩兵第二連隊史』、司馬遼太郎『坂の上の雲』など）。ちなみに、神奈川県三浦半島で実施された初の海陸合同演習でも児玉は活躍したが、それは明治18年3月。

2　明治（28）年7月10日

拝啓　広嶋御一別以来御無音多罪。今回之役中前後終始を貫き、尊兄の御苦労は実に偉大無限と申外無之、然るに今後は益一層之御尽力を要する儀、為邦家唯々御健康ならん事希望の至に御坐候。御繁多中甚御気の毒に候得共、不得已一二件御依頼申候は左に。

○第四旅団長付き佐々木大佐は、最初よりの行掛り等総督並に本人よりも委敷承知仕居候。此度は台湾え該団参り候に付、同人の位置も彼是と相考候得は、寧ろ此際に於て相分れ学校に尽力致候方可然、総督えも已に承知相成居候。此度は大臣へ可被申出候乎に存候得共、公私に於ての必要と愚見候間、本人帰朝の儀御尽力被下度候。

○仲木大佐の儀は従来の事は如何の訳か不存候得共、聯隊の統御も充分に無之、本人も余り気を「グラシ」居候様子、阪井、三好の内相運ひ候得は又々不面白事に可相成、福原少将とも相談し、最早兵站監も暇に可相成故右を与へては如何と申候処、同氏は参謀長の方を譲り早く帰り度とぶちこはし居候。今日の際に而は何とか転職の外方便も無之、其上にて名誉進級にても相運ひ候様第二の希望に御座候。
○小生も師団長と相成候而始めて其中々六ケ敷物たる事を覚へ申候。平時の事今より思ひやり申候。其は扨置き両旅団を鳳凰城と台湾へ引き割き、野砲二大隊と大小架橋段列のみを以て金州に孤立する師団司令部、奇怪千万御一笑被下度、万一にも不要に付司令部のみ帰朝と申様なる事とも出来候而は無此上不体裁不都合に付、歳月は幾ら永くとも厭ひ不申候間、万一の節は御含み置き御一助願ひ置候。
○福原も帰心勃々に有之、私情に於而可然候得共、公事上に於ては此半嶋に此人壱人位は無之而は困り申候。
其他申述候得は無限事に候得は、他日拝晤の節の種とし置き可申、時下呉々貴体御愛養専一に祈念候。草々頓首

七月十日　　　　　　　　　　　希典　拜

児玉賢台　尊下

御一覧後御火中を乞ふ。

〔註〕封筒表「東京　児玉源太郎様　内啓親展」、封筒裏「金州　乃木希典」。乃木は陸軍中将・第2師団長。第2師団の中の第4旅団長は伏見宮貞愛親王で、その部下の歩兵第5連隊長が佐々木直大佐。仲木大佐は仲木之植第4連隊長で、明治29年台湾守備混成第1旅団長。福原少将は福原豊功占領地（台湾）総督部参謀長。

3　明治(34)年4月3日

拝啓

清明之好時節、愈御多祥之段大慶此事に御座候。然は過日御地出立之節、御懇諭之如く転地之儀も、幹部演習丈は為相済緩々に可致と存候得共、軍医之診断に依れはレーマチスのみならす、胸部の濁音不良の徴に有之、乗馬も宜しからすと転地を急き立て、演習前大学校長の新旅団長に為致候方新鮮空気の利益も可有之、且つ参謀長等の勧告も有之旁直に転地療出願仕候次第、不悪御含被下度。休職願之儀は転地先きより更に可差出候間、来る五月上旬より臨時検閲之時期を後任者に相譲り申度希望に御座候。右御含相願度、近況御報旁病筆略啓如此御座候。恐々頓首敬具

四月三日　　乃木希典　拝

児玉大臣閣下　内啓

〔註〕封筒表「東京市ケ谷薬王寺前町　男爵児玉中将閣下　内啓親展」、封筒裏「讃岐仲多度郡竜川村　乃木希典」。当時、乃木は善通寺の第11師団長。明治34年5月22日乃木の休職が認められる。

野津道貫

1　明治（9）年11月8日　西寛二郎と連名

一翰呈上致候。陳は今般不図之暴動出来一時御混乱、然れ共速に追討御着手、暫時にして御鎮定、彼是御尽力只管御成功之程感服之至。尚引続諸処に動揺、然れ共是以既に鎮定には候得共、尚御間断なく御勉励之処奉希候。先は幸便に付一筆御伺旁如斯。頓首

十一月八日

野津道貫

西寛二郎

児玉陸軍少佐殿　足下

〔註〕明治9年の神風連の乱の際の書簡と思われる。当時、野津道貫は大佐・近衛参謀長心得、西寛二郎は少佐・近衛局参謀。

野村靖

1　明治(27)年9月29日

引続き御配慮奉察候。扨陸海共大勝を得、此機に続き諸兵北進候事と信し居候。且第二、第三軍も速に渡航して各其方向之険要に拠り候手段は勿論之事と存候。而して此後之実況如何の点は予め期しかたく候へ共、海軍に而渤海口を封鎖し、陸兵を以旅順城を襲撃し、或は閉鎖する等の趣向にも到り可申歟。願くは一挙旅順を占領し、海陸共益其便を得るを勉め度ものと存候。いつれにしても当冬季には素志を貫き候様致さねは其妙味を失ひ可申歟。右に付而は、乍恐元帥陛下には断然韓地え御渡航被為遊、大本営を御進め被為成、随而各軍団を直ちに御指揮被為遊候はては少しく遺憾を覚へ候。且此本営には真に各師団をして満足せしめ得る参謀なかるべからす。此人は則ち自ら其撰ありと存候。千歳不二之大機会に際し、内外に対し天皇の大権と申事を充実するは、実に御親征の一挙にありと存候。此余の秘事筆する能わす。参館する歟、又は御来車被下歟、

日時電話にて御通し頼上候。為右。拝具

九月廿九日　　　　　　　　　　　　　靖

児玉賢兄

〔註〕封筒表「牛込区市ケ谷薬王寺前町　児玉陸軍次官殿　親展　書留」、封筒裏「赤坂表町野村靖」。野村は枢密顧問官、この直後の10月15日内相就任。元帥は天皇と思われ、天皇の「韓地え御渡航」と、9月13日に広島に移された大本営をさらに移転することを主張している。

長谷川泰

1　明治(37)年12月4日

一翰拝啓、千軍万馬之中益御勇健之程奉深察候。左に拙吟数首呈電覧候間、御叱正被下度奉祈上候。先は御近況御伺候方々如斯。早々敬具

十二月四日　　長谷川泰

陸軍大将児玉男爵閣下

読遼陽捷書奉寄

陸軍大将児玉男爵閣下

碧蹄蹴破満洲雲　快劒生風敵陣紛　鏖殺西戎三十万　遼陽城外又移軍
遼陽城北角声悲　太子河辺万馬馳　一戦直駆敗兵去　烟台台上建牙旗

万里碧空秋気涼　胡笳一曲月如霜　天驕遁去胡塵静　横槊営門看鴈行
万馬千軍指顧中　嫖姚韜略払遼東　手提雄劔睨河北　衝斗夜来意気雄
殺気衝天振皷鼙　貔貅猛進度黄泥　砲飛霹靂山河裂　劔迸電光羅刹迷
久矣満洲叫鵰鶚　快哉渤海戮鯨鯢　覇図一敗胆先落　日域盛名轟泰西

〔註〕封筒表「訴謀」、封筒裏「東京市本郷区元町一丁目弐番地　長谷川泰」。

2　明治38年1月2日

恭

奉賀新禧

明治卅八年一月二日　長谷川泰

陸軍大将児玉男爵閣下

聞二百山〔ママ〕高地之占領　奉寄

陸軍大将児玉男爵閣下

二百三高地勢雄　砲声霹靂堅艦空
旭旗随風飄天外　喊声如雷衝蒼穹
遼東還附千秋恨　露国一敗覇図窮
君不見成吉汗崛起斡難河畔

露王膝行穹廬中
君不見帖木児勃興撒馬罕土
叱咤露王気如虹
成吉汗帖木児鏖殺露軍似薙草
鮮血漂杵桃花紅
三百年間隷蒙古
如羊遇虎鳥在籠
快哉王師雷奔電撃屠露都
撒児面縛出冬宮
席巻欧亜建絶大功

3　明治(39)年4月21日

拝啓　益御勇健国事御鞅掌之御事と奉恭察候。陳は曩昔御電覧候処悪詩更推敲之上、別紙之通浄書再呈坐右候間、得御叱留之栄大幸之至に奉存候。敬具

四月念一日　　長谷川泰

児玉参謀総長閣下

〔別紙〕　明治〔37〕年〔7〕月〔　〕日

録旧製供
高閲伏乞斧正

明治卅七年七月在満洲軍総司令部将上征露之途臨発有作

征清又征露十年
再従軍曾屠旅順　塞将躁烏拉雲微　臣何多幸奈何難
建勲連勝海与陸　威武天下聞皇徳　不可測封更伝芳芬

過南山有作
幾重鉄網幾仭阬　誇称三年不落城　休説人和勝地利　破天険者是天兵

過得利寺弔戦死友人
殺気漲天々亦悲　腥風血雨鎖新碑　征袍難拭行人涙　得利寺辺飲馬時

蛙原生

松川大佐殿

南山次韵

石黒況斎閣下之作

決死何恐網与阬　躍越積屍破堅城　魯軍強勇君休説　東洋別有日本兵

同次韻

森鷗外閣下之作

任地高壘与深阬　何屠余気鎖水城　一夜月明多感慨　十年重用満州兵

〔註〕長谷川は内務省衛生局長を務めたり医学教育に尽力した人物。この当時は隠居していた。松川大佐は松川敏胤満州軍参謀、石黒況斎は石黒忠悳・元陸軍軍医総監。森鷗外は当時、第二軍軍医部長として出征していた。

服部保親

1　明治（7）年4月1日

御出張後は未た御不音之至多罪々々。扨佐賀賊徒速に掃攘、国家鎮静大慶此事に候。是れ全く出張諸君之御尽力且諸兵之奮撃何れも奏功之段、実に感激に不堪、就中兄君には重瘡之御様子乍承一応も不奉伺、併追々御日立之由拝承、少は安意仕候得共、嘸日々御痛困之義と奉察候。随分寛々御保養之程奉祈候。□〔破レ〕人大に心痛実に情実を被察候。次に下官漸く帰京之命を蒙不日出途之情、不相変御懇意之程別而希候。何卒不遠御見舞旁得貴意度。早々不具謹言

四月一日認　服部保親

二白　青山氏も手負之由如何可有之、御同所被居候は丶、御序之節宜御鶴声希候。且三上氏御出会も有之は是又可然希候。已上

児玉兄台

〔註〕「巻物　佐賀戦争之書類」として整理されていた。服部は陸軍省十等出仕の会計軍吏。

三上は陸軍将校三上豊昌。

原田〔敬基〕

1　明治（7）年4月1日

御着後進退不伺御無音打過候段、真平御宥恕被下度候。賊徒御征討に付而は不一形御尽力之由、為国家大慶不過之事に御座候。右に付而は御負傷御重症にも一端伝承候処、漸く御快方之由、何寄以欣然之至に奉存候。何卒御保護之程奉祈上候。

右は任序御見舞申上度如此御座候。匆々頓首

四月一日　　原田少尉

児玉大尉様

〔註〕「巻物　佐賀戦争之書類」として、整理されていた。当時、少尉であった原田はこの敬基と思われる。

〔林〕隼之輔

1　明治（6）年11月19日

先般大村忠次えお託之芳書幷に兵要日本地理小誌、正に落手仕候。御懇切之段々奉万謝候。扨爾来御勤止如何被為在候哉。生は七、八日前より穴の近部え腫物破裂し医者に見せ候処、痔漏之原因にて容易に快癒には相成間敷由、尚々起臥歩行至て困難仕候。故に引篭療養中に御坐候。

○御台諸隊之景況は如何。当台は過月来中隊に編制し、随て事務も歩兵内務書に因り専ら施行中に御坐候。然るに外務は、八小隊より成立たる大隊練兵或は小隊半隊にて、中隊運動更に拠る処無之、内務は則中隊取扱、又省より諸給与は八小隊当にて彼是混雑、不少、隊長幷に士官毎々苦情申立候。其内十九大隊一番中隊は対州、二番中隊半小隊は日田営処え分派、（対州行は□峠大尉、長江中尉、斎藤中尉、日田は小嶋大尉、竹垣中尉、五嶋少尉、松永少尉、渡辺少尉なり）。山田の困苦見に忍びず。

○東京は政府何歟ごてつく由、最早一定候半と愚考仕候儀也。固陋之狭街全く盲聾御憐察可被下候。当地野属頑愚中之頑愚所謂朱鞘組と唱ふる馬鹿者等一犬吠ゆれば万犬之に従ふ之勢にて少しは狼狽《ウロタエ》廻る由、併し恐るべき事には無之、真之瑣細之事と察致申候。御聞及も御坐候得は、花の御江戸の形状御一報奉願候。まづは御起居奉窺度呈寸毫候。其内まめで御達者て人に嫌らはれぬ様御勤めなされませい。人に嫌らはれると私の如く田舎え流されますぜ。草々閣筆

十一月十九日　　　　　　　　　　　　　　　隼之輔

二白　在御地の諸君え可然御一声奉願候。将近来北地の形情は如何。実は先達て同地頗る有名之両盛妓千万、国鶴より書状送来り居に付、返書可差出之処前文之通臥寝中認むるに懶し、其中御賑々敷彼地行幸之節、両人え其噂可然御願申上候。其他諸名妓、知已等え宜敷御致声等々奉願候。田舎に居と何歟が恋しく相成申候。可憐々々

源太郎老台　坐下

〔註〕林は陸軍将校。林は明治6年4月熊本鎮台に異動しており、その熊本の林大尉から大阪鎮台の児玉に送った書簡と思われる。

2　明治(7)年3月26日

爾来御無音申上候。今般佐賀県下士族等騒擾を醸し、微力之当台終に鎮圧能はす御出軍相成、廿三日之戦御重傷は直に承り、其節御生死之程も難計と実に驚歎仕候。然るに御台兵当地着する哉、児玉、上利に面会、委細を承り大に安心仕候。此上御保養専一に奉存候。小生も昨歳来之痔症全

快不仕折柄、此度之動揺自然療治も粗漏より再発殆と困却仕候得共、頃日は漸々快方に御坐候。
○熊本士族之頑固党も、当台兵佐賀籠城より官軍廿三日奏勝迄は人気不穏、凶器を携ゑ或は旧知事之幼君を守護と称し、或は其邸外に群集し、或は寺院に屯し頻に奔走、依て市街之小民等負担逍逃、当台も非常警備を設置、諸官員所謂清正公丹誠を抽て建築する所之堅城に籠り、今哉寄せ来る歟と日夜相待候得共、固より党派之区分多く議論一定せす、徒に一時之勢に乗し置県来削られし禄米の万に一つも旧に復せんかとの希望より、無謂流説を唱ゑ動揺之儀に付、佐賀之如く干戈を交ゑ生死を戦地に決する事は容易に企及はす（併し当国の胆力科、豪傑等は頑固党に多し）爾後官軍連勝賊徒潰崩後は、打て代つて塩谷殿初めは所謂旧県之右田武士《ザムライ》が□野峠を通る如く肩で風を切て馳歩きしも、即今は道路之片隅を大猫が潜行する之勢にて大閉口、唯々前日動揺の罪を問はれんかと惣白苦心之由、笑止々々。
此度之一挙にて委細御承知には可被為在候得共、独り両肥而已ならず九州皆然り。既に昨年小生当台遠流之途中福岡一揆、昨冬鹿児嶋営処俄然瓦解、続て台兵沸騰、復た此度之動乱、どさくさ一ケ年詰殆と寧日なく苦心仕候。其上揖斐より承る改革論は、施行に暇あらざる中昨九月中隊編制後、何も内務書に基き候て施行する上は小生は当台之食客たり。故に御本快之上御帰台相成候得は、御遠流御赦免之儀御旧好を以て御周旋被成下度、偏に奉懇願候。嗚呼大坂在勤は羨敷々々。先は人之気も不知ごたく哉。不平を取混し不顧失敬書散し申候。平に高許可被成下候。其内時季御保養一日も早く御全快、為邦家奉希望候。謹白

三月廿六日　　隼之輔

二白　幾重も御保護専要に奉存候。承り候得は松田少尉、佐々木少尉御一所之由、何れゑも重畳宜敷御伝可被下候様奉願候。以上

　児玉尊台　坐右

三白　山田初め平佐、大村等当今佐賀出張なり。

〔註〕「巻物　佐賀戦争之書類」として整理されていた。林は熊本鎮台在勤。文中の児玉は源太郎とは別人、上利は上利勝世陸軍大尉、揖斐は揖斐章名古屋鎮台司令長官心得、松田少尉は松田憲信、佐々木少尉は佐々木養次郎。福岡一揆とは明治6年6月の筑前竹槍一揆。

伴親光

1　明治(7)年3月8日　児玉源太郎・月岡才蔵宛、竹内政明・大橋清直と連名

漸々御快体、欣喜不過之奉祝躍候。本日之御容体如何被為在候哉奉窺候。陳は甚麤抹之品に候得共進上仕候間、御笑納被下度如此御座候。恐々頓首九拝

三月八日

伴親光
竹内政明
大橋清直　拝

児玉大尉様
月岡少尉様　膝下

再伸時下万端御保護専一奉存候。頓首々々

〔註〕「巻物　佐賀戦争之書類」として、整理されていた。差出人の伴と竹内は陸軍将校、大

橋は陸軍会計官吏。宛名人の月岡少尉は月岡才蔵、大阪鎮台第10大隊第1中隊。

平賀国八

1　明治（14）年4月17日

爾後御強健奉敬賀候。演習もめで度相済御安堵奉察候。為見学出場可仕存念に御坐候処、生徒卒業赴任に臨み其意を果さす遺憾此事に御坐候。士官四名差遣申候。審判は如何相成しや。都下の風評には佐倉贔屓の者多々居る趣に御坐候。◯上野墨地も好時機之よしに付、往きたる心得にて左に苦唫を賻す。

脳裏偸閑尺寸間　　此情此楽与誰同

千姿万態春狼藉　　紅白花開好得風

当地も無珍事、他日御出京拝晤を期し候。

四月十七日　　国

源老契　函丈

〔註〕明治14年4月に実施された東京鎮台歩兵第1連隊と歩兵第2連隊の対抗演習のことと推定される。明治(14)年4月11日付乃木希典1番書簡参照。

2 明治(15)年12月23日

寒気烈敷相成候処、爾後御起居如何にや。とんと不相伺候。次に野分も寺内渡航後は良友を失ひ頗る無聊罷在候。乍併時に福原と悪口話し仕居候間御安慮被下度。当地も異情無之、申上度件は多少有之候得共紙上に尽し難く、近日御出京共は無之候也。時気御伺迄。恐々頓首

十二月廿三日　　国八

児玉老契　幕下

〔註〕封筒表「千葉県下佐倉宮小路に而　平信親展　児玉陸軍中佐殿」、封筒裏「東京飯田町三丁目三十番地　平賀国八」。平賀は明治16年1月27日病死、陸軍少佐、参謀本部管西局員。寺内は寺内正毅で、明治15年9月よりフランス留学。福原は福原豊功。

福谷義員

1　明治(7)年3月4日

本日は御妨申上候。偖明七時過乗舟にて帰坂被仰付、就而は明朝御暇乞旁一寸罷出候心得には候得共、万一失敬も難計候旁書中を以一応御暇乞申上置候。まつは草々不備

三月四日　　福谷義員

尚々申も踈に候得共、何分御加養専一之御事と奉存候。乍憚佐々木、伊沢えも宜敷頼上候也。

病院に而

児玉大尉殿　平安

〔註〕「巻物　佐賀戦争之書類」として整理されていた。福谷は児玉と同じく徳山藩献功隊出身。陸軍中尉となり西南戦争で戦死。

福原豊功

1 明治(27)年(11)月10日

謹呈　三日未明宇品発、仁川を経而、昨日安着致候間、御放慮是祈候。部員は本日悉く当地え移転候筈なり。○右仁川の大倉庫は勿論存置致置候。実視する処によれは、倉庫も病院も先つかなりに整理しおれり。伊藤は運輸通信支部長と兵站司令官とを以て仁川に残置す。迅速を要する東党征伐は南少佐の隊を中路、公州、清州の三道へ分派して排除の処置をとる事に致候。これには井上公使へは通報し而仝導方々江華屯在の韓兵二百余と朝鮮教導中隊も同行の筈なり。当地厩舎の設備其他着々歩を進めおれり。この景況なれば結氷已前先つ第一軍えの供給は、飽かしむる事出来るべし。ドコビール一件は目下第一軍へ交渉中なり。よし拵へるにした処が少なくも七、八十日は要すべし。開梱の達磨をころがす如く参り不申候。兎角第一軍の為めにはクヰンポト騏津に続し陸揚を勉め居候。然るに方々より種々の注文電報に而、やれ大迫支隊が飢るとか餓えるとかに而、米を送れ麦をやれなと申来候得共容易に諾せられず。又情況は能く知れ居候間（非常の天災を除くの外）、原田と申合せ必死とやり居候に付御安心希上候。兎角第一軍の兵站方針不確実には閉口也。銘々勝手に種々な注文一々甘諾するときは、百艘の船一臆石の米あるも足らず。呵々々々。○ドコビールの建設よりも寧ろ本鉄道を平壌、義州間に布設は前途大に有利なるべし云々。原田の論旨も有之候得共これは大問題と被存候間、容易に可否を述ぶる事能はず。兎角仙石の一行が踏査の成就後、評決に相成候而は如何。釜山、京城間の鉄道は後に廻し、仁、京間と平壌、義州間は却而有利なる哉も知れず。御賢慮如何（大本営えはこの事は差控候）。季候は本邦十一月中旬頃と同し。世評の如く寒気は覚へず。人の口は相手にならず。乍併夜間廏舎の寝床はしんみりと寒威を覚へ（孤衾の故か）、特に夜半過より払暁迄は肌膚にしみとうる心持せり。防寒はこの時の注意専一と被存候。厳寒の候は又々御報可申上也。先つ到着御報知方々禿筆如此。余は後郵別記。頓首

十日午前認

漁隠洞に而　豊功

児玉閣下

二白　隠士と相成候已来歓楽は夜間少許酒のみ故、御覧ずみの新聞折々御投与希上候。新聞更に無御坐なつかしく御坐候。

〔註〕封筒表「東京陸軍省　児玉次官殿　公用　親展至急」、封筒裏「在朝鮮漁隠洞　福原少将」。消印27・11・10。福原豊功陸軍少将、明治27年10月15日南部兵站監就任。井上公使は井上馨朝鮮公使。原田は大佐・南部兵站参謀長原田良太郎か。ドコビール（ドコー

ビル）は、フランスで製造された可搬式鉄道。

2　明治(27)年12月27日

拝呈　過日は広嶋へ御出張御配神の至奉恐察候（特に風月楼迄）。何卒前途よき都合に経過致し候へかしと祈居候。老将軍は意気毫も変せずと、為邦家慶賀々々。○弊況業務も此節は至而単純に相成、鎮南浦陸揚けの敏活のみ着意致居候。○ドコビール工事前成期は明春二月下旬のみ込に而（目下龍岡県辺迄出来たり）、稍々緩慢なるが如きも、何分地面の凝結意外なると、平壌、南浦両方より工事に着手する事出来さるに原因せり。主任者たる時尾大尉も最初の胸算が外れたる為大に心配苦慮致候得共、致方なかるべし。広嶋に而は前文の如き遅延相成候而は冬期運業の用をなさゝる為、中止し而余りの材料を格納しては如何と問合せ来候得共、たとへ三月以後に使用出来るとするも、海面上黄海沿岸五月比迄はひきあてにならさるべし。その上銭の勘定も人夫の背よりは有利と被信候為、工事は持続致度存居候。尤も第一軍司令官の考へが中止するも可なりと云へは、無理に困難なる作業を継続するも駄目に付、目下小川参謀長と交渉中に御坐候。○近日は宇品へ船舶の集合最中の由に付、隠洞甚た閑散に御坐候。○柳樹屯若しくは旅順の移転も小田原とみへ、爾来何事も申し不参候。○南部兵站線諸般整理の為め横幕と犬塚を派遣致し、これは陸路洪州より京城仁川に至り、それより中路を経而釜山に出て、帰路は海路をとらしめたり。復命は二月初旬なるべし。両人えは克く申含め、再三人を派遣するが如き不整理なき様命したり。○桂師団も宋慶には御縁があるとみへ海城辺突進なりしが、この尻尾は全州半嶋にむくか、矢張南方にむくか、どふもヘンテコな姿勢と被存候。米送りか遅滞さへすれは、あんな姿勢は出来さるべし。如何のものにや。○議会開設、不相変御多事、恐察々々。もはや年内余日なし。何卒目出度二十八春を御迎へ奉祈候。○隠洞年末、年首なし。廏舎炉辺に原田と弐人対坐して迎年可致と存居候間、乍余事御安心奉願候。

十二月廿七日　　豊功

児玉様　几下

二伸　山口へは相伺候節可然御噂希上候。新海苔ども送れと御伝へを乞ふ。

〔註〕封筒表「東京陸軍省　児玉陸軍次官殿　必親展　公用」、封筒裏「魚隠洞　兵站監部福原陸軍少将」。老将軍とは山県有朋か。時尾大尉は時尾善三郎工兵大尉。第1軍司令官は野津道貫、小川は小川又次第1軍参謀長、横幕は横幕直好第4師団監督補、犬塚は南部兵站監部憲兵大尉犬塚能、桂師団は桂太郎率いる第3師団（名古屋）。

3　明治(28)年2月28日

爾来相絶御無沙汰仕奉万謝候。不相変御多事に而広嶋えの御往復、御心労恐察々々。二に頑弟当地へ移動後瓦全、幸に御放慮希上候。○一地に弐個の監部ある姿勢に而甚たおもしろからざるに付、それ々々意見吐露致し漸く採用相成、吉川は近日金州若しくは旅順へ移動致すべし。○第弐軍大将以下一昨日帰来、久々井上にも面悟〔ママ〕致し候処、就中 Maréchal 云く、自分等はいつでもよきおぜんだてに而御馳走にばかりなると。御推察是祈候。○山地師団北進に就ては軍の編成替あること必用と思われ、即ち531が第一となり、営口、牛荘占領后は陸上押し込むか、或は弐個師団丈け乗船するとせば、営口よりする方最も便益と被存候処、唯今の様子なれば山地師団も本軍に帰投し、それのみならず桂師団も追々には当地方にむかひ来るの経画なる由、前途陸路兵站線の混雑、海路輸送の不順序杞憂にたへ不申候。〇前寺には互かに面悟しようと電約至置候処、急に帰り候為何事もはなす事出来ず残念に御坐候。〇当地は水質甚たよろしからず、その上灌溝なく井戸不完全にして糞も小便もみな流れ込み、おまけに五月頃よりは処々方々の坊主山より雨水流出し、悪水豬溜の景況を呈する様に付、目下頻りに衛生にも着意罷在候。何分入り代りたち替り一、二夜泊りの補充人馬、ほうらゐ豆など、どすゝ這ひ込み候間、健康上の保全云々には大に困却致候。右の通りに付、どう考へ而も初夏若しくは氷解時期には病人が出来そうに被思、折角注意致居候。兎角在来の支那家又は荒廃したる兵営に兵員、人夫を止泊せしむる事は、病を発生するの原因故、金は入り候而も廠舎（簡易に）たつるが適当と被存候故広嶋にも漸次材料の請求は致す考に御坐候。先はあまり御無沙汰致候に付、近況御報道且つ御左右伺旁如此。余は後郵致度。頓首

二月廿八日　豊功

児玉閣下

二白　朝鮮内地旅行のおかげにて体力鉄の如く鍛へ、仁川に於而は薬喰ひも出来申候。御一笑是祈候。

〔註〕封筒表「東京陸軍省　児玉次官殿　必親展　書留　公用」、封筒裏「在大連湾　金州青

嶋兵站監部　福原少将」。福原は南部兵站監、吉川は吉川宣誉第2軍兵站監、第2軍大将は大山巌、井上は井上光大佐・第2軍参謀長、山地師団は山地元治率いる第1師団（東京）。

4　明治(28)年(7)月8日

御投火々々。

前置高許。

秘密電報、正に受領す。◯目下思案中なるは乃木中将の司令部なり。（別紙御参照）まさか鳳凰城へ転居も妙ならず。さりとて金州へその儘は尚更おかしく御坐候故、いつそ仙台え帰す方に意見を申やり而は如何かと自問自答致居候。しかし前途に於而近衛と第二師団と交代の内議あれは、宮様も前後に台湾え飛ひ行きの事に申立つべきかとも相考へ候得共、丸而三階よりは音沙汰なしに付差控居候。兎角総督帰営の上（明後日帰らるゝ筈）意見を叩き試みるべきに付、その上に而可申上や。◯宮様台湾行相成候上は全占領地の兵力減少致候へ共、海城も山口枝隊も先つその儘になしおき、何処も動かさぬ考按に御坐候。唯無為に苦しむと（目下の姿勢に而は）、経理上の冗費に至り苦慮罷在候。御気付きも有之候得は御教示切望々々。可祝。

八日夕　　豊功

児玉閣下

〔別紙〕

鳳凰城方面守備隊

隊長　山口少将

歩兵第四聯隊

騎兵一中隊

山砲一大隊

工兵一中隊

衛生隊半部

段列若干

金州方面守備隊

師団長　乃木中将

野砲二大隊

騎兵大隊本部

工兵大隊本部

大小架橋段列

段列若干

台湾派遣の予定
混成第四旅団長貞愛親王
歩兵第四旅団
騎兵一中隊（二小隊）
砲兵一中隊
衛生隊半部
段列若干

金州城守備隊
歩兵第十六聯隊　第三大隊　総督直轄
騎兵第二大隊の一小隊
外に歩兵第十六聯隊（二大隊）は鳳凰城方面兵站守備隊となる

柳樹屯守備隊
騎兵大二大隊の一小隊

〔註〕封筒表「東京陸軍省　児玉次官閣下　必　親展」、封筒裏「大連湾　福原少将」。消印28・7・13。福原は占領地（台湾）総督部参謀長で、明治28年7月27日病死。乃木は乃木希典第2師団長（仙台）、宮様とは伏見宮貞愛親王で、この年10月10日に歩兵第4旅

団を率いて台湾に上陸した。総督は樺山資紀台湾総督、山口は山口素臣少将・鳳凰城方面守備隊長。

松川敏胤

1　明治(39)年7月19日　松本鼎・栗林五朔と連名

七月十九日

只今始めて北海道の土地を踏み申候。茲に閣下の御健康を祝申候。箱館視察は来る廿四日よりの予定に御座候。

松川敏胤
松本　鼎
日本郵便会社
室蘭代理店
栗林五朔

〔註〕絵はがき「室蘭於ける第七師団凱旋」。葉書表「東京牛込区薬王寺前町　子爵児玉陸軍

大将閣下　電瞥」。消印39・7・21。差出人の松川敏胤は陸軍少将・参謀本部第1部長兼第5部長、松本鼎は砲兵大佐・野戦砲兵第10連隊長第1軍砲兵部長、栗林五朔はのちの栗林商船社長、当時は日本郵船（肩書は郵便ではなく郵船と思われる）室蘭代理店に勤めていた。

三上豊昌

1　明治（7）年3月3日

第三号カバン御入用に付、幸便取寄方御依頼之段承知仕候。生等一同出兵致候砲歩兵之義、当地え被呼戻、就れ今明日には当地え着之筈に御坐候。賊徒弥降伏、就而は三月一日内務卿佐賀城え入城相成候。巨魁江藤は弥脱走、此義に付昨二日夜田某警視七名引率琉球え渡海致候事に御坐候。其内共御大切に御加養是禱候。右御報旁呈寸楮候。拝具

三月三日

豊昌拝

追而就れ御用向相伺可申覚悟に御坐候。

伊沢兄え可然御鳳声是祈候。

児玉盟老台　貴報

〔註〕「巻物　佐賀戦争之書類」として整理されていた。三上は中尉・大阪鎮台。内務卿は木戸孝允、江藤は江藤新平で、こののち逮捕され4月13日処刑される。

2　明治（7）年3月7日　児玉源太郎・松田憲信・伊沢満宛

御傷所如何候哉。鳥渡書中を以て相伺申候。麤菓三個床下上呈候間御笑納是禱候。為其。草々拝具

三月七日　　豊昌拝

児玉君え申上候。兼而御噺有之候三号之ハカン〔ママ〕差出候間御落掌之事、軍服は別に跡より為持差出候也。略急毫候点万御高許是祈候。

児玉
松田　三盟兄　御直
伊沢

〔註〕「巻物　佐賀戦争之書類」として整理されていた。宛名人は児玉と同じく佐賀の乱の負傷者と思われる。松田憲信少尉・大阪鎮台第10大隊第4中隊、伊沢満中尉・近衛歩兵第1連隊第1大隊。

3　明治(7)年(3)月12日

明日弥出立之筈に付、何分にも御加養御大切千祈万禱。先刻御噺申候御入用之品差出候間、御落手置可被成候。其内用事出来候はヽ、何なり共御使節を以て御申越可被成下候。為其。草々略具

十二夜　　三上拝

早く御平癒之上再会之程希望之致り候也。

児玉様　床下

〔註〕「巻物　佐賀戦争之書類」として整理されていた。

4　明治(7)年(　)月12日

兼而吉田丈治借用致居候サーヘルを返納致候間、正に御落手可被成下候也。

十二日夜　　三上中尉

児玉大尉殿　床下

素期身命棒邦君　死尚不辞況苦労
真向台湾敷徳化　欲将旭旆及謁群

〔註〕「巻物　佐賀戦争之書類」として、整理されていた。吉田丈治は大阪鎮台12等出仕。

5　明治（7）年（　）月24日

副啓　先達而吉田氏え相托し候書帖其他御手当金等、行違ひに相成不都合之段御免可被下候。是は何れ不日同人帰陣是事故更に御送り可申候。左様御承知置可被下候。以上

廿四日　とよ

源大兄

〔註〕差出人「とよ」は、他の三上豊昌書簡との関連から三上豊昌と推測される。

6　明治（　）年（　）月（　）日

今上天皇之御写真、加藤氏之築城当鎮台之写真、迂生之写真二三枚呈床下候間御収納所希候。以上

仝日　とよ

〔註〕加藤氏とは加藤清正で、当鎮台とは熊本城のある熊本鎮台と思われる。

溝部素史

1　明治(5)年7月26日

打絶御無沙汰謀中上候。頃日は定めし御清適可被成御在勤之由奉遙賀候。迂生も且々送光罷在候間、乍失敬御放念可被成下候。当地御居々之節不容易御懇情蒙なから無是迄可奉呈一書筈之処、御存の怠惰者故失敬千万、何卒平に御寛恕可被成下候。さて又承候得は御転任之由、万々欣然之至是又奉大賀候。定めし引続御配慮事と奉存候。申上度事件海山御座候得とも、後の便りと申残候。其内時下御自愛純一〔マヽ〕と奉存候。先は御欣旁奉捧汚筆候。拝呈

七月廿六日　　素史　復拝

児玉様　侍史

二伸　山田大尉殿えよろしく御伝声奉願上候。

〔註〕溝部は山口藩出身で大阪鎮台在勤の陸軍中尉。のち、西南戦争で戦死。詳しくは堀田

暁生「溝部素史大尉の書簡と墓碑について」(『大阪の歴史』69)。これは明治5年6月17日に児玉が第19番大隊副官に異動した際の書簡と思われる。

2 明治(6)年7月9日

打絶御無沙汰申上。不得貴顔候得共、定めし御清適御配慮と奉存候。さて四日拝借金返納日限日延御依頼申上置候処、最早其日限打過、何とも恐縮の至奉恥入候。其実他方より到来有之候に付引当仕居候処、未た到来不仕存外之不都合相成、今日御無音も有之、御断旁登館仕へく積り御座候処、又々週番相成失敬之段また御寛恕可被成下様奉願候。相成へくは今少々御猶予被成下候得は難有奉大慶候。先は御断まて。草々拝呈

七月九日　　　　溝部　復拝

児玉様　閣下

〔註〕封筒表「児玉大尉殿　溝部中尉　要用内呈」、封筒裏「第一営より」。大阪鎮台時代の書簡と思われる。

3 明治(6)年9月11日　児玉源太郎・上利勝世・友安治延・南〔小四郎〕宛

乱筆御高許。

追日残暑に相成候処、諸君御揃愈御壮剛可被成御奉務之由奉遙賀候。下て迂生共船中無故障四月十八日着京後徒然に打過申候処、漸く兵学寮出張所戸山旧尾州邸え入寮仕、且々在勤罷在申候間、

乍失敬御放懐奉願上候。さて当寮事情過日も一件被申上置候余、兼而新聞も不仕、何分開業にて余日も無之、多忙にて録々外出も不仕、其故旧知己も今以面会も不致候得共、何れも盛之由に御座候。

一、当節の勤務は日本兵要地理小誌、内務出陣中軌典抄、数学等有之、御承知之通り算術別してブエテにて、殊〔ママ〕と困却一倍心痛仕候。

一、御地当時士官入替も有之候由、本城氏は依水行。〇井上副官は十四大隊え。外に大尉石本、小川、松村も預備隊附とか噂有之、他隊より原大尉、中村中尉見え候由、其外諸君の交代は無御座候哉。何卒巨細御報奉願上候。

一、南君え申上候略承り候得とも、同隊副官え御転役之由、左候はヽ御配慮不一方御多忙と奉愚考候。

一、寺内、福原も迂生共同寮入寮相成申候に付、此節は旧談いたし候。迂生同舎には当地同行之者無之皆々チリジリ々々相成、舎は八舎にて壱舎八名宛、併し寝室にて〔ママ〕御座候。

一、諸所より召集之士官にて内に間々不平も有之候得共、迂生共覚語〔ママ〕にて出京いたし候付、別段不平も無之候得共、併なから自習之業場とて別段にはなし。講堂え起床より消灯まて一机には五名宛ほと、腰掛は長バンク練兵体術中にて股はかたく相成、乍失敬両便等にも随分込り入申候。吹煙所は二三十間、寝室えは五六十間、食堂えも同断、実に又々壱番舎の心持にて当冬思ひやられ申候。

一、当地は陸軍略服種々有之、先つタルマ（ジャケツ　マンテル）別段にても色々有之、何れ一定の上又々申上候。

一、寮内は実に広大之地にて、先日も申上候通り演習所に第一等地御座候得共、田舎にて外出に不便に御座候。邸内白山野川等有之、夜中狐猿声、昼山鳩、余は御賢察奉願上候。

一、新橋より横浜気車最も壮にて、車等も追日増加之由御座候。又々新橋より京橋までの通り筋南側共連瓦石造りにて、不日成就相成申候。此所の趣向西洋一の都府如し。通り馬車新ばし浦築地に、浦浜には蒸気船、実に絶景難尽筆紙、其れに引替同東京之内にて迂生共が居所は市中え二里余り、御地玉造奥山口で三の宮萩地で玉江寂しき事無此上、出京とは申なから閉門も同様にて御座候。

書余又々御報申上候。其内時下御自愛第一に奉存候。先は御無沙汰御断御見舞旁奉呈一書候。恐縮百拝

九月十一日　素史

児玉様

上利様

友安様

南様

南君まて御転役御願ひ申上候。

友安、南君えまて愚弟強蔵事よろしく奉願上候。

〔註〕創設当初の陸軍兵学寮戸山出張所の様子を記した書簡。宛名人の上利勝世・友安治延・

南（小四郎か）は大阪鎮台の同僚たち。寺内は寺内正毅。強蔵は溝部の弟。

4　明治（6）年10月9日

過る廿六日御緩々之御芳書相届、難有奉拝誦候。愈御壮剛可被為在御奉務之由奉遙賀候。二に迂生録々在勤も罷在申候間、乍憚御放懐奉願上候。さて愚弟強蔵事は不容易御厄害相成、何とも難有奉万謝候。何卒よろしく奉願上候。将亦当地も別段珍事も無御坐候。四月来大雨日夜連降、遂に寮内大池堤を破却し市中迄流出、人家損失、男女等五、六名死去いたし候由、其外所々水難も有之候との事に御座候。○脚気病は余程流行、寮内にて沢山有之、下士官弐名（一人は広嶋、一人は東京鎮台）死去いたし候、併し大坂より入校之者は未た右病気は壱人も無御座候。書余後報申上候。其内天時御厭ひ第一と奉存候。先は御礼貴酬まて奉呈一書候。恐縮百拝

十月九日

素史拝

児玉源太郎様

二伸　乍筆末御尊母様へもよろしく御鳳声奉願上候。竹下少佐えも御序て之砌可然御伝言是祈。三上氏なんと相なり候や。御勤閑に御一報被下度様御伝声奉願上候。愚弟事万事よろしく御引立之程奉伏希上候。拝呈

追啓　少々新聞も又珍事も有之候得は又々申上候。

〔註〕封筒表「児玉源太郎様　貴酬　溝部素史」。

5　明治（6）年11月18日

向寒弥増候折柄愈御清適可被為在御奉務之由奉南賀候。二に小生録々在勤罷在申候間、乍憚御放神奉願上候。さて愚弟事は不相替御厄害相成候由、何とも御厚情難有仕合奉存候。秦野氏舎弟御序手之砌可然御伝詞奉願上候。

一、定めし御聞およひに相成居候旧薩人、旧土州人今度一事に付、諸省出仕之面々追々辞職願出、已に近衛隊士官、下士官、兵卒まて、辞職願或は病気に而兵役に堪兼候由と盛に願出候処、近衛局には殊に困却にて本省（則陸軍省）え伺出候処、小西卿（海軍大将）は勿論大西卿と議論相違致当時盛にて今度辞職等の願出は彼一人にて論決相成候由、所以は辞職之内にても色々有之、旧鹿児嶋之内西郷の徒又は勢に乗し、兼て不平も有之人は此時とて、又は連に誘導被為之分等と陸軍大将兼て御承知にて、今度裁判に余程尽力之由、伍長已下は免職、下士官已上は非職にて帰郷被為免れ候。又土州人は如右、併し今日に至りては過半相済之由に御座候。

一、西郷参議は直に帰郷、後藤、板垣、江藤、副嶋参議は御用滞在之由に御座候。

一、正院大議論中に伊藤参議余程尽力之由、又外務省にては副嶋と野村和作（是は外務の六等者）、過日全権大使帰朝之砌随行して帰朝、大議論にて随分ひとひ事にて在りた由に御座候。其余は未た伝聞不仕又々申上候。

一、今度正服一事は殊と困却、学費、寮内諸物品之代価まて割方と廻し、其上寝室の行燈油代まて出納いたし、実に大込り申候にて、今度本隊え借用願越置ところ、厚東隊長え倩実御噂之上御周旋奉願上候。此上なから愚弟御教育之程只管奉願上候。書余後鴻を以申上候。先は御伺ま

て
奉呈一書候。頓首復拝
二伸　乍筆末御尊母様其外御家内中様よろしく御伝声奉願上候。降りて竹下少佐大御無音仕居候に付、何卒可然御詫被成下度奉願上候。尚又御序手の節三上氏え可然御伝へ被下度候。そして井沢十郎近々少尉に転任いたし由に而、三上氏え其段御噂奉願上候。

十一月十八日　　素史　拝復

源太郎様

〔註〕明治六年政変の様子を記した書簡。秦野は波多野毅、野村和作は野村靖のこと。厚東部隊長は厚東武直と思われる。竹下少佐は竹下弥三郎。

6　明治(7)年1月6日

新歴之御慶賀千里同風祝礼申収候。先以御全家様御揃御清福御迎歳可被為在之由、欣然不少と奉大賀候。二に小生且々無異加歳仕候間、乍憚御投慮奉願上候。旧年中は度々之御恵翰奉厚謝候。生よりは時々伺可申之処疎濶に打過、御海恕可被下候。猶乍此上御厚情之程奉願上候。先は年頭之慶賀申上度如此に御座候。恐惶々々

一月六日　　素史

二伸　天時御自重第　と奉存候。将勅奏任官表差出申候。今日未た御覧無御座候得は御覧奉願上候。拝呈

源太郎雅契　侍史

〔註〕封筒表「大坂鎮台本営　児玉源太郎様　寺内正毅　無事」、封筒裏「東京牛込より発す」。寺内正毅差出の封筒に入っていた。

7　明治（7）年8月28日

炎暑之際、先以御清適可被為在御奉務と奉拝賀候。二に野生不相変無異在勤仕候間、乍失敬御省慮可願候。陳去月は久々拝顔恐悦罷在候て、御発足之期退出掛け参館仕候処、最早御発程にて乍残念引取、数々失敬之段御寛恕可被下候。定めし御船中御無難御着熊被為在候儀奉相察候。爾後当地は都合無変、波多野氏も当月十八日ネバタ号船にて上京、海路順風にて廿日着京之由、留守も皆々御壮剛に付御安慮可被下候。三上氏も鎮台追々人少にて頗る多務之由、乍併至極健壮。当地は相変嘶に無之、閲検使前依然諸先生書見やら、算術やら相始り随分混雑、依て花街行は大に衰弱之噂に御坐候。書外は後便と申譲候。其内時候御厭ひ第一と奉存候。先は御伺旁。捧呈

八月廿八日　　素史

二伸　御地林、徳久、平佐之助諸房え、乍失敬御序手之砌可然御伝声奉願候也。

源太郎様　貴下

〔註〕児玉が熊本に異動した際の書簡と思われる。

毛利元功

1　明治27年11月1日

軍事多端之際、愈御壮健御精務大賀之至に御座候。陳は先年拙家を経て宗家より御貸渡相成候金員之義に付、此度優渥なる正二位公之御思召を以て御棄捐被成度段被仰下、拙者に於ても誠に難有感佩之至に有之候。何卒一層御奮励御尽忠奉希望候。御参考之為め別紙御直書入封差送候間、御一覧之上御返送被下度候。先は右得貴意度如此に候。草々不備

明治廿七年十一月一日　　元功

児玉源太郎殿　机下

〔註〕封筒表「児玉源太郎殿　御親展」、封筒裏「毛利元功」。元功は長府毛利藩主の子で、徳山毛利家の養嗣子となる。実姉は毛利元徳の妻。宗家・正二位公とは毛利元徳。この頃児玉は借財に苦しみ、元功に借金を願い出た。元功はさらに元徳に斡旋し、その結果

明治23年11月12日桂太郎を保証人として元徳から1万円の借金をした。この一連の書簡は、それを棒引きとするもの。

〔別紙1〕　毛利元功宛毛利元徳書簡　明治27年10月11日

拝啓　日清宣戦詔勅御発以来征討の為諸軍出発、引続大本営を広嶋に進められしに付ては、陸軍次官児玉少将日夜其局に当り、本省及ひ参謀本部等へ詰切職務鞅掌の趣、為帝国欣喜御同感之至に候。兼て同人に御貸与金有之候由伝承候間、此際悉皆御棄捐相成候は丶、感激奮励一層専心に奉職可致と存候。此義御同意に有之に於ては、本人の光栄のみならす貴家の御面目に可相成候也。

明治廿七年十月十一日　　元徳

元功殿

再白　前条自筆を以て貴答あらん事を乞ふ。

〔別紙2〕　児玉源太郎宛浅間篤馬書簡　明治(27)年11月1日

拝啓　陳は別封差出申候間、御落手被成下度候。御答書至急御送付可被下、其下を直様八つ山様へ御差出被成候御都合に御坐候間、右様御了承奉願上候。草々頓首

十一月一日　　浅間篤馬

児玉源太郎殿　侍史

〔別紙3〕　毛利元功宛児玉源太郎請書　明治(27)年(11)月(　)日

謹て御請申上候。

今般清国征討被仰出候。以来私儀軍事の要局に当り譾劣を不顧日夜鞅掌仕候を以て、先年御当家様を経て御宗家様より拝借の金員、正二位公懇篤の御思召を以て悉皆御棄捐被成下候趣、正五位公に於ても御感佩被為在前条之御沙汰被仰聞、優渥の御恵与肺肝に銘し鳴謝する所を知らす。因て猶一層犬馬の労を励み繊芥の誠を尽し、為国家万分一之鴻恩に報し奉り度、謹て御請申上候也。

毛利元徳

1　**明治(28)年4月6日**

拝啓　春暖之候愈御健剛欣喜之至に候。当節は其地に御出張中の由、引続き御繁務と遙察罷在候。先日は又々旅順口付近の戦地撮影沢山御贈与、鎌倉にて加養中実地を目撃する心持し厚情多謝す。曾て取御話候拙作之陸海軍々歌幸便に付差贈候。御一読希候。右前陳の謝詞旁一書を呈候也。

四月六日　　正二位元徳

児玉少将麾下

〔註〕封筒表「児玉源太郎殿　自披」、封筒裏「毛利元徳」。元徳は徳山藩第8代藩主毛利広鎮の息子で、萩藩の養嗣子となる。維新後は公爵。

〔同封〕

陸戦の部

わかすめくにの ひと〴〵は 忠勇義烈の ますらをぞ
成歓牙山の たゝかひに おくびやう未練の てきへいは
わがみいくさの ますらをの やたけこゝろの いはかとに
みなくだかれて 城塁を すてゝにけしぞ こゝちよき

朝鮮ごくの うちにても ふせくによきは 平壌の
ちせいといへと すめくにの 忠勇無双の わか軍は
砲烟弾雨も ことゝせす たけく進みて 激戦し
さしもなたかき 牡丹台 遂におとして わかくにの
光たゞしき ひのみはた うてなのうへに おしたてゝ
万ん州兵の やつはらに やまとたましひ 示しけん
すめらみくにの いくさびと 支那のさくひに うちいりて
きうれん城を 乗とりぬ 鳳凰じやうも おとしたり
旅順口をも 略取せり 北京城をも おとしいれ
城下の誓を なしをへて くにのみいつを かゝやかし
凱旋門を たかくたて 普天卒土の たみくさも

君の万歳　うたふべし　きみのはんざい　謳ふべし

豊嶋おきの海戦

わが帝国の　ぐんかんの　吉野秋津洲　浪速号
豊嶋おきを　すぐるとき　あたは迷頑　無礼にも
あさひかゝやく　はたかげを　めかけて砲を　はなちけり
われもたちまち　応戦し　てきの砲艦　操えは
しらはたゝてゝ　くだりけり　また運送の　高陞は
なにはかうちし　弾丸に　うちひしかれて　わたづみの
そこのもくつと　なりはてぬ　この海戦の　てはしめに
わか神兵の　いさをしは　いとめざましき　事にこそ

黄海のたゝかひ

ころは九月の　なかばすぎ　我帝国の　艦隊は
朝鮮海を　ふなでして　敵情しらんと　ここかしこ
さぐるがうちに　海洋の　しまをへだてゝ　あたのふね
はしるかげをば　みいだしぬ　かれもそれとや　察しけん
かぢをかへして　すゝみ来る　こなたも砲門　うちひらき

用意をしつゝ　まちをれば
いざやすゝめと　わかふねは
声霹靂と　うちいだし
しづめしふねも　ふたつみつ
渤海さして　のかれけり
例まれなる　いさおなり
艦隊将士　もろともに
このたゝかひに　比類なき
四百余州は　おそれけん
いくさののりと　ほめつらん

かれよりさきに　うちはじむ
あだにちかより　めをこらし
たゝかひときを　ふるうちに
残れるふねは　やけなから
このはたらきは　かみよゝり
このいさをしは　わかくにの
機をあやまたぬ　ゆゑぞかし
ますらたけをの　てなみおば
また文明の　くに〳〵も

森田利謙

1　明治(7)年2月28日

覚

一、　　金百三拾四円弐拾六銭

内訳

円金五円　拾切　但　□拾両
弐円金　五切　但　拾両
拾円札　七枚　但　七拾両
弐円紙幣　壱枚　但　弐両
壱円同　弐枚　但　弐両
弐銭札　弐枚　但　弐両

壱銭金　　壱枚

右之通、渡辺少佐立逢相改候事。

此書状、無延滞福岡病院迄継立方願入候也。

森田利謙

二月廿八日　佐賀県蓮池本陣より

〔註〕「巻物　佐賀戦争之書類」として整理されていた。佐賀の乱で負傷した児玉が入院したのが福岡病院。差出人森田利謙は陸軍省13等出仕、渡辺少佐は、児玉とともに大阪鎮台から派遣された渡辺央。内訳との計算はあわない。

山県有朋

1　明治(25)年11月2日

一昨夜は大酔、失敬仕候。其節御談合に可及相考なから、雑話多端にて遂に失念致候儀は余事にあらす。二年兵役独逸国にて試行之成績甚た宜布を得たるとの各新聞之報道は、参謀本部に於て発行之各国兵事摘要第四拾号に掲載仕る論旨とは甚た齟齬せしに付、二年兵役試験之結果は不良之態を充分論究して各新聞に掲載相成歟、又は兵事新聞にて論駁仕る歟之二途に可有之と存候。此説をして素人之代議士を説破致候は丶、直に多数を議場に占候事と憂慮之余り及開陳候。猶細思熟慮を乞。草々不一

十一月二日　　芽城山人　朋

児玉将軍　幕下

〔註〕封筒表「児玉陸軍次官殿　親展　急啓」、封筒裏「山県朋」。「司法省用紙」。山県が司

法大臣の時か。

2　明治(27)年9月7日

御清勝欣然。小官出発之際国府津迄送別を忝し鳴謝。別後部下人馬共無事一昨夜半当地安着、幸に御放懐可被下候。扨兼而御頼談に及置候梶山鼎介儀、此度韓国派遣之儀は到底採用無之事に候哉。当人は支那朝鮮には数年在勤之者に付、何歟相応之場処え採用相成候様御申越被下度、御高按御内報煩し度、猶老生も考慮可致と存候。

今朝宇品港兵隊乗船之状況為一見罷越候。人馬幷に荷物等乗船之順序頗る整頓、実に感服之外無之候。乍併数回旅行之汽船は機関等損害次第に増加可致、今日より大に注意を要し候事に候。輜重之運般は目下人夫を要候外無之処、到底数百里之山河跋渉運輸之目的は難立、随而兵之運動を渋滞し非常困難之地に陥り可申歟と痛心不少、結局処、将来人夫使用之兵制は全く廃し候外無之存、今日より深く考究相成可申候。大体之注目は道路を開拓し、然後作戦之計画をなすより外無之猶。嗚呼。老兄以為如何。明日午後三時乗船と決定、京城到着一日も速に歩を進め可申と苦慮罷在候。寒気日迫前途猶遠矣。時下御自重千金。

九月七日午前十一字過　　　　広嶋軍司令部にて　有朋

児玉少将殿

猶、大嶋、川上其外え御序よろしく其他知己えも。草々再白

別後敵情一之報知無之、多少変態を生したる事と察申候。暗打之闘き合は御断り申度候也。三白

〔註〕封筒表「陸軍省　児玉陸軍次官殿　親展　急啓」、封筒裏「広嶋県広嶋にて　山県朋」。山県はこの年8月30日に第1軍司令官を拝命し、9月4日東京を出発。梶山は、維新の志士で陸軍中佐、朝鮮弁理公使を経て、当時は衆議院議員。兵站は児玉陸軍次官の重要な任務であり、それに山県が注文をつけているのがこの書簡。川上操六。

3　明治(27)年10月31日

別後数回之貴翰接手忝一読、先以御勇壮御奉職遙賀之至に候。大本営広島城に被為進候得は、東京留守中之事務は総而御担任之趣別而御多忙察申候。然処其後は広嶋城に於て議会開会に付御出張之由、か丶る軍事多忙之際猶一層神労を増加し、内外之事務上実に不堪想察候。于時九連城一決戦後直に鳳凰城に向て進撃之準備稍相整ひ、昨日を以先鋒二梯団を前進せしめ、今朝本営を前進するの議に一決、本月二三日を以攻撃と方略を一定し、既に昨朝二梯隊は前進せしめ候処、騎兵大隊斥候と小迫合之後鳳凰城に投火し、奉天府之方向に遁逃せし趣急報を得候付、一昨日大東溝を占領せし兵を以直に大孤山に進行せしめ、一支隊は小東溝より龍王廟を経て大孤山に前進し、彼地を占領之上直に第二軍に連絡を取之目的に有之候。両三日中には目的を達候事と察申候。此後全軍進行之方向に付而は、篤と熟慮を尽し親裁を可仰決意に有之候。扨先般井上光に途上一面会候処、頻に大連湾突入之議其他政略軍略に瀕る大体論を頻に主張せしも、一切打破し置申候。然処其後一師団海運之一事電報幷に書翰を以縷々御注意を了承しなから回答不致、事情は其後井上伯に細縷之情報及ひ老生之決意を相認め一書郵送に付し、賢兄回覧之事をも申遣し候付、定て御一読老生之決意御了承と此に不贅候。陸路運搬之至艱至難之状況は到底不所尽筆紙。于今第三師団之一部大嶋旅団を安州に滞駐せしめ、活戦力を減し遂に神速に目的を不達ば、老生耳ならす斯か為めに軍情にも関し実に遺憾無限、老生之心事御推察可被下候。且兼而被仰越候様時々之状況は、田邨中佐より直に電報候様申し含め置候付、大略は万事御承知と存候。発軔之節世外、陸奥え依頼に及候探偵も追々御送付、一読大に力を得申候。猶北京政府、天津其他之軍状耳目に触るゝ限り電報相願候。先は要略。時下新寒御自重為国家専祈之至に候。草々復

十月卅一日　　九連城に於て　芽城山人　有朋

児玉将軍　幕下

猶、第一軍に管民政庁を開設し小邨書記官を以任其長官、軍事と民政を区別するの方法を組織せされは到底民心を収攬する不能也。其告示文は略之。草々。軍事多端、擱筆。

〔註〕封筒表「児玉陸軍次官殿　親展急啓」、封筒裏「山県朋」。10月26日、第1軍は鴨緑江を越え九連城を陥落、山県はその後、旅順攻撃中の第2軍と合流し、山海関や山東半島に上陸する直隷決戦か、満州の奉天へ進撃するかを考えていた。しかし、慎重な井上馨あるいは児玉と齟齬があったようである。なお、この時に山県が井上に宛てたと思われる書簡が「井上馨関係文書」（国会図書館憲政資料室所蔵、明治27年10月9日付）にある。世外は井上馨、田邨中佐は田村怡与造第1軍参謀副長、陸奥は陸奥宗光外相。

4　明治（27）年（10）月（　）日

所向無前意気雄　欲依糧敵々還空
秋声蕃索死城脱　万里山河一路通

　陥九連城有感

　書示芽城山人

〔註〕『公爵山縣有朋伝』下、一六六頁に類似の作が掲載されている。

5　明治（28）年1月5日

今朝伝聞候得は、御用にて神戸より御引返相成との事、御苦労察申候。然処兼而御配慮有之候当地之事情上に付誠に困難一事件を惹起し、不得止本営之諸将に老生之意見談論に不及ては、黙々無事に傍観し不能之事に立到、今日西郷と談話を相試み可申決意に候。御帰広は老生に於ては甚好時機を得申候。御到着後御用向相済候はゝ、今晩中面晤を得度存候。先以貴寓に向て一書を呈し置候。草々不一

　一月五日午後二時認　　　　芽城山人

児玉将軍　幕下

〔註〕大本営と意見の相違がある中で山県は発病し、明治27年12月7日召還の勅命を受け、17日広島着、翌日監軍に任命される。西郷は西郷従道海相兼陸相。

6　明治(28)年3月27日

今朝御面会後直に本日集会之場所に罷越候処、榎本大臣耳にて其他は未出席無之、依而昨日会議之情況概略伝承しつゝ、罷在候折柄総理其他出席種々談論之末、本月十六日を北部之休戦と相決し申候。此段御承知迄。草々。只今四時也。帰寓一价走らせ申候。細縷面晤に譲。不尽

三月廿七日　　有朋

児玉次官殿

〔註〕封筒表「児玉陸軍次官殿　親展至急」、封筒裏「有朋」、内封筒表「児玉賢兄　急啓」。山県は3月7日に陸相就任。この日の閣議で無条件休戦（南部の台湾を除く）が決まった。榎本武揚農商相。

7　明治(28)年7月3日

今朝は不図面晤候処、発車時間に差迫居御談話相試み不得候処、何か差向事に候はゝ御一報可被下、帰京面晤可致候。若又書翰にて相弁し可申事柄なれは、御多忙中なから概要御認め郵送に付せられ度存候。且今朝岡沢え内談致置候儀有之候付、同人御面会之節御聞取可被下、若其事に関し何歟貴聞に入居候得は、篤と御談合相成候様致し度候。先は為其。草々。余事後鴻に在。不尽

七月三日　　大磯にて　小淘庵主　頓首

児玉将軍　幕下

〔註〕封筒表「東京牛込区一ケ谷薬王寺前町三十番地　児玉陸軍次官殿　親展急啓」、封筒裏

「相州大磯　山県朋」。岡沢は岡沢精侍従武官か。この頃、論功行賞が検討されていた。

8　明治（29）年2月7日

爾後貴恙如何、追日御軽快に赴き候事と察申候。昨夜石黒総監に面し御容体委曲承候処、此往二周間位も相立候はゝ外出も出来可申との事にて稍放懐致し候。然に総而医言を服膺し安静に療養を尽さゝれは、いか様之変体を可生も難計と申事に付、断然医言を確守し謹慎に摂養相成候様、老生等専祈万禱之至に不堪。為其。草々不尽

二月七日　　　　有朋

児玉将軍　幕下

〔註〕封筒表「東京麴町区陸軍省内官舎　児玉陸軍次官殿　親展　内啓」、封筒裏「小石川区芽城台　山県朋」。児玉が脳溢血で倒れた際の見舞状。以後、しばらく鎌倉などで療養。石黒忠悳陸軍軍医総監。

9　明治（29）年3月14日

追日御快方に赴き候由、欣喜之至に不堪。扨老生も弥明日出発と相決申候。就而は鳥渡御暇乞も可申上と存居候へとも、病後外出と応接をなる丈け避可申と医師より之厳戒に付御無沙汰致し候。何卒医言御確守御静養被尽度、為国家所祈候。為其。草々頓首

三月十四日　　　　有朋

児玉次官殿

〔註〕封筒表「児玉陸軍次官殿　袖展」、封筒裏「有朋」。山県は3月15日ロシア皇帝戴冠式列席のため横浜を出発。

10　明治(　)年4月15日

此間は御来訪忝多謝。扨別紙メッケル氏砲兵編制意見書、熟閲感佩之至に候而致返却候。此意見に基き、編制表一葉御調させ被下候得は甚仕合申候。乍去此節は参謀官も殊更多忙に可有之故、御都合次第御下命所願候。他事拝光万譲。匆々如此。

四月十五日　　有朋

児玉賢兄

猶、野営演習行は如何取極相成候や。寺内被仰合可被下候。

〔註〕日本陸軍の形成に重要な役割を果したドイツ軍人クレメンス・ヴィルヘルム・ヤーコプ・メッケル。児玉を高く評価していた。

山口素臣

1　明治(36)年12月23日

拝啓
益御健勝之段奉大賀候。陳豚児十八妻女之義に付、御懇書之旨敬承仕候。過日御面談申上置候通り、大兄之御思召に相叶之女性なれは、于生等夫婦に於ては少しも異論無之、唯過日申上候通り種々事情も有之、直接親族間之縁談は相避け度、幸ひ大兄之娘分として縁談相整候事なれは過分之大幸に付、何卒御含を以御取極奉願置候。乍併十八も明年大学校之試験には是非及第を期し居、又于生に於ても奨励致居候事故、右縁談相整候とても結婚は今暫之間見合せ度、其由御承知相願度候。不取敢御答如此に御坐候。其内時下御自愛奉専祈候。頓首拝復

十二月二十三日　　素臣

児玉大兄閣下

二白　秀雄君御帰朝之由大慶之至候。奥様方へも御祝詞申述度、可然御致声是祈候。過日来旅行中に付御答延引之段奉謝候。

〔註〕封筒表「東京牛込区市ケ谷薬王寺前町　児玉参謀次長閣下　必親展」、封筒裏「広嶋市饒津公園地　山口素臣」。消印「小石川36・12・25」。素臣は当時、陸軍中将・第5師団長。山口十八はのちに陸軍少将。山口十八は児玉源太郎養女と結婚。

山田穎太郎

1　明治6年12月17日

芳翰難有奉拝誦候。弥御壮健御奉職被為在奉賀候。偖は御地も大変易も無之趣、然るに老兄当時北街行御遠々敷様子正勝御出来とて且は早御通可被遊候。当地にて通ひ度共行くに道なく登るに楼なく、たまさか行けはパッテンクサイにて色も香なく殆んと込入申候。毎度御地之遊ひを思ひ出申候。御序に国、又国、若、千、其外知己之諸妓え可然奉願候。○老兄も繁花之地永居は毒、折々当地の如き田舎えも御出可被成候。併当地之如き所にて永居は大毒、馬鹿に相成申候。○生は過半野蛮に化申候。諸士官中も大阪在勤中程之気節は無之様奉存候。○対州出張之者は鉄砲之玉と同し事にて、行きたる而已死生相分不申候。日田出張は折々文通致候得共、定而良民には化申間敷奉存候。○鹿児嶋営所出火云々御聞き及可有之奉存候。其翌九日営所長官を始兵卒に至る迄辞表差出し、已に瓦解に及申候。之の先如何相成可申哉。未た其報を得ず。○九州は弥々野蛮

となり、上方の様子は少も不相分、実に無聊世界に御坐候。御相像可被下候。其中時候御厭ひ肝要と存候。草々謹言

明治六年十二月十七日　　穎太郎

源太郎様

二白　乍失敬知己之諸先生ぇ可然御伝声奉願候。

〔註〕封筒表「大阪鎮台に而　陸軍大尉児玉源太郎殿　要用　十二月廿六日」、封筒裏「自熊本第一大区七小区九十一番屋敷　山田穎太郎」。消印12・26午後。熊本鎮台鹿児島営所がある鹿児島城内の営所および屯所で出火した事件あり。山田は当時熊本鎮台将校。前原一誠実弟の彼は前原側との関係を疑われ聯隊長を解任されて帰郷、のち兄に随って萩の乱に参加し処刑される。

吉田丈治

1　明治（7）年（　）月7日

拝呈　不勝之天気別而御鬱閉之儀奉恐察候。有合に任せ麤菓拾五個献備仕候。長日の御慰にも相成候はヽ重畳之至に御坐候。右要件而已。謹具

七日　　吉田丈　拝

児玉盟兄梧下

〔註〕「巻物　佐賀戦争之書類」として整理されていた。吉田は陸軍省12等出仕。

吉弘鹿之助

1　明治(6)年2月4日

十二月十九日之御翰、新暦二月三日に相達拝見仕候。愈御多祥奉賀候。然は井上様当時熊本之方へ御出に相成居候由。先年来御旧処へ長々御厄介に罷成、御家御賢兄様御尊母様方へは別而預御教諭居、其後打絶御礼も不申上、失敬多罪御用捨奉冀候。乍憚知己之御方々へも同様御無礼申上居候。御序に可然様御伝可被下候。扨小生へ御面会相成度御□望に付、竹屋町之方へ早々貴答可仕旨、御細書之趣敬承仕候。御用事御坐候は丶不取敢可罷出候処、暫時之処難罷出、急なる御用筋有之候は丶、何卒御紙上に而被仰聞度奉頼候。右御答御頼旁如此御坐候。頓首

是は旧暦之御口付にも可無之候哉。新暦に御坐候へは格別之遅達に御坐候。

二月四日　　　　新九郎事　吉弘鹿之助

児玉源太郎様

不明（佐賀の乱）

1　明治（7）年（3）月12日

サンヌル、ナヌカヨ、カゴシマニテ、ゾク、シマダンエモン、ソエジマケンスケ、シゲマツモトエモン、ムラタ、ソノホカ、ヒチメイ、ホバクセシダン、ヲ、ヤマゴンレイ、タダイマトドケイテタリ。エトヲモ、ドウケンヘセンフクイタシヲルヨシ。イマダホバクニイタラズ。カナラズ、フジツニ、ホヲチ、アルヘシ。

右は今十二日午前七時佐賀発、同八時福岡着之電報也。

〔註〕「巻物　佐賀戦争之書類」として整理されていた。大山綱良鹿児島県権令。「大阪鎮台」用箋。「鹿児島県ヨリ島団右衛門其外捕縛届」<JACAR（アジア歴史資料センター）Ref. A07060203900、記録材料・佐賀征討始末・乾（国立公文書館）>には、3月7日に島団右衛門（義勇）、副島謙助（義高、島の弟）、重松某（基吉、島の弟）、村田某（平

田豊蔵か）が捕縛されたと、大山綱良鹿児島県権令が大久保利通に宛てた電報がある。

2　明治（7）年（　）月（　）日

素期身命捧邦君
死尚不辞況苦労
真向台湾敷徳化
欲将旭旆及謌群

〔註〕「巻物　佐賀戦争之書類」として整理されていた。

Ⅱ

児玉源太郎 書簡

児玉秀雄宛

1　明治（31）年4月30日

本日出発にて原田少将御帰京相成候に付、金六百円御頼申上候間御受取被下度、先つ四、五両月分に引当御送付致候。徳山、浅見之分野村え面会不致候に付相渡置き不申候間、六月下旬にても又た議会に同人上京可致存候間、其節にても御渡被下度候。ペスト大分流行致候へ共、これは予防充分致居候間御安心被下度。総て送り物は小包郵便か直段安く且つ速に御坐候。当地よりは何も送るべき品無御坐、又たペスト流行中に付遂には何なりとも可相送と存候。馬丁其他福田等も無事に勉強致居申候。此節は小供之試験も相済候時と存候。結果如何御坐候哉。御報道のみ相待居申候。此手紙は明一日出帆之台中丸便にて郵送す。原田も同船にて徳山に立寄り、夫より直行帰京と申事に御坐候也。

児玉源太郎

四月卅日

児玉秀雄殿

尚々小生之近況は原田様より直に御聞取被下度候。

〔註〕封筒表「東京市ケ谷薬王寺前町三十番地　児玉秀雄様　親展」、封筒裏「台北　児玉源太郎」。原田少将、原田良太郎憲兵司令官。明治31年3月18日より視察のため、児玉総督に同行し渡台。

2　明治（31）年5月9日

拝啓仕候。尾越氏一昨七日着、留守中も皆々無事之由、殊品々御送被下正に落手、鑵詰は昨夜相開き尾越と会食致候。当節は毎日八十七、八度より場処に依り九十已上に昇り候由、随分日中は難堪、斎藤は一昨夜脳充血を起し申候。併し今朝は最早快き様子見受け申候。自分其他之者は皆々無事に御坐候。先般御送り被下候白ズボン、三足共腰廻り三寸計り狭く用ひられ不申、仕立屋え克々御申聞被下度、尤も於当地調製致候間、別段更に仕送りには及ひ不申候。

子供等之学校試験は如何御坐候哉と案し居申候。静子様も相変り候事は無之哉。秋造君も少し病気之由に付、見舞に人遣し候処是又最早全快候由。

ペスト未た消滅に至り不申候へ共、余程下火に相成申候。

蚊帳之地質至急御送付被下候様奉願上候。人之便りは小包郵便之方余程早く届き申候。其上人に世話相成候而相済申候。御注意被下度。先つは無事々々。謹言

五月九日　　　　源太郎

秀雄様

尚々留守中気候御要心専一奉存候。

〔註〕封筒表「東京市ケ谷薬王寺前町三十番地　児玉秀雄様　親展」、封筒裏「台北　児玉源太郎」。消印31・5・9

3　明治(31)年8月31日

拝啓仕候。然れは留守中并に清水之方も皆々無事之由、安心仕候。貞雄も不結果之由、早速手紙可差出候。常雄之事も宜敷御取計被下度。当地も暴風雨後は気候頓に冷気を催し候処、昨今連日大雨にて第二の水害に可至之恐れ有之、懸念至極に御坐候。内藤少将過る十八日よりマラリヤに罹、余程悪性之様子にて生命旦夕に迫り居候処、患者は頻り小生を慕ひ、不絶枕頭に在て看護致居候様之次第、昨年と云ひ今年と云ひ、兎角死に神に取り付かれ候様之感覚有之申候。明一日には親族之者着之筈に付、夫迄はカンブルの注射にて為相持候へ共、其後は如何哉難計候。小生も至極健全不相変運動は無怠候間、御安心被下度候。先つは無事。草々

八月卅一日　源太郎

秀雄様

尚々留守中万事御気を付可被下候。清水転地之結果宜敷御坐候は丶、又々何処ケ之温泉療養御励み可被成候。

〔註〕源太郎6番書簡に同封。内藤少将、内藤之厚台湾守備混成第1旅団長。明治31年9月

7日病死。

4　明治(32)年8月29日

拝啓仕候。然れは元山より一回、浦塩より二回之御書翰正に落手仕候。長途之旅行殊に言語之不通り、定めて御困却之段奉遠察上候。併一見百聞之誡言之如く、利益と相成候事は不尠かに付と奉存候。留守中も皆々無事之由、已に廿六日鎌倉より一同引揚候様子に御坐候。当地皆々無事、小生も不相変頑健に御坐候。本嶋之事業夫々皆十□に就き、是よりは幾月と共に経過致候のみに御坐候へ共、是よりは更に進て南清に進撃致候計画に御坐候。先は無事御帰朝を祝し候迄、如此御坐候。謹言

八月廿九日　　　　源太郎

秀雄様

尚々厦門専管居留地も随分困却し、間々当惑続行候趣に御坐候。東洋多事、為邦家御自重専一奉存候。

〔註〕厦門（アモイ）に日本専管居留地が設置されたのは明治32年10月15日。その前の8月23日に地元民の反対暴動が起きていた。源太郎は明治32年6月に「台湾統治の既往及将来に関する覚書」（鶴見祐輔『後藤新平』第2巻）を記し、南清（厦門、福建省方面）への意欲を示している。

5　明治（33）年2月8日

拝啓仕候。然れは貞雄も来る四月卒業致候由、今後は兼而之計画通上海に留学可為致候。然るに一ケ年志願兵之方愈採用相成候は丶、今年十二月之入営かと存候。果して然れは四月より十二月迄之間は、簡易商業学校に於て速成之簿記、其他商業之端緒を開き置候事必要かと存候。其辺之兄之意見更に御申越被下度、又た如此簡易学校は何れ東京に無之而は他には右様之学校は有之間敷と存候。且つ暫時は東京にて兄弟団らんも必要と存候。万一にも一年志願兵に採用無之節は一日も上海え遣し候事に致度、其節は兄之学校も又相済に付乍御苦労上海迄同道、将来之事小室に御願置被下度、尤も小生は直に小室方え書面可差出候。兎角一年志願兵の採用は凡そ何日比可相分哉。阿武氏に就き御聞合被下度、尤も当方よりも山口之糸賀氏え文通可致とは存候。右而已置候。早々如此。

二月八日　　　　源太郎

秀雄様

尚々友雄同棠会之試験の成績阿武氏より送り来、此工合なれは合格可致と楽み居候。尚充分御注意希望不堪候。常雄も無事勉強之由。内地非常之降雪と申事、定児供等に御困り之事と奉遠察申上候。ベストも削減致候由。就而は箱詰にて茶各種郵船会社に托し送付致候間、着之上諸方宜敷御分配被下度候。

〔註〕封筒表「東京市ケ谷薬王寺前町三十番地　児玉秀雄様　親展」、封筒裏「台北　児玉源太郎」。同棠会は軍人を志す山口県出身者に奨学金を貸与する組織と思われる。

6　明治(33)年2月28日

拝啓仕候。然れは後藤氏今朝帰府、未た碌々内地之事情は承らす候へ共、留守中も皆々無事安心仕候。近来稀なる寒気にて流行寒冒も御坐候由、御用心肝要に御坐候。当地昨今は急に暖気に相成七十度位に昇り申候。

貞雄之志願兵之事に付、糸賀より詳細なる通書参り安心仕候。同氏見込之通り乙種に相定り候は丶、志願兵之願書取下け候事に糸賀氏え依頼申遣置候間、左様御了承被下度。何れ之道上海え差遣候節は兄御苦労被下候事必要かと奉存候。其辺如何之御都合に御坐候哉。御一報被成下度候。腹巻正に落手致候。まつは無事々々。如此御坐候。謹言

二月廿八日　　　　源太郎

秀雄様

尚々品川子爵死去之由、如何なる病気に御坐候哉。遺憾千万に御坐候。時下御自重専一奉存候。姉上さまえ左之御言伝被成下、栗山之事は承知致候処、其後栗山本人よりは此度は断然相止め度候に付留任之事無之様に、と申事なれは、お勇より之手紙には、両三年留任相成候様頼むと申事に御坐候。何れ致候而宜敷、内々之事情今一応御聞せ被下度候也。

長沓にぬり候墨即ラック一鑵御送り被下度。右は馬丁より已に多米造迄申送り有之候也。

〔註〕封筒表「東京市ケ谷薬王寺前町三十番地　児玉秀雄様　親展」、封筒裏「台北　児玉源太郎」。後藤は後藤新平台湾民政長官。品川弥二郎は明治33年2月26日没。

7　明治(33)年3月16日

拝啓仕候。然れは水道は総て此図面通りにて可然と、西洋館前の噴水は相止可申候。金は当方より可差送候。小生は四月下旬当地出発にて上京可致予定に御坐候。尤も後藤氏来月一日便にて対岸に参り、廿日頃帰府之見込に付、其上にて出発同夜決定可致と存候。金は其節にて可然哉、又たは急に可差送候哉否御一報被下度候。上京之事は未た内定に御坐候間、他に漏れさる様御承知置被下度候。波多野之縁談は相纏り、今月末結納にて六月頃結婚と申事に御坐候間御知せ申上候。為其。草々

三月十六日　　源太郎

秀雄様

尚々時下御自重専一奉存候。添田氏上京に付御面会之事と奉存候。

〔註〕封筒表「東京市（市ケ谷薬王寺前町）三十番地　児玉秀雄様　親展」、封筒裏「台北児玉源太郎」。「見取り図」同封。西洋館とは、源太郎が鎌倉に建築した別荘のこと。後藤新平は4月1日台湾からアモイに出発、25日台湾着。添田は添田寿一台湾銀行頭取、3月13日に帰国。

8　明治(37)年9月12日

拝啓　遼陽えは過る七日入込クロバトの古巣に住居申候。友雄昨十日来訪、至極壮健なり。能く喰ひ且つ飲み、従卒三名を卒ひ缶詰物等多分を持帰り申候。寺内、山口も壮健之由、彼等も近日

来訪との事に御坐候。当地之攻撃之時は久々振にて実戦に臨み、各将卒之勇敢なる有様筆紙に尽し難く、且露兵も勇猛之点に於ては決して劣り不申。唯た総て戦略上退却せさる位置に立つものと云ふ外は無之。当節之季候は申分無之、日中七十五度位にて野外之動作尤も適当なる時に御坐候。吾々一行皆々無事に御坐候。謹言

九月十一日

漸く住居に慣れたる時に旅順え旅行する之用事出来、来る十五日朝より手押の鉄道にて出発、今月末か来月上旬帰遼可致と存候。

用心薬追送申送り候由。右は随分他に譲り候故、多数に仕用致たる次第なり。

十二日　□□　　源太郎

秀雄殿

〔註〕封筒表「東京市ケ谷薬王寺前町三十番地　児玉秀雄様　親展」、封筒裏「九月十二日　児玉源太郎」。スタンプ「満洲軍総司令部許可　軍事郵便」。消印37・9・14　消印37・9・24。友雄と寺内正毅長男寿一は近衛歩兵第2連隊として出征。山口は山口十八か。

9　明治(37)年10月30日

拝啓　此間山口中尉帰京之節相頼み候フラネル襦袢、遼陽迄相届き候由、然るに注文違ひにて極薄手の上等品に御坐候由。此襦袢はホーイ、馬丁等に可差遣の積りに御坐候に付、本フラネルの極厚手勧工場出来合品に可然、上下共大之分七組（ホーイ二、馬丁三、馬車の御者一、馬丁一）

計七名之分、至急御送り被下度候。当地最早薄氷之時候に御坐候へ共、好天気にて未た余り寒気には感し不申候。主従皆々無事に御坐候。謹言

十月卅日　　源太郎

秀雄様

〔註〕電報翻訳用紙。封筒表「東京市ケ谷薬王寺前三十番地　児玉秀雄様　親展」、封筒裏「十月卅日　児玉源太郎」。スタンプ「満洲軍総司令部許可　軍事郵便」。山口中尉は山口十八か。

10　明治(37)年10月30日

今日郵便にて注文致候襦袢は袴下共取揃七組に御坐候付、左様御承知可被下候。

十月卅日　　児玉源太郎

〔註〕軍用葉書（「満洲軍総司令部許可　軍事郵便」と印あり）。葉書表「東京市ケ谷薬王寺前町三十番地　児玉秀雄様」。消印□・□・31

11　明治(37)年11月16日

拝啓仕候。然は当地は日々寒気相加り、朝夕屋外にて摂氏の零度下六七度位なり。併し其割合に身体には感し不申、矢張内地の十一月頃之如く感し居申候。元より気分も平常とは異り候事も可有之、此間御送り被下候羽二重之スボン下、今日試みに相用ひ候処、胴廻りの少し狭く出来且刺

目無之に付、乗馬の節は真綿片寄りはせぬかと奉存候。〔刺目の図柄・略〕の如き大目の刺目入用かと奉存候。其他の防寒具は相揃候に付御心安被下度候。住居も支那人家屋にて、殊に此節福嶋、井口、松川と四人同居、随分面白き事沢山に御坐候。御送り被下候石油のコンロにて時々牛鳥等の鍋焼を四人にて喰へ、大ゐに愉快を覚へ申候。風呂も一ケ月一度位は入り候へ共、風邪の恐れ有之に付、風なき極静なる時のみ入浴致居申候。三谷、小杉等は豚固屋同様之処に多人数同居致居候へ共、両人共無事に且つ至極忠実に世話致居申候。◯内より送る缶詰類は中身の撰択不充分に付、外様より之送品より一層不味に御坐候。実之積は外に類之なきに付大ゐに評判宜敷、又々少し御送り被下度。◯此写真は、烟台と中処の停車場にて独乙皇族と一同にて写し候間差送り申候。少しやせたる如く写り居り候へ共これは光線の工合にて、当時は却て少し肥へ居り申候。◯友雄も十月の初一寸熱に罹り候由なれ共、砂河の戦争の十四日よりは出戦致候由。◯功男は士官学校え入校出来候哉。◯基蔵も少尉に相成り候由大慶々々。◯秀雄よりは今少しは手紙が参り候而宜敷、月に一度丈位御送り可被下候。謹言

十一月十六日　　　　　　　　　　源太郎

秀雄様

尚々お沢も此頃は病気如何御坐候哉。◯多納之風邪薬は大評判にて時々皆さまえ差上申候。併し此間相届候に付尚ほ沢山に御坐候。

〔註〕封筒表「市ケ谷薬王寺前町三十番地　児玉秀雄様　親展」、封筒裏「十一月十六日　児玉源太郎」。スタンプ「満洲軍総司令部許可　軍事郵便」。福島安正少将、井口省吾少将、

松川敏胤大佐はともに満州軍参謀。ドイツ皇族とは、観戦のために来日したカール・アントン・フォン・ホーヘンツォルレルン。

12　明治（37）年12月14日

拝啓仕候。然は十一月廿七日付の御手紙拝見致候。其中に芳子之事は、可相成早く相応之処え片付候方は御同意に御坐候。其撰択は唯た留守居諸君え御任せ致候間、宜敷母上え御相談可被成候。自分も二〇三高地之失敗回復之為め、急に卅日夜より旅順に至り漸く五日に於て成効を見、後之始末を為し十二日夜烟台に帰り申候。ダルニーに於て冬季用之靴見付候に付、寺内寿一、原田二郎、徳久文治郎幷に友雄に壱足宛送付致置候。当地之朝は摂氏之零度下十二度位に御坐候。是よりは卅度迄相降り候由なり。此度井口少将帰京に付、近時居住内之写真御送り申候。不相変頑強にして返而肥満致居候間御安心被下度。煙草廿箱落手致候。先つ無事のみ。謹言

十二月十四日　　源太郎

秀雄様

尚々沢子も近来は壮健に相成候由、摂養肝要に御坐候。宜敷御伝へ被下度。又風呂に入浴不致候に付背中かゆく困り候間、竹にて出来居候孫之手（貞子）弐本、井口少将之帰り便にて御送り被下度奉願上候。

〔註〕封筒表「東京牛込区市ケ谷薬王寺前町三十番地　児玉秀雄様　親展」、封筒裏「十二月十五日　児玉源太郎」。スタンプ「満洲軍総司令部許可　軍事郵便」。二〇三高地は11月

28日に攻撃を開始し、12月5日に陥落。

13　明治(37)年12月17日

寝帽子絹製小量の真綿入、元木に於て製造之上至急御送り可被下候。〔差子の図・略〕の差目入り。

十二月十七日　　　　　　　　児玉源太郎

〔註〕軍用葉書（「満洲軍総司令部許可　軍事郵便」）。葉書表「東京市ケ谷薬王寺前町三十番地　児玉秀雄様」。消印□・12・25

14　明治(37)年12月18日

此写真は居室前に於て十二月十五日米国人之写したるものなり。

十二月十八日　　　　　　　　源太郎

秀雄様

〔註〕封筒表「東京市ケ谷薬王寺前町三十番地　児玉秀雄様」、封筒裏「十二月十八日　児玉源太郎」。切手「軍事郵便」。消印□・12・27。便箋に「明治二十七年日露戦役に方り従軍軍人に頒つ為に之を製す　陸軍恤平部」と印刷あり。便箋の写真「大石橋に於ける野戦砲兵の戦闘」。

15 明治(37)年12月26日

拝啓　カイキ製の西洋寝衣古物持来り候に付、少し相破れ修覆六ケ敷由にて此冬中は用立不申候に付、新調之上急き御送付被下度候。此品は元木か三井かに出来合御坐候と存候へ共、丈尺は篤に御取調御送り被下度、新調なれは中は真綿入とし充分縦横にさす事必要に御坐候。此両三日意外之暖気にて仕合居申候。主従共至極壮健なり。

十二月廿六日　　児玉源太郎

〔註〕封筒表「東京牛込区市ケ谷薬王寺前町三十番地　児玉秀雄様」、封筒裏「十二月廿六日　児玉源太郎」。スタンプ「満洲軍総司令部許可　軍事郵便」。消印38・1・5

16 明治(37)年(12)月(31)日

啓具　本日は愈卅七年之最終日に付久々にて入浴致候処、周囲は湯気氷結して水晶之室に同し。夫より髪を刈り明日之御祝儀之為め、十箱肴三ツ箱には武力之あき箱にて、一ツにはあしと奥津鯛とするめの干物、一ツにはこふまきとならつけとつくたに、又壱ツには鳩の焼物とみかん、是れにて三箱相調申候。御一笑被下度。〇英国中佐ヒューム明後日出発一時帰京、着之上は御見舞被下、友雄之世話に相成候事御礼奉申述度。今朝より小杉を友雄之処え差遣し缶詰色々差送り申候。謹言

児玉源太郎

児玉秀雄様

門松も出来、国旗も立ち申候。

〔註〕封筒表「東京市ケ谷薬王寺前町三十番地　児玉秀雄様　親展」、封筒裏「卅七年十二月卅一日　児玉源太郎」。スタンプ「満洲軍総司令部許可　軍事郵便」。消印38・1・1。
ヒュームはイギリス公使館付武官。

17　明治(38)年10月13日

拝啓　然れは十月五日出之手紙拝見致候。留守には番兵事にて皆々驚き候事と奉存候。扨田健次〔治〕郎之「をひ」なれは、健次郎兄に艇吉と申人有之、其人之子には無之哉。艇吉は自由党之議員にて不面白風聞有之候事聞及ひ候間、篤と御取調御報被下度。当地は朝夕寒気相催申候。友雄も已に退院致候へ共、隊務忙敷由にて未た参り不申候。先は無事入候。如此。

十月十三日　源太郎

秀雄様

〔註〕封筒表「東京市ケ谷薬王寺前町三十番地　児玉秀雄様　親展」、封筒裏「奉天　児玉源太郎」。スタンプ「軍事郵便」。消印□・10・14。田健治郎は逓信次官。田艇吉はその兄で、阪鶴鉄道社長など関西財界人。

18　明治(38)年11月5日

十月廿日出之郵便拝見致候。其中芳子縁談一条過日申送り候。田艇吉之関係御取調置被下度、尤

も小生之帰朝も早まり廿五日頃当地発、十二月十日頃之着京と奉存候間、其迄に御取調置被下度。差急き用事のみ。草々

十一月五日　　源太郎

秀雄様

尚々最早寒気随分強く、朝は零点下七八度位なり。

〔註〕封筒表「東京市ケ谷薬王寺前町三十番地　児玉秀雄様　親展」、封筒裏「奉天　児玉源太郎」。スタンプ「軍事郵便」。大山巌や児玉が東京に着いたのは12月7日。

19　明治(38)年11月9日

本日於此処一泊す。

十一月九日　　児玉源太郎

〔註〕葉書表「東京市ケ谷薬王寺前町三十番地　児玉秀雄様」。Shanhaikwan River の絵葉書（山海関）。消印 05・NOV.

20　明治(39)年2月9日

拝啓仕候。然れは過日四日出之書状落手、万事都合寓居も相定り候由皆々安心致候。当地も皆々無事、貞子も至極健全に御坐候。御安心可被成候。

小生も愈参謀本部に入る事に内決、目下台湾之後任撰択中之由なれ共中々難物に御坐候由、御一

笑被下度候。右は無事のみ如此。

二月九日　　　　源太郎

秀雄様

尚々沢子え宜敷。当地一昨日より大雪に御坐候。

〔註〕封筒表「韓国　京城南山町三丁目　児玉秀雄様　親展」、封筒裏「児玉源太郎　市谷薬王寺前町卅番地」。秀雄が統監府書記官として朝鮮に赴任した際の書簡。源太郎は4月11日に台湾総督を辞し、参謀総長に就任。

21　明治(39)年2月19日

拝啓　今般河北道介なる者、京城に於て清嶋三吉と今日之清嶋組之名称を以て土木建築請負業を相営候由、就而は総監府之経営に於ける諸般工事相起り候節は、大小となく彼等に命ずる様御取計方希望致。孰れ委曲は河北道介近々渡韓可致由に付御面会被下度。謹言

二月十九日　　　　源太郎

秀雄様

〔註〕封筒表「京城　児玉秀雄様　親展」、封筒裏「児玉源太郎　市谷薬王寺前町卅番地」。河北は山口県出身、陸軍士官学校図画教授、のち朝鮮で事業を起こす。清島は京城の土木建築業者。

22　明治（39）年2月20日

拝啓　今朝より又々降雪、併し春の雪とて寒気は強くなし。伊藤侯も今日出発と申事なり。貴地は余程寒き由、御両人共御困りと奉遠察上候。昨日コンノート親王着京、昨夜有栖川宮に於て初対面致候。昨日河北と申者参り土木請負業初めたるに付添書を懇望致候間、不得已添書致置候。同人は愚直なる者なれ共、組合は如何なる者か夫れに同業者も多数入込居由に付、程宜き位に御あしらい被下度。先つは用事のみ。謹言

二月廿日　　源太郎

秀雄様

尚々内中皆々無事、九一も意外に経過良好なり。浅見栄熊えも宜敷。

〔註〕封筒表「韓国　京城南山町三丁目　児玉秀雄様　親展」、封筒裏「東京　児玉源太郎　市谷薬王寺前町卅番地」。明治38年12月21日韓国統監に就任した伊藤は、翌年2月20日に東京を出発した。コンノート親王についてはケリー・ケンニー書簡（三七頁）参照。

23　明治（39）年（3）月11日

三月二日出之郵便拝見致候。先つ統監も無事に着、目出度存候。二月之難関遠察致候。於当地は東京に就職する上は一ケ年之年入五千円減額する事に相成、山之神、お芳両人共蒼顔之窮状に御坐候。芳子曰く、朝鮮より幾分か助けてと。御一笑被下度候。河村兎吉又々去月廿八日より出奔行衛不明、世の中には奇事之多きものに御坐候。六三問題未定之為め転職も未た発表を見ず。前

件之始末に付一日も速くなれかしと皆々申居り候。謹言

十一日　　源太郎

秀雄殿

尚々沢子へ宜敷。

〔註〕封筒表「韓国京城南山町三丁目　児玉秀雄様　親展」、封筒裏「東京　児玉源太郎」。伊藤は3月2日京城（ソウル）到着。源太郎は4月11日台湾総督を辞し参謀総長に就任。六三問題とは、明治29年法律第63号「台湾に施行すへき法令に関する法律」（六三法）で台湾総督に事実上の立法権を与えたことが帝国憲法と抵触するのではないかとする議論で、明治39年4月11日制定の三一法によって総督権限への制限が若干強まった。

24　明治（　）年3月23日

拝啓仕候。然れは新聞之事御申越にて気付き申候。元より出たらめ之事申候事と奉存候。友雄之事不取敢手紙差送置申候。候補生の試検は凡そ何月頃有之候に御坐候哉。御聞合せ御一報被下度候。

姉上さまも門司え参られ候由、折角小生帰府之時は必す御供可致と考居候。然るに此度は多分帰京之時御供致候事と可相成と奉存候。小生も先つ四月廿四日頃と奉存候。最早上京せまり候間、拝顔之時と万事相略申候。草々

三月廿三日　　源太郎

秀雄様

〔註〕源太郎6番書簡に同封。

25　明治（　）年5月31日

拝啓仕候。然れは日々八十六、七度之暑にて困り居申候。委細は文太郎さまより御聞取り被下度、お芳、お仲よりは手紙参り候へ共、お浪よりは如何哉。又八郎、九一もけんかをせぬ様御申聞被下度、貞子も日々成人致候事と奉存候。

中山友雄宅の番地御申越被下度。

山本之旦那さまに鼠色のリンネル一反御送り被下候様奉願上候。

琉球かすりと八重山之かたひら少々御送り申上候。右用事まて如此。

五月卅一日　　源太郎

御留守さま

〔註〕源太郎6番書簡に同封。

III　児玉源太郎　日記・手帳

手帳メモ　明治(21)年

〔表紙〕N1 kodama

一般方略

日本の敵国は一の軍及び一の強き艦隊某港に集合し三日の中に蒸気船に諸海崖の点に達するを得べし

日本軍は出師準備を強行せり　凡そ二月十二日に於て作戦の能力を有す

海岸防禦即下の関の入口及ひ東京湾の閉鎖には已に強鎖の備あり　且戦闘の準備整頓す

内海を亦た由良海峡広嶋備後灘鳴門由良の海峡に防禦工事依て閉鎖す

日本の軍艦は一部は東京湾、一部は下の関海峡に逃入す

敵の艦隊は海を制し

九州防禦者の特別方案

第六師団は目下屯在する衛戍に於て出師準備を施行するものと想定す

歩兵目下屯在せる通り

砲兵二中隊小倉に第五、第六中隊六ケの山砲中隊より成る

其外第三騎兵中隊小倉に工兵大隊小倉に幷
□に四小隊凡そ二百人要塞砲兵一大隊四中
隊第廿四聯隊の第三大隊及ひ要塞砲兵の第
一第二中隊の海岸砲台の守備
小倉に弾薬及ひ銃砲廠あり
十二サンチ十二門
九サンチ十二門
十サンチ臼砲十二門
各砲焔弾薬百ケを添ゆ

第一の問題
第六師団長は九州防禦に就き如何なる計画を有するや　児玉、川村、大嶋
第二の任務は即左の想定
神戸より広嶋を経て下の関に至る鉄道は落成せり。広嶋、大坂に材料を集合し、所要の場合に於て日々五列車を発するを得べし
各列車は歩兵三分の一大隊、騎兵・中隊衛生隊半部他の編成隊に右は駄馬凡六十頭に材料を添て物を載するを得へし
第五師団のは広嶋に屯在する軍隊の所要場合増加の為め九州に送るを得へし
其外第三第四師団も亦た然り
守備軍隊及ひ後備軍軍隊は其の圏区中に屯在す

小倉　歩兵第十二旅団本部
々　第十四聯隊第一第二第三大隊
騎兵第六大隊の第三中隊
砲兵第六聯隊の第五第六中隊
工兵第六大隊
要塞砲兵一大隊（四中隊）
福岡　第廿四聯隊第一第二大隊
熊本県　第十三旅団本部

々　聯隊第一第二第三大隊
々　聯隊第廿三聯隊々
騎兵第六大隊（第一第二）
砲兵第六聯隊第一第二第三第四中隊

フ

第三第四第五も下関に送艘す
想定
各
フ一師団に要する列車の数
野戦師団の要する列車は五十八列車か六十列車を要す

其外輜重縦列は凡そ五十五列車総計百十五列車乃至百廿列車なり。毎日五列車を発するときは廿四日を要す
然に第三第四を合すれは四十八日を要す
これに第五の半を増す時は漸日数を増す

第二師を鉄道にて送る
此間に第四師を船にて三原に送る
夫より鉄道に添徒歩行軍をなす
次に第五を顧慮す

広嶋より下の関に至七日行程
奈古屋より広嶋間五百弐十キ米
三秒《〔ママ〕》に一キロとすれは廿六時間を要す
五乃至六列車広嶋に至る　下の関と広嶋の間は弐千キ米
故に下の関に兵を載せたる列車迄
第一第五師
第二第三師団の分
第五師の徒歩行軍は第二の後尾より早し
第三師の戦闘軍に十二日を要す
凡十四日目に下の関に連合す
七日目には広嶋の兵下の関附近に集合す
十四日目より鉄道を明くを以て第三の力第

四の輜を送るを得へし
第四師団を第三と輜の間に挟むと否は兵の屯
在地に因る
乗船
上陸
各一日大阪より三原の航路　四日目第一団
の交代戦力を得る

第二八日
第三十二日
〔横書き〕
第十三日に鉄道明くを以て第三と輜重の間を
挟む
三原より関迄十日行程
第四の後尾は鉄
下関に来着する軍隊　左の如し
第二日　第五師より歩兵一大隊
砲兵一中隊
其外旅団本部
団法
この枝隊は海岸守備の増兵となる
第三日より第三師団間断なき列車を以て下関
に着す
この師団の戦闘隊の後尾十四日目に着す
七日目には第五師の残余皆着
十四日目には第三師の後尾着
第三師は輜重を除き廿三日目には仕用し得る
総車五十五
廿五日第三着
この間に第四着
第四の最後は十二口三原廿三日に下関に後尾
着
79㎞、94㎞、45㎞、22㎞、30㎞
人　急　荷　人　一時間
七キ米迄の　奈古屋（　三十五時間

一キ米三秒　　下関｝上下各二時

｛三十九時間　想定
往　　四十時
還　　四十時

〔横書き〕
第四日目に第二回の列車を発す

現今の有様にては
十二日第六は左の点に在り
熊本の野戦軍は師団本部と共に久留米内及近
附
第廿四日隊本部に第一第二大隊　久留米に在
り

第十一後尾軍大隊｝熊本
第十一団付大隊
其外熊本に屯在す軍隊の補充隊
小倉

同地に在る野戦軍
第十二後尾軍大隊
第十二団付大隊
其後第十四聯隊及第廿四の補充大隊
第六工兵大隊及要塞砲兵大隊補充中隊

二月十二日正午電信報知師団長の元に着す
衆多の敵の運送艦鹿児嶋湾に顕れ上陸す　且
敵は防禦工事を始む
第六師団長何をなさる決心するや
師団は二月十二日於て其主力を以て久留米の
内及付近に留止せり　十三日の電報に敵は鹿
児〔嶋〕一市街村落にして人の立避たるものを尽
焚けり
只住民の居る処にして糧食を取り後　与ふ処
のものを焼かす
東京より命令来る　小倉に防禦二軍を施し之
を保守し　自余の却分す　以て鹿児嶋上陸す

るの敵に対抗すへし
敵の北方に拡張するを防くべし
然れ共優勢なる敵に対決戦を避くへし
第六師団は熊本を経て兵方を以て南方に行進す
大なる行軍の後十六日に於ては代て近傍に達す
電信着す　十六日正午の西方　敵の新なる上陸　福岡深江近傍　今朝上陸を始む
其一　黒田高崎
小倉に在る諸隊は茲に防禦工事を施し本州より来隊の上陸を以て掩護す
八日已来軍隊はこの防禦工事作業に預く
又た土人もこの作業に召集する事を得る
特別に就き陣地の判談〔ママ〕と防禦工事の意見
熊本にある後備軍及ひ補充隊も其処に留り
十六日正午師団は何をなさんと決心するや
師団長へ首力を以て尚八代内幷に八代附近に留止することに決心す
理由
小倉は防禦工事あるを以て本州より来援する軍隊の渡海を掩護する為め仮へ深江近傍より上陸する敵の攻撃を受くるも之を防禦する事を得へし
深江近傍に上陸する敵は少なくも十八日の午後に至らされは作戦運動を始むる能わす　其小倉に達するは廿二日に在り
十九日に至り鹿児嶋の敵情に付異状の報知を得されは断然久留米〔ママ〕に向て背進の運動を起し深江上陸の敵に対しし側背を脅迫せんとす
山砲　八門
九サンチ　二門
十二サンチ　八門
旧十二サンチ　十門
後歩　二大隊

常歩　　二大隊
エ　　二小隊
キ　　一小隊

小倉の西及ひ南の防禦線は小倉より福岡に達する街道上に於て tobata の渡場の南方高地に始り小倉より長崎街道に於て黒崎の西方高地と黒崎の南方街道を横断する　即壱の瀬北方の高地と経て字尾浜より木谷瀬の通する細径の地山標４２６の点に連経す。其黒崎西方の高地より一の瀬に渉る陣地の正面多少起伏あるもの批開潤なり。この諸点を分つて tobata, A yamadera, Ichinose A. Okuda (Okura) の四陣地とす

其一　tobata　は渡船場の南方千五百米の処にある高地の上に臼砲二門　歩兵一中隊を置く

前面は渡場及ひ福岡街道を制す

内部の交通は Edamitsu を経て Okura に達す

其二　A yamatera は Kurosaki の西南より Sembara を経て Honjo に達す道路を端にして本街道を隔る千米の高地上二サンチ臼砲二門に歩兵二中隊を置く。

前面は Sembara に達する道路及ひ Anao 西方の高地を制す

内部は数条の細径を以て本街道に達す

其三　Ichinose は本街道より――に分る処より西方五百米の処に於て本街道に直接したる独立山の頂上に九サンチ二門旧砲四門又は独立山の東北に竹の生したる山に十二サンチ砲四門と歩兵一大隊を置く

前面は専ら長崎街道を制す

内部の交通は本街幷ひ Nurami の東を経て Kurosaki に達す　其左留は Hobasira 托す

其四　A. Okuda (Okura) の西南千米の処に

在る標高426の処に山砲二門　歩兵一中隊を置く
前面はATatohoを経て本街道上Babayaに達す道路を制す
内部はhobasira yの東を経てŌkuraに達す
（1）監視哨を渡場に置く
（2）歩哨をjinbaraに置き騎兵小隊をyumaga派遣して渡場を監視せしむ
（3）歩哨をAinchikuba置き騎兵小隊をkoyanoに派遣し同小隊をkasohoino派遣し共にTobaro旧砲二門10m
歩一中隊
Yamamoto　十二サンチ四門32m
歩二中隊　旧二門10m
ichitinose独立に九サンチ二門16m
臼砲　四門32m
歩　一大隊
竹山に　十二サンチ砲四門
〔数字朱字、ローマ字　省略〕

二月十四日
二月廿日　この一軍隊
十七日　東京よりの電報に
第三
第四　師団援軍に来る　十八日に昼頃現在運動を起す
廿日の日　小倉へ歩兵一大隊　砲兵一中隊広嶋より来る
廿日已後は日々歩兵一大隊　キ一中隊　或は砲兵一中隊小倉に着す
広嶋に現在歩一大隊　砲一大隊は鉄道　其他は徒歩
第三
第四　は鉄道
第三より日々　歩一大隊　キ一中隊
（他中隊）小倉に来る

敵は福岡より深江に上陸す
兵の大分部福岡に在り
廿日の報告司令敵の大縦隊赤間に前進す
第二師長より通報に師団は久留米に向ひ退却
を始め　廿二日久留米に達す
廿一日午前山鹿へ残兵撃退せらす
廿一日朝H120残兵一小隊を送る
廿一日午前　司令官は黒崎に
歩兵午前十一時と改正
廿一日　　十四の第一　第二
　　　　山六の第六
　　　工六の第二の二小隊
二小隊を前衛となし　土工具渡受して塹濠を
隻築せしむ　巨馬巨船を準備して騎兵の退却
用に備ふ
〔ローマ字、横書き　省略〕
午後一時着　蘆屋午前八時架橋を始む
細川の砲は二時　着

水頭に　二時半着
今廿一日午後三時比なり
黒崎東端北方の高地に肩牆
黒崎西北の六百米にある高地に塹濠を建築せ
しむ
エフリの退却路は吉田ヒヌマルヲ引野を経て
一の瀬の陸地へ帰る
正午十二時　木屋瀬より報知
歩縦隊下　騎兵は右後に退く
黒田一時半出の報告を得る
水頭大声を聞く　一時半
二時半前処にて砲声聞
其後騎兵エフリにあり
廿日熊本より久留米に達す
前衛廿一日午後福嶋に達す
本隊は山崎に着　他の縦隊は下城のに行く

第一縦隊〔数字省略〕
第二縦　第十四の第一第二　砲第一中隊
騎　第二中隊の半中隊　衛生隊半分
輜第一　兼松に進出
　第二　菊川　山鹿｝　廿一日
午前十時集合
一時半水頭の半服に来る
歩兵の配置も始めて二時に至て成る
此時に至る迄は前拒のみ半服に来
歩兵□中隊衆多の行進縦隊
　西北芦屋の浜に及ふ
　二時半より見る　大嶋は一時半より見る
小敷　朝川は二時　四時に全く終る
水頭は二時半（三時に全く終る）
山寺守備歩兵（第十一聯隊第一本隊の中）
一中隊を陣原に出して前哨に任す

又た同処の橋架を破壊すへし
第十四聯隊長に与ふる命令
貴官は部下を率ひて退却し左の処に宿舎すへし
工兵二小隊は騎兵一半小隊は
第十四聯隊（二大隊は）黒崎に
砲兵中隊は前田に縦砲工兵は自今余の直轄とす
一の瀬の帰りたる後備歩兵二中隊に与ふる命令は　貴官は自今一の瀬守備隊に加わるへし
同騎兵は一小隊に与ふる命令
明朝石坂に至り同処の騎兵に合すべし
黒崎の砲兵中隊長に与ふる命令
貴官は悉皆を以て黒崎東北の高地にある肩牆に直に配布すべし
戸畑の指揮官に与ふ命令
明朝より砲台の東南にある高地に肩牆を築くへし　若松に在る船は悉皆焼き棄つるの準備

をなすべし
四時半小倉に達す
午後四時木屋瀬に有る敵は馬場埼迄に前進せり　石坂に有る我哨
午後敵に三大隊砲兵
五時半退却〔ローマ数字省略〕

廿一日夜　第五旅団本部
歩兵第六聯隊　第一大隊
砲兵第三聯隊　一中隊

廿二日の命令　斥候
午前七時黒崎より騎兵下士一、兵卒四を若松より北方の海岸
A wakimura に派遣す
九時に達し十一時には黒崎に帰る
歩兵第十四聯隊の本衛の西に於て　黒崎より五百米の処に併進せしむ

騎兵工兵は黒崎の集合地に｝集合
砲兵前面に
陣原の前哨は右翼に帰

廿一日戦闘〔数字等省略〕
第十四聯

廿二日の宿舎命令
一、諸隊は現今の陣地に在て塹濠　若くは肩牆の後方に露営すへし
工兵（第六大隊及第二中隊1／2）は一の瀬臼旧砲砲台の左翼に山砲六門の肩牆を築き鳴水に帰て露営すへし
二、陣地に在る各歩兵隊より前哨を陣地の前なる麓に配布すべし
三、歩兵第十一聯隊第一大隊一小隊を新地に分遣すへし
四、歩兵第十四聯隊の穴生の東二部村と引野

村に一小隊を分遣すべし
第六、大行李は各露営地に引寄すべし
第七、今午後到着する歩兵第十四聯隊第三大隊は本隊に合併して露営すべし
第八、今午後到着する工兵1／2は鳴水の工兵合併し露営すべし
第九、予鳴水村にあり

二月廿三日　朝に於ける命令
一、諸隊は午前六時半前哨を引揚け各陣地に就き予備隊は其位置に集合すべし
二、藤田に中央弾薬廠を設置せり
諸隊は弾薬駄馬を以て中央廠に至り弾薬も補充すべし
午前第六時半騎兵斥候を派遣する左の如し
A　騎兵一小隊（第六大隊第三中隊1／4）は陣原より本城を経て山鹿の方向に
B　騎兵一小隊（大生より則松を経て杁の方向に）
C　――は本街道上木屋の瀬の方向に
2　諸隊の大行李は黒崎に送るべし
各陣地に在る歩兵は塹壕の前に鹿柴を設け又た露営地より塹壕に至る道路を開設すべし
3　各陣地に在る砲兵は其陣地の左右に数多の肩牆を築くべし
4　工兵中隊は本街道より諸隊の露営地へ至る道路を開設すべし
8　予は本街道上NCkmの陣地に在るへし
二月廿二日　午後九時於鳴水
黒崎方面指揮官侍史

廿三日午前
〔数字省略〕

後備

歩二大隊
騎一小隊
エ一中隊奈架橋縦列　久留米

廿一日夕　第一縦隊の前半　以て福嶋着
又本隊は山崎に
左縦隊は下城に
輜重隊　第一梯隊 kakuo
　　第二梯隊はイモ生より山鹿

師団は廿一日夕前の処に居る
此時久留米の枝隊は南福嶋の前に退く
本隊は山崎近近に舎営す
福岡より久留米に来る敵は
　　凡歩兵十大隊
　　砲兵馬中隊　　位
第六師は廿二日　久留米に進む　敵は筑後川
の右岸に陣地を取る

激烈なる戦闘を以て敵を駆走せり

廿二日夕に決す
敵は退却す
敵は田代の北に退く
師団は舎営に就く
新前衛
〔数字省略〕

〔数字省略〕
架駕橋
自余の諸隊は久留米に舎営す
歩四砲を残少なし
ここに戦ふ敵は其第二師団の軍隊歩兵第六聯
隊
衛生隊は各半部を久留米幷 Bocho 野戦病院
己は久留米に至る
弾半

砲半　久留米に来り国府に舎営す
歩弾半
砲弾一聯　｝Bocho の南
輜一 kodara 舎営
輜二福嶋山崎に舎営す
十八日第六師団長の策戦計画

廿三日夕
〔数字、ローマ字省略〕

廿五日朝には架橋縦列は引返す
Bocho の衛生隊は野戦病院と交代せされは出発す能はす
敵は廿三日朝田代出発　二道を福岡博多に退く
工兵は廿四日朝より久留米を出発する事を得る
〔数字省略〕

前衛　二月廿三日朝　Sonobe は同じ高さにて本街道上
〔数字省略〕

前衛は廿四日二日市に到着
敵を見す
敵は福岡博多南の東南方に前哨を配布す
本隊の舎営命令
前衛命令と略図
前哨命令配布略図
左側枝隊舎営命令と前哨の略図
本隊舎営の略図

二月廿四日午後第二時二日市東端於道路上師団命令
一、敵は福岡幷博多東南方前哨を配布せり
　師団二日市幷に□〔アキ〕の附近
二、軍隊区分を変更するもの左に

後備騎兵第一半小隊、工兵第一中隊（第一第二三小隊）幷に小架橋縦列を前衛に付す
工兵第一中隊の第四小隊を左側枝隊に付す
三、前衛は関屋幷通古賀に警急舎営をなし国府村の北方高地に防禦工事を施し、前哨を無名川に渉て土手に配布し騎兵一小隊を大宰府に分置し宇美に向て警戒せしめ宇美の方向を探索すべし
四、左側枝隊は吉松幷に向野村に警急舎営をなし　吉松村の西北の山より土手に前哨を配布し、無名川に於て前衛前哨は連絡し騎兵一小隊を上柏原〔ママ〕に北方道路上に分遣し、福岡に向ひ警戒せしめカタナワの方向を探索し尚ほ鳴水の枝隊と斥候を以て連絡すへし
五、支隊は鳴水に舎営し福岡に向て警戒し左側枝隊の上柏原の分遣残哨と斥候を以て連絡すべし

六、本隊は二日市幷に武蔵に舎営す
七、警急集合処の二日市北端道路西方の畑地と武蔵の集合場は其西北端の畑地とす　歩兵大佐某（第十三聯隊長）舎営司令官とす。
八、諸隊は徴発給養を受け前哨需用の材料は前衛は無名川の東左側枝隊は廿三夕（廿四）に野戦電信隊を以て久留米附近を修覆するを得る。
久留米の西の諸村落に徴発すへし
右本隊の輜重第一は萩原田代
　　　第二久留米福嶋
騎兵の一部分を博多に派遣す
廿五日七時出発
左側枝隊は敵の右翼を攻撃
　鳴水の兵は Toji に於て左側枝隊に合す
廿四日午後
黒崎の陣地に居敵は芦屋木屋瀬の方に退却せり

直前司令官は此報知を得て前進し戦すして占領、陣原穴生エヒノマル下カウシヤクを占領せり

二月廿四日夕午後第九時於二日市

第一　師団明日福岡の敵を攻撃せんとす

第二　前衛は午前第六時半迄に前哨を撤し七時に国府を通過し、三宅に向ひ其高地を占領するを力むへし

第三　左側枝隊は午前第六時までに前哨を撤し七時半下大利を通過しして〔ママ〕片名和に於て成竹支隊と合し屋形原の市内に行進し福岡東南の高地を占領すへし

第四　成竹支隊は午前六時成竹を出発し、片名和に於て左側支隊と合す

第五　本隊の諸隊は歩兵第十三聯隊長の指揮を受け、後備歩兵大隊は支道を取り午前第七時までに二日市警急集合処に至るべし

第六　前衛及師団の大行李、諸隊出発の通古賀へ西端畑地に、左側支隊の大行李は吉松北方の高地に集合すへし

第七　野戦病院三ケ歩兵弾薬半縦列砲兵弾薬縦列糧食一縦列を二日市に送るへし

第八　輜重第一梯隊は先頭を萩原に第二梯隊は先頭を田代に置第一〔後切レ〕

〔註〕国立国会図書館近代デジタルライブラリーに、藤井茂太纂『九州参謀旅行記事　明治廿一年二月　国防軍之部』（発行牧野直身、明治21年5月）という、「一般方略　日本の敵国は一軍及衆多の運送艦を一港に集合し、三日内に九州の諸海岸に達するを得へし。日本軍は出師準備を施行し凡そ二月十二日に於て作戦準備整頓す」との書き出しで始まる図書がある。この参謀旅行には当時、監軍部参謀長で陸大校長を兼務していた児玉も

参加しており、たとえば「第六師団長は九州の防禦に付て如何なる計画を有するや」との問題に回答している。本史料はおそらくこの旅行の際の児玉の覚書と思われる。

洋行日記　明治24年10月～明治25年8月17日

十月廿五日　午前第六時新橋を発し横浜郵船会社の楼上に於て暫時休憩、直に本船カレドニヤ号に乗込む。第九時抜錨。

同廿六日　午後第一時神戸着、揚陸。

同廿七日　午前第八時乗船、第八時半解纜。

同廿八日　払暁馬関を過ぎ洋中日没。

同廿九日　午後海水黄色に変す。四時比揚子江口に至り碇泊す。夜半動揺甚し。

同卅日　午前第七時より開行。十時呉淞に投錨。小蒸気船にて上海に登り揚港。十一時半比三井物産会社の楼上に投す。午後田中寿雄の誘導にて城内を一覧す。夜観劇す。

卅一日　上海滞在。

十一月一日　八時半上海より、小蒸気船へ乗込み十二時呉淞河口開行。

十一月二日　終日陸地を見す。

十一月三日　於洋中家書を認む。午後より暑きを覚ゆ。夜半香港々口に至り二時比投錨。

十一月四日　午前第七時揚陸。領事館幷三井物産会社へ至り午後二時出港す。

十一月五日　終日陸地を見す。
十一月六日　午後安南の陸地を見る。夕刻に到灯台を過ぐ。西貢に近きを知る。
十一月七日　午前第六時西貢河口に着す。
十一月八日　午後の第五時西貢解纜。
十一月九日　洋中記事なし。
十一月十日　午後第四半新嘉坡着す。ルフールホテルに一泊、取扱甚た不可なり。食物も亦た甚た不味、始めて仏船の美味を感せり。
十一月十一日　午前七時ホテルを出発し九時に船に帰り十時解纜。正午寒暖計八十一度なり。
十一月十二日　曇天甚た涼し。洋中別に記事なし。
十一月十三日　昨来曇天時々暮雨朝来加ふ。船体頗動揺。船客の食卓に就くもの三分一なり。余船病を感せす。
十一月十四日　転機昨日に同し。船の動揺益甚し。終日青天を見す。
十一月十五日　日曜　昨に同し。風浪稍減す。午前九時半比より雲収り雨歇む。然れとも波濤尚高し。午後に至り全く平穏に復す。杉山より依頼の飯の管詰を開、白飯赤飯すし各一個三を味ふに更に異状なし。すし尤も好し。赤飯凝結し餅に似て食に適せす。
十一月十六日　晴天なれとも風浪稍高し。十時比よりセーロン島の右方に至る。午後第九時着港す。降雨に付揚港せす。
十一月十七日　午前第七時より嚮導を雇揚陸、馬車にて仏寺に至る。市街より凡一里半計なり。寺は荒廃して見る不可。十時船に帰る。
十一時抜錨。カレニー。
十一月十八日　風浪全く収り涼風徐に来り恰も春陽に同し。朝は八十一度位なり。午後第五時 minikoi の灯台を右方に見る。
十一月十九日　終日陸地を見す。明日は船客金を拠し其金はｎｍ会社の船員の寡婦孤子を救助し其一部は万国水難救済会へ寄附と云ふ。予は廿フランを張込みたり。他は十フラン以下なり。

十一月廿日　午前より賞品を甲板に装置し、競技の準備に取懸り午後第二時より開始す。余は三人の馳走競争を試たれとも敗走せり。四時半に終り夫より賞品授与、終演説あり。終日陸地を見す。寒暖計八十五度位なり。

十一月廿一日　終日陸地を見す。午後十時比ソユトラ島を通過す。

十一月廿二日　日曜日　午後亜布利加の陸地を左方に見る。四時比アシトキー岬を過く。海上平穏なり。夜九時より於船中芝居を催せり。其役者は支那にて興行の帰途新嘉坡より乗込みたるもの由なり。

十一月廿三日　午後亜丁の山を見ゆ。夜九時着。

十一月廿四日　午前第七時亜丁抜錨。午後三時バヘルマンデフ海峡を通過して紅海に入る。

十一月廿五日　暑甚たし。九十一度に上る。夕景より風あり。稍涼し。

十一月廿六日　朝来涼風あり。午前も八十一度なり。

十一月廿七日　昨夜半稍冷気を感す。午前七時比七十六度なり。午後飯の管詰を三ケ開く。各臭気あつて食す不可能、赤飯稍可なり。

十一月廿八日　早朝は六十四度なり。十時スイ〔エ〕スに着、十二時運河に入る。

十一月廿九日　午前三時ホルトサイトに着く。朝は六十四度なり。朝飯後揚陸、市街を散歩して直に帰船。午後四時解纜。

十一月卅日　日曜　午前五時アレキサントル着す。天気にして恰春陽の如し。高楼層閣櫛比し旧時の大都府に負かさるへし。五時半抜錨、碇泊時間僅少にして揚陸する不能は残念なり。正午七十三度なり。終日細波如房。
十二月一日　午前六十七度なり。
十二月二日　昨夜半来風浪稍高し。本日終逆風なり。午後第七時比より頓に風収る。夜半シンシヤ海峡を過く。
十二月三日　天気晴朗。午前五十九度なり。
十二月四日　順風にて船行頗る速力なり。午後第七時馬港着。池田少佐の出迎に大いに便利を得たり。原口中佐よりの書面を受領す。
十二月五日　日　池田氏と処々散歩す。当地新聞に日本将官木玉〔ママ〕三太郎来着を記載せり。午後第七時発、特別上等列車にて。
十二月六日　午前第十時巴里に着く。午後市街散歩。
十二月七日　日曜
十二月八日　大尉渡辺忠三郎来訪。
十二月九日
十二月十日　日本へ郵便を送る。
十二月十一日　サンクルー村の歩兵第百廿九連隊に至りメネトレー氏え面会する。
十二月十二日
十二月十三日
十二月十四日
十二月十五日　午前八時十分巴里東停車場発、午後九時十一分マインツ着、メッケル大佐、原口中佐、南部、大迫両大尉停車場に出迎ふ。
十二月十六日　メッケルの誘導にて要塞司令官、衛戍司令官等を訪問す。
十二月十七日　メッケルの連隊の第十一、第十二中隊の新兵仕込を見る。
十二月十八日　砲兵連隊に至る。同断。十七日の晩少佐輩の招飯に預り本日は原口の宴会に列す。
十二月十九日　原口中佐の為の集会所の別宴に列す。大嶋、太田、榊原の三大尉偶然来会す。

十二月廿日　大迫等とヒースハーテンの温泉場に至り午食を喫す。
十二月廿一日　午前徒歩砲兵幷工兵隊の新兵教育を一覧す。午後大迫の別宴に列す。
十二月廿二日　午前騎兵の新兵教育を一覧す。
十二月廿三日　午前十時マインツを発し廿四日午前八時伯林に着くす。途中カッセルに於て軍団長を訪問す。
十二月廿四日　午後公使館を訪問す。
十二月廿五日
十二月廿六日　日曜
十二月廿七日
十二月廿八日
十二月廿九日
十二月三十日
十二月卅一日　陸軍大臣え面会後官房長、総理大臣、外務大臣、参謀総長、衛戍司令官を回訪す。

廿五年一月一日　公使館に至り新年を賀す。夕華頂宮、山品宮の夕飯に陪す。海軍省巡視承諾の回答を得る。
一月二日　午後胃病専門医師に就き診断を受く。
一月三日　仙波大尉来訪。
一月四日　午前十一時より輜重大隊幷に輜重廠を一覧す。
一月五日　ホスタームの教導大隊を一覧す。
一月六日　砲工学校を一覧す。
一月七日　体操学校を一覧す。山六より書状来着す。
一月八日　ホスターム士官学校を一覧。
一月九日　幼年学校を一覧す。
一月十日　日曜
一月十一日　スハンタウの射的学校を一覧す。
一月十二日　陛下の謁見。
一月十三日

一月十四日　シルテフルヒの案内。
一月十五日
一月十六日　諸学校長をヲレストウンウルムに招待す。
一月十七日　午後第十一時一分露国え出発す。原口、浅川同行。
一月十八日　汽車行。
一月十九日　午後二時廿分露国着。
一月廿日　公使館を訪問す。
一月廿一日
一月廿二日　外務大臣を訪問。
一月廿三日　宝庫を一覧す。建野輩の誘導。
一月廿四日　寺院を一覧す。
一月廿五日　露国公使朝餐に預る。午後陸軍大臣を訪問す。
一月廿六日　午前幼年学校を一覧す。
一月廿七日　歩兵士官学校騎馬士官学校一覧。夜、幼年学校長を訪ひ質問す。
一月廿八日　参謀長を訪問して不遇。
一月廿九日
一月卅日
一月卅一日
二月一日
二月二日　セモノスキー近衛歩兵連隊幷砲兵第一旅団の屯営を一覧す。
二月三日　皇帝の謁見。
二月四日　オラニエンハウの小銃射撃学校を一覧す。午後第六時出発。
二月六日　午前七時伯林に着く。
二月七日　午後八時卅七分伯林出発。
二月八日　前八時卅分マインツ着。
二月九日　第八十八聯隊の古兵検閲を一覧す。午後原口大佐巴里え出発す。
二月十日　日　古兵の検閲を一覧す。
二月十一日　各司令司官を訪問す。
二月十二日

二月十三日　午前メッケル氏訪ひ徒歩砲兵の談話あり。
二月十四日　日曜
二月十五日　フランクホルト至り師団長を訪問す。榊原来着。
二月十六日
二月十七日　ダルムスタットに至りヘッセン公に謁見し師団長を訪問して帰る。
二月十八日　午前八十八隊の第三大隊の新兵検閲。
二月十九日　午前八十八隊の新兵検閲。
二月廿日
二月廿一日　日曜日
二月廿二日　始めて乗馬して練兵場を一覧す。
午後担荷卒の検閲に参観す。
　廿三日　百十七連隊の新兵検閲を参観す。
師団長旅団長も出場せり。
　廿四日　八十七連隊の新兵検閲に参観す。
　廿五日　騎馬にて郊外に出游す。
　廿六日　徒歩砲兵の新兵検閲に参観す。
　廿七日　第百十七連隊の新兵検閲に参観す。
　廿八日　日曜
　廿八、廿九、三月一日はカンニーハル祭日にてマッケンハルあり。
廿九日は祭日にて市中賑し。
三月一日　同し。
三月二日
三月三日　ビーブリーヒの下士学校を一覧す。
三月四日　野砲兵連隊の新兵検閲に参観す。
三月五日　同し。
三月六日　日曜　此夜ヘッカン公死去。
三月七日　八十八連隊の隊野外演習。
三月八日　衛戍病院を一覧す。
三月九日　錬兵場に至る。
三月十日　工兵作業場に至る。

三月十一日　集会所の宴会。
三月十二日　旅団の野外演習。
三月十三日　日曜　テンクアールに至る。
三月十四日
三月十五日　八十八連隊の野外演習。日本の野戦場。
三月十六日　衛戍囚獄を一覧す。
三月十七日
三月十八日
三月十九日　日本より為替着す。
三月廿日　日曜
三月廿一日　中隊演習一覧す。
三月廿二日　メッケルの茶会。
三月廿三日　各団戦闘射撃を一覧す。
三月廿四日　カッセルに到る。
三月廿五日　カッセルより帰る。午前ウヰリヤムスヒヨーヘに上る。
三月廿六日　宴会。
三月廿七日　日曜。
三月廿八日　将校集会所の別杯。午前徴兵検査場を一覧す。少佐ホンブランケンホルヒ氏、カル、スルーエより来訪。
三月廿九日　当地諸将官を訪問す。午後徒歩砲兵監の宴会。
三月卅日
三月卅一日　夜集会所に至りメッケル氏に告別す。
四月一日　午前八時マインツ出発、フヲルムスを経てストラフルヒに至りホテル□〔アキ〕に投す。午後要塞の周囲を散歩す。
四月二日　午後第二時ストツカルトに付く。ホテルマルカーに投す。太田来訪。
四月三日　陸軍大臣以下を訪問。午後大嶋来訪。
四月四日　余兵営に至り練兵を一覧す。
四月五日　王陛下に謁見す。午後125聯隊の集会所に至る。
四月六日　午前125聯隊の練兵一覧。
　午後ルードヒスブルヒに至り砲兵
　29聯隊の兵営□一覧す。
四月七日　午前ストルカルトを出発、午後二時ウルムに着、工兵大隊の集会所に於て午食の饗応を受け四時出発、八時ミユンヘンに着く。
四月八日　少佐ゲルネットの案内にて諸団訪問す。陸軍大臣の誘導にて摂政王陛下に謁見す。
四月九日　午前近衛歩兵隊の中隊検閲に陪覧す。
四月十日　日曜
四月十一日　少佐ゲルネットに質問。
四月十二日　露国の勲章を落手す。午前某親王に謁す。午後国王の御陪食に被召。
四月十三日　午前乗馬学校、蹄鉄学校を一覧す。
四月十四日
四月十五日　藤本、南部、太田、関谷とスタンヘルセーに至る。
四月十六日　集会所に於午食。午後巴威牙の勲章を受領す。
四月十七日　午前九時四十分ミユンヘンを発し午後第一時サアルツフルヒに着。
四月十八日　午後サアルツフルヒを発しリンツに一泊す。
四月十九日　午後リンツを発しビヰンに着。
四月廿日　陸軍大臣、参謀本部長、軍団長を訪問す。
四月廿一日
四月廿二日
四月廿三日　午前観兵式を陪覧す。
四月廿四日　午前ヒヰン出発、於ラーフ某伯の宅午食す。

四月廿五日　午前厩を一覧、午後農場を巡視す。
四月廿六日　午前牧場を巡視す。午後キンベルに至る。一泊。
四月廿七日　キンベルを発しコムロンを経てブダベストに至る。
四月廿八日　ブダベストを発しヒヰンに帰着。
四月廿九日　練兵を一覧す。
四月卅日
五月一日　外務大臣え訪問。
五月二日　謁見。陛下より特士官一各附属せらる。
五月三日　士官学校一覧す。
五月四日　ビヰン滞在。
五月五日　ビヰン出発。クラーク着。
五月六日　クラーク出発、トレステ着。
五月七日　陸軍大臣已下訪問。
五月八日　日曜
五月九日　午前乗馬学校、砲兵工廠、近衛歩兵聯隊等を一覧す。午後出発、十時伯林着。
五月十日　午前公使館に、午後大迫を訪問す。
五月十一日
五月十二日　午前官房長を訪問す。午後キールに向け出発、一時着。
五月十三日　キール軍港を一覧す。
五月十四日　キール出発、ハンブルヒを一覧して伯林に帰る。
五月十五日
五月十六日　　写真
五月十七日
五月十八日　海軍参謀長を訪問す。
五月十九日　雷雨
五月廿日
五月廿一日　陸軍大臣以下告別す。
五月廿二日　日曜
五月廿三日

五月廿四日
五月廿五日
五月廿六日　午後伯林出発、四時マクドフルヒに着。
五月廿七日　　午前よりクリーソー製鉄場を一覧す。
五月廿八日　午後出発、キヨロンへ着く。一泊。
五月廿九日　キヨロン出発、コフレンツに着。依田、中村来訪。
五月卅日　於練兵場聯隊長に面会す。午後エムスに遊覧す。
五月卅一日　川船に於て発す。ボンに着。依田同行す。
六月一日　午後ボンよりラインを下りキヨロンに帰る。
六月二日　キヨロンを発、フルツセルに着。
六月三日　諸官衙を訪問す。
六月四日　フリヤルセン中将を訪問す。午後ワーテルローを一覧す。
六月五日　午前陸軍大臣を訪問す。
六月六日　歩兵ギードの兵営幷に砲兵営、午前病院を一覧す。
六月七日　総理大臣来訪。
六月八日　午前練兵場に至り諸兵の練兵一覧。
六月九日　フルツセルを発しリイエーシエに至り、チタテルの歩兵第十四隊を一覧し、午後新築の二分派堡を一覧、午後巴里に着く。
六月十日　公使館に至り野村公使に面会す。
六月十一日
六月十二日　大競馬を一覧す。
六月十三日
六月十四日
六月十五日
六月十六日　午後十一時巴里を発す。
六月十七日　午後九時伯林に着。

六月十八日　青木公使に面会。
六月十九日
六月廿日
六月廿一日　ホスタームに至り観兵式を一覧す。伊皇来着に就ての。
六月廿二日
六月廿三日
六月廿四日　午後九時伯林を発す。
六月廿五日　朝エッセンに着、クルツフの製鉄場を一覧。午後キヨロンに着。一泊。
六月廿六日　朝キヨロンを発、午後巴里ホテルムセーに投宿。
六月廿七日　公使館に至る。
六月廿八日
六月廿九日
六月卅日
七月一日
七月二日　野村公使と同伴ベルサイユに至る。
本日は第一日曜に付噴水を上り壮観なり。
七月三日　最近の便船にて帰朝するに決す。即来る十日発なり。
七月四日　楠瀬等巴里を発す。
七月五日　ベルサイユに至り軽歩兵第廿大隊の大隊運動を一覧す。
七月六日　高塔に上る。
七月七日
七月八日
七月九日　午前八時巴里を発しマルセーユに至る。野村、河北等同行。
1七月十日　日曜　午前軍艦松嶋号を一覧す。午後乗船、四時出発。
2七月十一日　海上平穏にして涼風あり。
3七月十二日　午前十一時に至り海峡を過く。
4七月十三日　海上極めて平穏なり。
5七月十四日　　正午アレキサントルより百九十九海里手前にあり。暑八十二度。海平穏なり。

6七月十五日　午前六時アレキサントリヤに着。恰も軍艦千嶋号に近傍に碇泊す。直に千島に訪問す。艦中無事なり。八時出港す。午後第八時抜錨。午後第八時ボルトサイトに着く。上陸して茶亭に休憩す。

7七月十六日　午前一時ホルトサイト抜錨。午後第六時スイ〔エ〕スに着。船中暑甚たし。第九時抜錨す。

8七月十七日　日曜　早天より順風にて航行矢の如し。山色荒涼として早秋の如し。夜半熱甚たし。終宵眠る能わす。

9七月十八日　炎熱依然たる。日出前入浴して快を取る。午後亦入浴。

10七月十九日　朝来風浪稍高し。朝飯を喫するもの稀。漸時して風止み浪収る。炎熱依然たり。逆風にて航行遅し。

11七月廿日　早天涼風あり。稍爽快を覚ふ。午時風収り暑前日に倍す。夜半雨あり、涼風微に至り快甚たし。

12七月廿一日　午前第七時亜丁に投錨。稍や清涼を覚ふ。尽日碇泊。午後第六時抜錨。山骨凌々更に草木を見す。

13七月廿二日　朝来風浪静なり。午時炎熱焼く如し。夜半より船体頗る動揺す。

14七月廿三日　風浪高く船体動揺す。船中無記事。

15七月廿四日　風浪頗高く船体の動揺甚たし。昨日航行三百四十六海里なり。終日帆を張り航行矢の如し。

16七月廿五日　船体の動揺稍や減す。航行三百四十海里なり。船客の元気大ゐに回復せり。

17七月廿六日　夕刻雨あり涼気を送る。快甚たし。午後八時にマンコーイ群嶋の灯台を通過す。

18七月廿七日　無記事。

19七月廿八日　午前六時コロンホーに投錨。前回揚陸せしを以て終日船中に在り。午後第四時半解纜す。涼風海に至り大ゐに爽快を覚ゆ。

20七月廿九日　今朝、斯丁伝の中巻を読了す。那露の退軍の章に至り露帝の感応は純然たる皇帝の感応たる事を賛美せさるを得す。

21七月卅日　終日涼風あり。殆んと暑気忘る。退屈も既に極迄に達したれは玉乃氏西洋双六を習ひたり。

22七月卅一日　日曜　午前船長は検査を為すもの丶如し。午後第四時スマタラの陸地を見て大ゐに勇気を起せり。五時半アチンの煙台を過く。恰も七夕にして新月懸空、涼風徐に来り、スマタラの海静にして青山黙、輟風光不受遂に麦酒を傾け之を賞す。

23八月一日　スマタラ嶋と馬来半嶋の間を通過す。両岸遠近相対して我か瀬戸内に似たり。

24八月二日　午後第六時新嘉坡に着。直に揚陸、斎藤領事を訪ふ。領事と共に日本料理店に到り緩話す。十二時過き船に帰る。

25八月三日　午前第六時新嘉坡解纜す。於新嘉坡日本新聞中の田中司法去り佐野出る、且西郷、品川の遊説を伝ふ。何処迄に不明に侵入するや、実に慷慨に不堪。特に書す。

26八月四日　時々慕雨あり。涼し。海上穏なり。午後六時コントール島の灯台を過く。西貢に近きを知る。巴里に郵便を出す。

27八月五日　午前六時西貢河口に入る。十一時繫船、揚陸、ホテルヲリノー投宿す。午後公園及ひ市街を散歩す。

28八月六日　終日ホテルに蟄居。午後四時半船に帰る。十一時解纜。

29八月七日　日曜　西貢より支那人の二百人乗込、甲板に起臥し賑。役人の由にて頗る不快を感せしむ。亜細亜人の品等何そ如斯下等なるや。遺憾に堪へ難し。畢竟教育の方針と程度の然らしむる処なるへし。
30八月八日　昨日は終日安南の陸地を近く航せしを以て風景を愛賞するを得れとも、今朝よりは地方を見す。
31八月九日　午後第七時香港に着、三井行の福原出迎、直に香港ホテルに到り部屋を取定め、夫より福原之宅にて日本料理饗応を受く。残念なる哉、船にてジネーの後に付充分尽す不能。唯日本酒之美味実に可愛。夜一時にホテルに帰る。
32八月十日　午前物産会社に至り近着新聞を展読す。又た昨日内閣の交迭を聞く。午後五時船に帰る。六時出帆。
33八月十一日　朝来涼風あり。大ゐに爽快を覚ゆ。午後第二時廈門を過く。
34八月十二日　昨夜半より船体漸や動揺す。船客中に清国の官吏知府□壱人乗込、従者六七人。尊大思ふへし。
35八月十三日　午前六時呉淞に着。七時小蒸気船にて上海に上る。間嶋氏波止場に出迎ひ直に人力車にて三井商会に着す。先つ洋服を脱し浴衣に着き日本料理の朝飯を喫す。其愉快なる事無慮。午時領事林権介〔助〕来訪、共昼食を喫し午後六時半馬車にて郊外に散策し、入浴して夕飯を喫す。日本酒の美味不堪言。午後第十時於波止場会社員に別を告く。十一時本船に帰る。
36八月十四日　午前第一時呉淞抜錨、稍風波ありと雖も涼頓に加り身体特に爽快を感せり。夕刻より濃霧四塞寸尺を不弁、不絶汽笛を鳴らして遅航す。
37八月十五日　午前六時五嶋を認む。九時半□〔アキ〕嶋を過き、午後第五時馬関を過く。外人え馬関の勝景を誇れり。夕飯後徳山を過く。遥に祖先の墳墓を拝し故旧を懐ふ。

38八月十六日　午前六時已に小豆嶋を過く。瀬戸内尤勝景を指間に見る不能。残念なり。第九時神戸投錨、直に揚陸して安□に投す。又□□会社来訪、午後第三時より大坂に至り山根に面会、□□に於て一泊す。□田来会。
39八月十七日　午前六時大坂を発す。汽車中に於て高嶋、黒川の両中将に逢ふ。神戸着後高島を訪問して談数次。八時船に帰る。

仏国リヨン府　杉竹二郎
船号カレドニアン
分列式の時に用ゆる現今楽隊の譜更に取調の事
マルセーユ迄の船　賃三百三拾弐円
福島の留守宅より三百円預る
蒸気弐千百七十四円六十六銭
廿五年度に於て臨時巡回旅費三百円　学生旅費六百円　通弁費五百円

廿二日正午成城学校の告別式
輜重兵大隊の原田少佐金十円大迫少佐へ渡す
分受取
受領金高　二千二百弐十六円七十六銭
四百円
内払高　金千四百四十九円九十銭
差引残　千百七十六円八十六銭
総計為替金高千八百円也
　内六百円学生費
　　三百円福島預
　　弐百円士官学校費
〆千百円也
差引使用金高七百円也
医学生　浜村俊一
農学士　大内健　田中寿雄
上海物産会社　小室三吉　間嶋　田中寿雄
山本
領事　鶴原

昆布会社　赤壁
Hotel Royal　Constantinople
Grand Hotel　Belgrade
Grand Hotel Bulgaria } Sofia
Grand Hotel Usigaria } Buda pest
Grand hotel Bretague } Ashen
O□□　Lissiny
軍港ウキルヘルムハーベン
ロントン用達会社員　赤羽
ニューヨルク領事　高平
バンクーハ領事　鬼頭
松嶋艦々長　鮫島大佐
rang-tse 船号
新嘉坡領事　斎藤
菖蒲の花も嵐にあふてやふれかふれの乱れ咲

一万三百海里を飛て啼すに帰る不如帰鳥
来て見れは菖蒲どころか菊までがやふれかふれのみだれ咲
明月やあふて噺を下の関
明月や鎌倉て見たか山もあり
魯の南侵策は宗祖の遺伝なり　一世那翁日耳曼を統一せんとするや、エルフルトに於て魯帝に許するに土耳期を以て勿来愈々この策を講し現今に至る七十六年魯土の役は其の一端緒なり　第二はシベリア鉄道なり
細波迎船軟風送　清濃拝媚旧識山
鎖港尚托函嶺険　開国却閉赤間関
七七夜馬来之海　新月懸空金波畳山
涼風深来琴瑟朗　天之河今尚可観地之河
今自渡牽牛織女　情何談欧女和児語□濃
友所□覬我可呼　源
佐野の馬ほろ馬車上なら勝敗なし
田の中て咲みだれけり花菖蒲　かりかぬるは

人百姓の鎌

必任義務は限界あつてなきに如く論説すへし

〔註〕児玉は明治24年10月25日に出発して欧州諸国を視察、明治25年8月帰国した。本史料は、出発前の準備段階から帰国するまでの日記である。この日記の他、児玉源太郎『児玉陸軍少将欧洲巡廻報告書』（監軍部、明治26年）という書籍がある。これは視察中の児玉が陸軍要路者に宛てた報告書30通を集めて編纂したものである。

手帳メモ　明治(25)年～

法規便覧
廿五年度参謀本部枢密費
四千五百四十八円余
□　二万七千四百五十一円余
金三万二千円
火薬庫の一棟に貯蔵する量
火薬庫の大中小と区別すべし
大坂工廠の改正の費用
大砲地金の哲は日本産か輸入か
該学校の定員者

徴兵の入営人員
一年志願兵の累計表
連発銃の一日平均製造高如何
他の島□〔カスレ〕
警備隊
対馬取備隊の員数
一年志願兵の少尉の数
余備隊の砲数
全一師団の定額
海岸砲の頓数

一師団分の人数　馬込
徴発馬の員数表
米の入札に時日切迫の事
北田の演習費の理由
大坂工廠物品貸下け
第六条
廿三年四月三十日約束書を制定す
村田の息子小銃の技手
十九日古物売却
近藤第三
社　肥田　文
軍務局第一課松蔵大佐
34　30　27　24　22　18
壱　2　3　4　5　6
十八日午前八時五十五分発、
午後第二時奈古屋着
午後八時三十分発、十九日午前九時東京着
58　舟坂トンネル二分

尾の道門司海路百三十二哩
乙209
鎮守府境界線内の砲台地の地形変更の事
暗号電信符号の事△
七日午後六時卅分殿下
廿一日九時三十分御出門
廿三日午後五時三十分参集
卅日九時三十分御出門
銑鉄所の理由
松田、山田、西
向井哲吉
十一日午前十時鉄道会議
大塩砲兵中尉
戸山の射場の件
廿五日着京の事
鹿児島　一　四
熊本　四
佐賀　なし、さく　二

大分
長崎　強し　四　二は堅し
宮崎　なし
山口　広嶋　四　強し
岡山　なし、嶋根　なし
鳥取　なし、愛媛　なし
香川　稍強　なし、高知　二　あやし
徳嶋　なし、兵庫　なし
大坂　なし、和歌山　なし
奈良　なし、京都　なし
滋賀　なし、三重は稍強し
岐阜　なし、愛知　なし

静岡　なし、福嶋　強
石川　なし、□□なる見込
富山　強、新潟　なし
長野　強、群馬　なし
山梨　なし、埼玉　なし
神奈川　なし、千葉　なし
茨城　稍や強、栃木　強
福島　なし、宮城　なし
岩手　なし、青森　なし
秋田　稍や強、山形　なし
電信条例の件　御説明書

〔註〕明治25年8月に帰国すると、児玉は同月23日に陸軍次官兼軍務局長（～明治31年1月14日）に就任した。本史料は、明治25年以降の職務上の手帳メモと思われる。史料中の「軍務局第一課松永大佐」とは松永雄樹海軍省軍務局第一課長（明治26年5月20日～28年7月25日、なお海軍省第1局が軍務局になったのは明治26年5月19日）と思われる。

手帳メモ　明治(33・34)年頃

白手袋　七
沓下　六
手先　四
立襟　六
折襟　七
肉襦袢　一
ユフネル　一
袴下　二
シヤツ　三
寝衣　三

巾　二
桑原のやすり
小坂の硝石
不払の事
佃の事
吉村の事
千住の事
大迫に一万五千の事
釜山兵営の事
北清駐兵指揮権の事

ひばり牧場の事　　　　　　　　　　台湾銀行賞与の事
森清太郎金の事　　　　　　　　　　飯田新七の事
馬政ノ事　　　　　　　　　　　　　沢、平井、赤十字
シヤムノ小銃ノ事　　　　　　　　　支那の兵器
赤十字佐野、花房賞与の事　　　　　大野貴族院

〔註〕児玉は明治31年2月26日に台湾総督に就任（〜明治39年4月11日）、さらに明治33年12月23日には陸軍大臣を兼任（〜明治35年3月27日）することになった。「北清駐兵指揮権」とは義和団の乱関係（明治33年）と思われ、佐野常民（明治35年12月7日死去）も登場するので、この手帳メモは明治33・34年頃のものと思われる。

手帳メモ　明治(35)年頃

1 野津大将の意見書
2 品川の北海道牧場
3 中将の大将に進級歴戦云々
4 青森遭難始末
5 長岡大佐の帰朝の事
6 戦利品の規定
7 師団長会議書類
8 陸軍監督職制
9 戦用品不足表
10 陸軍省官制
11 将校乗馬削減
12 輜重材料の改正
13 技術官任用の事
14 砲工制度
15 連隊区の事
16 病院制度
17 陸軍諸制度の改正案
18 憲兵制度改正
19 台湾の機関銃
20 同要塞砲兵

21　予算

22　将校の書記式

23　教育総監部の意見書

〔註〕「青森遭難」とは八甲田山雪中行軍遭難事件（明治35年1月）と思われ、長岡大佐とは長岡外史で明治35年6月11日に欧州視察から帰国した。この手帳メモは、児玉が陸軍大臣を兼任（明治33年12月23日〜明治35年3月27日）していた明治35年頃のものと思われる。

手帳メモ　明治（36・37）年頃

養済院
自治体の徴妙なる所
自治体の会計法
街鉄を差し下するなれは大臣の意見を明にして下問すべし
大学に関する勅令の副署は如何
法制局廃止論
国政調査
全く独立の会議を置く。神宮庁の如く皇族を戴く

大学の補助金を充実する迄とす
鮫嶋の事
臼井哲夫に官業煙草の事
陸軍省のもの
警察監獄学校
八重山、宮古の才判所の家屋、小笠原譲受、新嶋
神社宗教局長は宮内省より千円
軍艦操江譲受
水火□三四十人

煙草の理由書
後藤の事
議長の事　滞
近衛第一、廿四日、他は廿日
特十二日
普八日
機期転して朝鮮に移る
御前会議に付の元老の決心
撤回後の処置
新聞の事
□の事
要塞の兵備
台湾の臨時司令官
商船の国旗変更
露国え輸出品の制限
石炭の準備の事
長崎戒厳の準備会議係〔ママ〕関各省の人
軍資購入の懇談

鎮海湾防備完成の日
清国の関係を如何する乎
政府より決意の通牃を得度事
外国人諜者の雇入外務省
仁川、元山の定期船
分捕物の件
台湾官吏の俸給
軍司令部に国際方の官吏付属の事
テーリーバーレーギ
辻江
平時旅団
ロリウシンの水路
期限を定めしめて返答を求むる時の期限は相談ありたし
京城、釜山、元山に同□の兵数を送り時日本の態度、其以外の地に陸兵を送りたる時日本の態度は如何
京城に馬を送る時

旅団長は如何
運送船の雇揚けの事
元山え浦塩より送兵は如何。なし
元山鎮南浦に将校の派遣の事
新嘉坡の将校派遣の事
露国に派遣将校
荷菊鎮
クロベー
小樽の事
軍司令部の予令動員の数
舞鶴
先遣隊の船
官民一致事
京城□列は維持するに不及
舟石山
琉球電信の保護
台湾総督えの通知
ホーコ嶋給水

伊勢太神宮〔ママ〕
京城中立たるを拒得や否
廈門福州領事館と交通無線
開戦の場合京城の露兵は如何
勅語
キヤフタ張家口
バツタビール
戦死者の贈位勲□の取扱
小樽の事
仁川の軍
船引揚電報長崎に留置の事
元山の事
兵站部の船は何時着か
河内忠次郎
朝鮮も各人の乗船禁止
鎮南浦の事
台湾議会の事
山県の事

南佐の事
朝鮮の独立の事
船中の糧食十五日分
基隆
下の関
広嶋
由良
東京湾
軍用切手の事、支那は如何
松方、井上、田中え情報の事、彼に云わしむ
べし
羊牛の缶詰の事
台中招魂社の事
ボーランに大胆之人を派遣の事
清国人に対する心得書
山根の鉄道材料　百五十万円、東清用　○
ヒリツヒの船
モンセン切　モンセンはある乎

露軍の情況判断

浦	12キ、6キ						
旅	12						
奉	西一	33	6		10	80	西
奉	西二	28	21	キ砲1	10	80	○
		61	28		20	160	
鳳	西三	39	12	キ砲1	6	48	○
哈	予備	16	24	キ砲2			
哈	西四	20	24		8	64	○
		180	63	キ4	34	272	
二月九日		188	50	キ2	25	200	○

鴨緑江右岸の地形、敵状の判断
龍岩浦の占領
大東溝の辺のジヨンク募集
明日午後伊集院の来会を乞ふ事
夜中海上の安全
両司令官の協議
上陸日の略決定

右に付上陸行程
渤海の運動
沈没船石除きの軽重
露軍増加の程度
上陸迄砲撃の援護
水沢少佐長野、渡辺中佐横浜
陸海協議書
山下海軍大佐
第十の動員は彼に如何なる感しを与るや
大方針
第一軍の渡河を第二軍に通知する事
朝鮮の守備の原則を司令官に訓令する事
兵站部の部員を戦地に派遣する事
ハルヒンの地を万国共存の商業地となし黒龍江と東清鉄道を共有の交通機関となす迄を目的とし、兵力占領か、外交占領かは何れにてもカなり
捕置の所を備の事

墺国新聞の事
第一軍の舎営略図
剣気冲霄壌　文才衝斗牛
人事の件
民政署の件
ヒンラントの件
日暖柳営春試馬　月明虎帳夜談兵
七百万円は従前よりの不足
八百万円は剰金を消費する為め
〆千五百万円
第一九百八拾三万四千円の中、
　三百九十万六千円の新事業費
　百五十万円は各省の事業繰延
〆五百四十万六千円
差は四百四十二万八千の不足
尚、三百万円は平均の剰余金を加ふれは八百四十万六千円となる　これを九百八十三万四

千円より差引時は百四十二万八千円の金不足
となる
ワリヤック
65
コレー
卅七年度に於て新税を起さす
卅八年は新税を起す
卅七年、九百八十三万四千円不足
処え
百万円行政整理
三百九十万六千円新事業
百万円逓信事業費
五十万円兵器弾薬費繰延
〆六百四十万六千円を差引
三百四十二万八千となる処え
二百万円と見倣し
再差引百四十五万八千円

此処え
煙草税を増加し之を補点〔塡〕す
財政甚た困難なり　篤と当局者と協議を尽し
たる上ならては返答致し難し
宿痾未た癒す　加之卅七年度の財政は頗る困
難なり　一方に於ては外交日に多般に向ひた
る此際菲才病気にて此難関を通過する能わす
卅七年度の概算を見るに財政頗る困難なり
自分は菲才にして之を整理する能わさるを以
て辞任を申出たり
唯た非常の改革を断行するときは漸や見込な
きをあらさるも、これは当局者と協議の上に
あらされは返答致し難し
山県へ、芳川の事
卅六年の百廿万円、卅七年度百廿万円
外交及ひ外交に伴ふ軍事は政党政治の容喙す
へからさる事

〔註〕台湾総督であった児玉は明治36年7月15日内相（~同年10月12日）、明治36年7月17日

文相（同36年9月22日）をそれぞれ兼任したのち、明治36年10月12日に台湾総督のまま参謀次長に就任した。また、翌年2月8日に日露戦争が開戦した。この手帳メモは、児玉が内相を兼任した頃から、明治37年6月20日に満州軍総参謀長に就任するまでのものと思われる。

Ⅳ

児玉源太郎　意見書草稿・覚書

宇都宮城の兵備に関する意見書草稿　明治(元)年

宇都宮城は奥羽街道の要衝なりと雖とも、本城を以て直に第一防禦線となすを得す、宜しく鬼怒川及ひ喜連川の固めあり、拠て以て敵軍を破却すべし。本城は其副郭なり、又た奥羽方面の策源と云ふへきなり。然らは則ち常に屯営を鬼怒川及ひ喜連川の浜に置乎、曰く不可なり。抑も本城の要衝たる地の険を以てするにあらす、専ら交通の便に基す。仮令は敵軍白川城を屠り大挙東京を侵さんとするときは、東京の軍大に兵を発し本城を根拠とし、鬼怒川、喜連川の間に之を扼守する必せり。之に反し一朝の敵の運動を偵知する能わす、頓に本城を失ふか、或は敵非常神速の運動を以て我軍の本城に根拠するに先んち之に拠るときは本城以東敵の運動自在にして、鋭意刀根川を渡らんと企望し且つ遥に水戸城を制すへし。而して本城の東京城に関係を相ひなす恰も歯唇の如く、この時にあつては東京城の安危果して如何そや。然り而して喜連川及ひ鬼怒川は戦術上の要地にして、一旦敵の有となるも、為めに我戦略に巨害を及ほすにあらす、又た之を回復する難きにあらさるなり。之に由て是れを観る、本城の存亡は東京東北面の戦略に関する実に大なり。これ常に本城に兵備を要するの眼目にして、本城の守備之に適応せさるへからす。本城の守備は左の要領に適応せさ〔ママ〕可らす。

敵の運動を偵知する能はす、突然攻撃を受け及ひ敵非常神速の運動を以て攻囲するとき、東京の援兵を得る時間之を守る事。

〔註〕「敬神党の事件参考書類」と書かれた封筒に同封されていた。戊辰戦争で政府軍が明治元年4月に宇都宮城を占拠したのちは白河城の攻防が焦点となり、明治元年7月14日まで続いた。「東京」という言葉が使われるのは明治元年7月17日以降。したがって、本史料は明治元年7月以降のものと思われる。署名はないが、筆跡などから児玉源太郎が書いたものと思われる。

揚子江附近へ軍艦を派遣する意見書草稿　明治(27)年

豊島、成歓、平壌及ひ黄海の諸戦、皆な帝国の克捷に帰たるは陸海軍奮戦勇闘の実蹟顕著なり雖も、是れ一つに陛下帷幄の画策其機を誤らさるの結果にあらさるはなし。然れとも謹んて宣戦の大勅を案するに前途悠遠なり。地形に照らし将来を慮れは、北京に達するもの鴨緑江を渡り奉天府を経て潦河を渉らん乎、海路旅順口若は威海衛を略取し山海関に揚陸せんか、これ局外者の敢て容吻する所にあらすと雖も、要するに今後益々陸海両軍大挙して真目的を達するの時機に近きにあらんとす。又第二軍の編制あるを見て知に足る。今や清国陸海の軍気沮喪して専ら防勢に陥り、且つ諸外国の対東洋政策稍傍観の傾あり。畢竟我帝国の臣民一致々々、一に陛下の大徳を載き以て敵に愾るの決心充分四海に発表したるの結果にあらすして何そや。凡そ東洋大局の問題を真正に政事及ひ商業社会に与へたるは実に今回の義挙にして、今後は愈実権と実力とに依て雌雄を決する活劇を演する事明瞭なり。

果して然らは、大いに帝国の威信を敷き敏活の運動を天下に表章するは、実にこの時機を於て他にあら可からす。

大轟已に軍旅に在せられ尊敬賛詞、然れとも今後軍隊の増発戦場の転換等に従かつて指揮の困難を生すると共に、大本営の御移転は論を俟さる所なれとも、仰き願くは之れを直に海利に在る某地に進められ〔後切レ〕

威海衛攻撃の目的は主として敵の艦隊を燼滅し、以て全く海上の権を我に掌握するに在り。この時に方つて北部の陸戦は、冬営の姿勢を以て解氷の期に至るべし。而して海陸共に現在の兵力を擁し、単に渤海沿岸にのみに注目運動して他の気候温暖なる南部に之を試みさるは、戦略上其の当を得たる者にあらざるべし。何そこの冬季北部彼我共に運動を停止するの時を活用し、南岸諸港特に揚子江附近に二三の砲艦を進航出没せしめ、所在を砲撃し出入の船舶を検し、外国より密輸入の兵器を捕獲し、商工の業務を妨害し、南北の交通を杜絶し以て人心をして一日も安寧なる能はさらしめさる可からす。一日数十万の軍費を投するこの戦役に方つて徒手冬季九旬を経過するが如きは、之を戦略の妙用に鑑み之を軍費の支消に照し、共に得策と為すを得す、或は遂に軍国の事態をして容易ならさる沮喪を来たさしむるやも亦た保す可からす。

凡そこれ等の計画にして其の成算あるものは、既に今日に於て之を決定し司令官として神速敏捷に之を遂行せしめ、敵をして我真目的を偵知するを得さらしむへし。是れ戦争の終局をして好結果に至らしむる一手段たるや論を俟さるなり。

〔註〕「陸軍省」罫紙。小林道彦『児玉源太郎』（ミネルヴァ書房、平成24年）によれば、児玉は明治27～28年の冬季中に台湾を攻略する計画を持っていたという（一四〇頁）。本史料は、揚子江に軍艦を派遣することを主張している。執筆者名が明記されていないが筆跡が児玉源太郎と似ているのでここに収録した。

軍備に関する意見書草稿　明治(27)年

明治初年帝国兵備の基礎を確立するに方り宇内の形勢を察し、将来凡そ二十万の兵員を挙くるを以て目的となし、之れを欧州の軍制に参照し六軍団に編成せんと欲し、帝国を六軍管に分割しこれに鎮台を置く、其一鎮台は即ち二師団の一軍団に相当するものにして、兵員凡そ三万二千人とし、六軍団はに実に十九万二千人なり。

然るに維新創業の後を受け国庫出入未た精確ならす、従つて軍費政費の支出亦た整頓せさるを以て時に或は消長を来し一串貫通する能はす。加之外に普仏大戦の終を告くるに方つて欧州強国競て兵備の拡張と兵制の改良に着目し、兵事百般日新の世となり、内には七年佐賀台湾の役より延て十年西南の役となり随て備り随て潰〔ママ〕ゆ。

西南平定の後ち漸や小康に就くを以て鋭意之れを遂行せんと欲し、大ゐに欧州近時の兵制を詳悉し之を我国力に照し幷に海岸防禦の計画と相ひ背馳せしめさらんことを期し之れか調査研窮に着手し、遂に明治十八年兵備拡張の大綱を定むるに至れり。

凡そ一国の兵備を定むるの標準は其国が外国に対する（権力）（外交の方針）（位置）（品位）（価値）国土の位置、邦境の形状、隣邦の兵備、等を明らかにし、之れを其国財政力に照らすに在り。故に十八年我邦の兵備改革の跡に就て論すれは、四囲環海の邦土を有したる帝国は先つ専ら海防を修め敵の攻撃目標を減却し、開放する上陸点には常に敵に優るの旋動軍を集中し以て之を制するを得、且つ一朝外征の挙あるに方て尚ほ三万有余の兵員を出すを得へし。

又た隣邦の兵備を察するに、露国は東部亜細亜に於て二万の兵を挙くる事難きにあらすと雖も之れを海路輸送する力なく、英国は之れに反し海路輸送の力は稍や具わると雖も、印度に於ける二万の陸兵を分割する事は為し能わさるべし。清国の兵備は兵数を以て論すれは匹敵すへきものにあらすと雖、兵力として観察するときは亦以て恐るに足らさるべし。

是に因て之を観るに、我兵備は当時東洋の形勢に於て敢て勇飛するに至らすと雖も、亦以て国権を維持するに余りあり。而して十八年改革の主眼とする所は、近時欧州強国の新制に則り団体各部に諸種の機関を備へ戦略上の運用を敏活にし、小数精練の精神を以て軍事教育の程度を拡張し、武器装具を充実せしめん事を計り、経理の自治を発達せしめ深く国家の経済を鑑み予備後備の制を確立するに在り。

故に軍団編制を廃し師団を戦略単位となし其他軍事行政各部組織を軽易したる如きは、稍や軍備縮少の観なきにあらすと雖も、之れを前に陳する原則に照すときは我か国家の財政として実に止を得さるの手段と云ふべし。

然るに今や対清の事起りこの結局如何は元より予期する所にあらすと雖も、其平和に復したる後ちは清国決して今日の清国にあらず、英露は論なく其他の強国にして苟も利害得失の関する所は、皆な其権力を伸張せんと欲し昔日の静平は変して優勝劣敗の世運となるや明瞭にして、随て兵備を拡張せさる可からさるは多言を俟たさるべし。独り其方法に至つては深く講究を要するを以て今より其大綱を縷述して以て参考に供せんとす。

〔別紙〕

旧	新	増
師団		
十二大隊	九大隊	
四聯隊	三聯隊	
二旅団		
七十二大隊	八十一大隊	九大隊
二十四聯隊	二十七聯隊	三聯隊
十二旅団		
六師団	九師団	三師団
騎兵　十八中隊	四十五中隊	二十七中隊

砲兵	六聯隊216	九聯隊324	三聯隊108
徒歩砲兵		十八大隊	

〔註〕「大本宮」罫紙。別紙の計算表2枚は略す。筆跡は児玉源太郎と似ており、陸軍次官兼軍務局長である児玉が、日清戦後には「皆な其権力を伸張せんと欲し昔日の静平は変して優勝劣敗」となることを予想して記した軍備に関する意見書と思われる。

五師団半増設に関する意見書草稿〔小松宮彰仁親王宛〕

明治（28）年（3・4）月

戦争後占領地に配置すべき兵員、及び一時清領に駐在せしむべき兵員は、総て五師団半を要するにつき、今日より之を増設するの調査に着手し、且つ出来得る限り其の準備をなすべき旨御下命の趣了承、然る処我が邦現在の兵数は七師団にして更らに五師団半を増設するは、殆んど現在の兵数を二倍にするに殊ならず、之を増設と云はんよりは寧ろ新設と云ふを適当とする位にして、国家財政上一大変動を免かるに能はざるべし。試に右五師団半の兵を養ふに必要なる費用を概算するに、其の編制をして高諭の如く戦時編制ならしむるに於ては、少くとも一ケ年四千万円を下らざるべし。之に加ふるに現在の七師団を戦時編制となし、之を養ふに必要なる費用一ケ年五千万円を以てするときは其の入費は都て九千万円にして、今日の如く一ケ年僅かに八千万円の歳入を以て経済を立つる所の財政に於て能く支ふべき所に非らざるは、三天の童子と雖とも亦之を知るべし。今若し内国の七師団を平時の編制に復し、新設の五師団半も亦之を平時同様に編制するとせんか、其の費は尚二千五百万円を下らざるや明かなり。現在の兵員を倍し又は其の三分の二以上を増加し、従つて歳入を倍し又は其の三分の一以上を増加するは、決して軽易の事業にあらず。我が邦の人民は果して能く斯かる負担に任ずるの力ありや否や。今日の政府は果して能く斯る非常の手段を断行するの決心ありや否や。今や二億万円余の軍事公債ありと雖ども、戦争の経過によりては此の二億万円余を消し尽して尚足らざるやも知るべからず、且つ此の公債たる全く一時のものにして、永年常置の増兵を支持すべき筈のものには非らざるなり。他日和議の成るに及びて多分の償金を収むることを得ば、或は能く右の費用を弁するを得べしと雖ども、償金の額未定なる今日に於ては殆んど何等の準備をも行ふこと能はざるなり。増兵に関する調査をなすにつきても、其の梗概につきて高論を仰かざる可からざること太だ多しと雖ども、財政上の障碍眼前に横はるの今日、先づ此の障碍を排除するの方法につきて高論を仰きたる上に非ざれば、下官に於ては何等の準備をなすこと能はざるは勿論、之が調査にも着手することを得さるなり。事寔に軍国の大問題にして座上の空論を以て之に応すべきに非らず。仰き望むらくは殿下尚未だ敵地に進み玉はざるの前に於て深く内閣大臣と計り、十分に其の決意を確められんことを。内閣の決意已に明かなるに於ては、下官は更らに進んで兵の編制其他につき高論を仰くこと多かるべきなり。謹て白す。

御用取扱

総長宛

〔註〕表紙「五師団半増設一件」。「大本営」罫紙。それまで長く参謀総長を務めていた有栖

川宮熾仁親王は明治27年夏頃より病気静養し、明治28年1月15日薨去。その後、小松宮彰仁親王が参謀総長を継ぎ、同年4月に征清大総督として旅順に出征した。本史料は、彰仁親王が参謀総長に就き、かつ出征の前頃までの時期に作成されたものと思われる。作成者の「御用取扱」とは当時、参謀本部御用取扱をしていた児玉源太郎と思われる。

三国干渉に関する覚書　明治（28）年（5）月（8）日

清国政府は批准交換の為め既に使節をチーフーに派出せり。然るに露仏独は奉天半嶋の問題を提起したるを以て、其事の決定するまで交換を延期せん事を清国政府に勧告し、因て清国政府は在北京米国公使の手を経て交換の延期を請求せり。因て我政府は五日間休戦を延期するため左の如く回答せり。依て山県大将を以て御沙汰の主旨尚ほ遵守せらるべし。

〔註〕明治28年4月17日、日清講和（下関）条約が締結され、5月8日に芝罘《チーフー》で両国元首の批准書を交換することになった。しかしその後、三国干渉をしたロシアは清に批准交換延期を忠告し、清もそれに従って延期を日本に申し入れていた。結局、5月4日に日本は三国干渉を全面的に受け入れるが、清側は8日が迫っても消極的であった。そこで、日本政府は5日間の猶予を与えることにした。本史料は、その際の陸軍の態度について

述べたものと思われる。なお批准書は8日に交換された。筆跡は児玉のものと思われる。

陸軍大臣辞職願草稿　明治(34)年

臣源太郎謹て奏す。臣庸劣の才駑駘の器を以てして叨りに台湾総督の重任を辱ふす。感荷曷そ堪ん。職に在ること現に三年有半日夜心を新領土の経営に砕き、敢て或は聖恩の万一に奉答する能はさらんことを是れ恐る。然るに去年十二月陸軍大臣の病を以て其職を辞するや、陛下乃ち臣をして入つて之を兼ねしめ給ふ。臣已に閫外の重寄を蒙る。理宜しく之を兼ぬへからす。而して当時の事情は臣か之を固辞するを容さゞる者あり。臣終に君国の為めに自ら忘れて罪を陸軍大臣に重ぬるに至れり。然れとも是れ一時非常の事のみ。陛下か徐ろに適才を択みて臣をして全力を総督の本職に竭すことを得せしめ給ふ可きは、臣の始めより確信して疑はさりし所。陛下聖明必す応に臣か微衷を諒とし給ふへし。臣陸軍大臣を兼ねて以来多く闕下に在り、頃日任に台湾に帰りて細かに施政の跡を案するに、部下吏僚の励精にして且つ善く臣の指揮命令に遵由せる、幸にして未た太過を見るに及はすと雖、千里を隔てゝ情報を聞き以て応急の所置を訓示す、其安全の道に非すして、之を久ふす可らさるは臣の益々痛切に感覚する所。乃ち久しく台湾に留らん乎、則ち陸軍大臣の職責を奈何せん。陸軍大臣として職責を全ふせんとすれは勢ひ多く東京に留まらさる可らす、台湾総督として職責を全ふせんとすれば則ち屢々任地を離るを許さす。臣一身を以て此二大重任を兼ぬ。臣頗る窮せさる能はさるなり。語に云ふ、二兎を逐ふ者は一兎を得すと。臣か今日に至るまて未た多く罪責を陛下に得さる者は蓋し僥倖と云ふ可きのみ。加ふるに今や幸にして東洋に事なしと雖、一朝禍乱の清韓に発生することあらん乎、台湾の地勢と総督の職務とは一日も臣の任地を離るを許さす。而して臣は陸軍大臣として一日も東京を去る能はさる可し。此時に当りて急に陸軍大臣を求め給ふは予め適才を択みて以て有事の日に備へ給ふに如かす。臣願くは陛下か臣の微衷を諒とし、陸軍大臣の兼職を免して臣をして益々台湾の経営に心力を竭尽することを得せしめ給はんことを。臣源太郎誠恐誠惶謹て奏す。

台湾総督兼陸軍大臣男爵　児玉源太郎

〔註〕史料文中に、「去年十二月」に陸相を兼任したとあり、児玉源太郎が陸相を兼任したのは明治33年12月23日（〜明治35年3月27日）なので、明治34年と推定される。明治34年6月2日、第四次伊藤博文内閣が倒れ、第一次桂太郎内閣が成立した。じつはこの直前に、井上馨に大命が降下し井上は組閣作業を始めたが、その際に井上は「桂を陸相に据えて、児玉を総督に専従させよう」とした。しかし、桂はそれを断って代わりに児玉を推薦し、一方の児玉は桂内閣実現をめざしていた。この辞職願は井上の組閣を妨害する狙いがあった可能性も考えられる。また同年10月、児玉が希望した台湾の行政制度改革

案について、桂首相が閣僚への事前の根回しを怠ったため予定通り進行せず、児玉が陸相の辞表を桂に叩きつけるという事件もあった（小林道彦『児玉源太郎』）。いずれにしても兼任の負担は大きく、児玉には辞意があったものと思われる。

台湾特別輸入税率に関する意見書草稿〔内海忠勝宛〕

明治36年1月31日

明治三十年法律第十四号関税定率法は従来其儘台湾に施行し来りしも、内地と比較するときは産業発達の程度を異にし、又対外関係を異にする台湾に於て永く内地と同一の税率を施行するは得策に無之、或種類の貨物に対しては台湾に特殊なる事情を参酌し別に之を定めさるへからす。例之せは幣制整理の端緒として粗銀に輸入税を賦課し、又は葉烟草の輸入税率を引上くるか如きは、差向き其必要を認候儀に有之候。就ては予め左の通大体の方針閣議御決定相成候様致度、理由書相添此段及稟請候也。

明治三十六年一月三十一日

台湾総督

内務大臣宛

一、南清地方より台湾に輸入する或種類の貨物に対しては、律令を以て特別の輸入税率を設定すること。

理由書

第一項　台湾輸入税率を内地と異にするの必要

一、主要なる輸入品の種類に差異あり。

領台日猶ほ浅く風俗習慣全く支那的なる台湾島民の需用する主要輸入品の種類内地と異なるものあるは自然の勢とす。且つ台湾の南清に対する貿易関係は所謂外国貿易関係を以て目すへきものにあらす。南清各地は島民各自の故山あり、其間僅かに一葦の海峡を隔つるのみ。運輸の機関たる汽船と蓬船とは、貨物運搬の数量より云ふときは殆んと伯仲の間に在りて往復せり。其貿易関係たるや実質に於ては純然たる内地貿易にして、宛も四国と近畿地方との関係に彷彿たり。

右の如き特殊の事情あり、随て主要なる輸入品を異にする台湾を内地と同一に律するの不可なるは多言を要せさるへし。従来関税定率法を其儘適用し来れるか為め、当然挙て得へき収入にして失ひ来れるもの尠しとせす。

二、台湾産業政策上の必要。

台湾と南清各地との関係前述の如く古来蓬船往来の便を有し来れるか為め、台湾島民は専ら農林産物即ち原料品の生産にのみ従事し、加工又は手芸に属する物品は其容易に台湾に於て算出し得へきものに至るまで総て之を対岸に仰き来れり。故に現在の台湾は純然たる農業国にして、工場とも称すへきものは領台以来政府又は日本人の手に由りて設立せられたる二、三のものを除きては絶無の有様なり。半工業の域に進める内地商工業の状体を基礎として定められたる関税定率法を、其儘台湾に施行するの不可なるは此点より見るも亦明かならん。支那政府の治下に於ては古往今来其跡を絶つこと能はす、領台以来も亦我か煩累を免れさりし土匪も漸く勦滅の運に至り、運輸交通の便も亦漸次旧来の面目を改め、今や本島天恵の富源を開発し経済上新領土経営の目的を完ふせんか為め産業上の施設に力を尽さんとするに方り、或種類に属するものは関税政策に由りて容易に之か発達を促かし得へきもの尠からす。

三、徴税上の便宜

新附の領土に於て一方に賦斂を薄ふし民心の収攬を勉むる必要あり、一方に施設経営の費用を支ふるに足るの収入を挙くる必要ある場合に於ては、成るへく直税を避けて重を間税に置くの要あり。然るに台湾に於ては島民消費する物品は日常の蔬菜を除き其他は殆んと総て対岸の輸入に仰ける状態なるを以て、間税を課すへき適当の税源なく、財政計画の上に於て従来甚た不便を感し来れる処とす。此不便は輸入税率の伸縮に由りて之を補ふの外なしとす。且阿片漸禁の主義を貫徹せんとするの必要と治安維持の為め蕃匪に銃器弾薬を供給するの道を絶つの必要とは、漸次税関機関拡張の必要あり。今新たに島内営業税又は消費税を起こし収入の目的を達せんとするときは、徴収機関の設備に比較的巨額の費用を要する弱点あるも、関税に由りて収入を挙けんとするときは、之か為特に経費を増すこと少くして実収多き結果を見るを得るの利益あり。

四、内地との経済的関係を密接せしむるの方便として

母国生産品売込の得意場と為すことは各国か新領土に対する主要なる経済政策の一とす。殊に純粋の農産国たる台湾に対しては、現在及将来に於て内地の製造工芸品を売込み得へき余地甚た広し。関税政策の上に於て多少の加減を施こさは、対岸品の輸入を抑制し之か供給を内地に仰かしむるに至ること容易の業たり。而して今日台湾の幣制は過渡の時代止むを得さるに出つるものとして甚た薄弱なる基礎の上に銀貨を流通せしめ、官民共に非常の不便を感し居ることとなるか、銀貨国たる対岸との関係を薄ふし内地との貿易関係を深からしむるときは之か改制も亦容易に決行するを得るに至るへし。要之するに貿易上内地との関係を密接せしむることは単に経済上内地の利益たるに止らす、台湾をして漸次日本化せしむるに於て亦顕著なる効果を生すへき一の方便なり。

以上各種の方面より観察を下して、台湾に特定の輸入税率を施行するの必要は明確ならんと信す。

第二項　台湾輸入税率を定むる立法手続に就て

歴史的聯結の力に乏しき新領土を経営するに方りては、機宜に応し随時立法の必要あり。定期に開かる、議会を待つ遑なき場合多きと、直接母国に於ける問題に力を傾注するの結果は、遠隔の領土に於ける問題に就ては比較的研究の及はさるものあり。多数の議員は自ら事情に疎るを常とする本国議会の審議に附するは、利益少きのみならす時に却て有害の結果を見ることあるか為め、新領土に対する立法の手続は欧洲諸国何れも特殊の組織を採用せり。我台湾に法律第六十三号の規定ある亦同一の必要に出つ故に、台湾に於ける諸般の税則は従来総て律令を以て規定せり。特

殊の事情を有する新領土にのみ適用せらるゝ税則なれは、法律の形式を以てするよりも右の如く律令を以て機宜に応し新領土経営上適切なる規定を制定し得るの勝れるに如かさるなり。殊に税則の為めに影響を被むる在台内地人の数は島民の数に比し僅かに百分の一に過きさる目下の状態に於て、台湾の税則は法律を以て定むる必要なきのみならす、若し之を法律の規定に拠るものとするときは新附の台民を駆つて政争の渦中に入らしむる一端を開き、統治上将来の大害を醸すや必せり。輸入税率に至りては殊に律令にて定むるの必要あり。台湾に特殊の事柄たるのみならす、南清地方との関係前述の如く内地と税率を異にするの必要なる理由前述の如きものありとすれは、議会々期以外に於て臨機改定の必要起るへきこと推察に難からす。

或は輸入税率は外品に関係あることとなるを以て法律の規定を要すとの説ありと雖も、台湾輸出税規則を始とし民事商事に関する件等外国人に関係を有する事柄にして、従来律令にて規程を設けたる先例乏しからす、対外関係なるか為めに法律の必要を認むること能はさるなり。

律令にて台湾輸入税率を定むるときは帝国の関税政策は不統一を来すの結果を生すとの非難に対しては、既に銀行貨幣の事務と共に関税事務を大蔵大臣の所管に帰せしむることに内定し其手続中に在る今日なれは、将来関税に関する律令は其発布前必す大蔵省の審議を経由すること、なるか為め、統一を欠くの憂なしとす。

第三項　外国政府へ声明の必要有無に就て

台湾に内地と異る輸入税率を設定するの必要あり、之を設定する立法手続は前項の通り律令に拠るものとして、帝国政府は之を設定する以前予め外国政府に対し其趣旨声明を要すとの説あり。

是日独条約談判中青木公使より帝国政府は台湾に関して別に留保を為すの意思なるやとの質問に対し、西園寺外務大臣より別に留保を為すの必要を認めさる旨の電訓あり、日西条約談判中栗野公使より新条約は台湾にも適用せらるへき精神なるやとに電問に対し、大隈外務大臣より適用せらるへきものと思考すとの電訓あり。且つ明治三十一年六月閣議に於て改正条約は台湾に施行するものとすとの決定あり。政府の方針右の如くして今日に至れるか為め、改正条約に伴ふて発布せられたる関税定率法も亦其儘当然台湾に施行せらるへきものとす。若し将来台湾に限り特異の関税政策を操らんとすれは、予め其旨を各国政府に声明するを要すと云ふにあり。

然るに従来の経歴に徴するときは、帝国政府は今日更めて右の如き格段なる声明を為す迄の手続を為さすして台湾輸入税率を特定し、列国政府も亦故障なかるへしと思はる。何となれは前掲の如き外務大臣の往復あり、又閣議決定内訓の存するにも拘らす、実際台湾統治の必要上帝国政府は新条約及之に伴ふ諸法典を絶対台湾に施行するの不可なるを認め、前には台湾鉄道会社輸入の鉄道材料品に対する輸入税免除の特例を律令にて発布したることあり、後には民事、商事及刑事に関する律令の如き、又は台湾輸出税規則の如き、若くは食塩の輸入を禁止せしか如き、台湾に特殊の規程を制定施行し、列国政府も亦曽て之に向て何等の故障を申出てしことなく今日に至れることなるを以て、台湾に限れる特殊の事情に基き律令にて除外例を設くることは、列国政府亦現に承認し居るものと推定することを得れはなり。

殊に事実に於て、台湾輸入税率の特定を要するものは南清地方の貨物にして殆んと全く支那人又は島民の取扱に属するものなるか故に、清国以外の外国臣民に利害の関係を及ほすへき虞は極めて少しとす。

以上の事由なるに由り本文の通り閣議決定を望む。

〔註〕冒頭欄外に「秘」とあり。「台湾総督府」罫紙。「南清地方ヨリ台湾ニ輸入スル或ル種類ノ物品ニ対シ特別ノ輸入税率ヲ定ム」（国立公文書館所蔵「公文類聚」第27編・明治36年第12巻、〔請求番号〕本館-2A-011-00・類00957100）によれば、同内容の請議が明治36年4月7日に大蔵省から閣議に提出され、同年8月6日に認められている。ただし、同史料には本史料のような理由書は付されていない。また、「南清地方ヨリ台湾ニ輸入スル特別輸入税率ヲ定ムル閣議決定ノ件」（国史館台湾文献館所蔵「台湾総督府文書」、冊号864、文号22）では、曾禰荒助大蔵大臣から児玉に対し、同年8月22日付で閣議決定した旨が内達されている。

日露講和締結に満足する覚書　明治（38）年9月25日

九月廿五日

余を以て世間媾和の張本人と認めらるゝは、余の満足に且つ悦にて承諾する所なり。此の媾和は国家の生存上此の如くならさるへからさるものにして、実に開戦当時の決意亦た斯も在るなり。開戦当時哈爾賓を攻略すへしと明言したることありと雖も、是れ策略上の明言にして其実如斯考を持たさりしなり。

作戦上兵略目標は遼陽にして政略目標は奉天に在り。故にこの二目標を攻略したる上は已に作戦上の目的は達したるにして、其以上は政略の活働に応して此の全戦局を結ふを以て至当とす。

政略上の活働は奉天戦以前に着手して奉天戦の結果を利用して優越の条件を求むることそ政府の取る手段なるべしと雖も、之を等閑に付したるは遺憾なり。

然れ共偶々日本海々戦の結果受働的に媾和説の起りたるは最も幸福なり。

然れ共実際媾和の条件と全権会見の折衡の状況とに就ては頗る遺憾の点多きを見る。

世間償金を擲棄したることに付きやかましき議論あれ共、予の考にては償金は始より不可能のこととす。今後戦争を継続したりとて償金を得る目的なし。仮令浦港を取り哈爾賓を越てハイガル湖に進入したりとするも償金を得る能わす。而して今日已に一年半間に十五億円の軍資を費したるにあらずや。今後尚ほ二年を継続すへしとし尚廿億を費し合せて三十五億を費したるにも関らす、償金を得ること能わすとすれは、如何にしてこの国家か生存すへきや、寧ろ比較的軍費の少なくしてこの戦争の目的を達たる時機に和を媾するを得策とす。

この戦争の局を結ふ方法は露国に有利にして帝国に不利なることは左の如し。

露国は敗戦の極りハイガル以西の露領に退却したりと雖も、露国の国家を危くするの境寓〔遇〕には立ち至らずして、唯極東政策に大蹉跌を生し且経過上極東に放資したる巨額金を失ふのみ。

之に反し帝国若し敗戦したる場合には満州朝鮮を鞏固に併呑せられ、直に帝国の領土は常に危態の位置に陥らさるを得す。

如斯国家生存の上に於て間接と直接との関係を異にするを以て、勢ひ帝国は不利の条件に甘せさるを得さるものなり。

軍隊直接の状況に付て論すれは、帝国は常備は勿論国民兵達を召集し、而して常備隊に於ても有為の幹部の多数は損傷し臨時任用のもの多を占め、兵卒も亦た多く短期教育の補充兵にあらずや。戦場の働作現に遼陽戦と奉天戦とを比較するは其優劣明瞭なり。之に反し露国は常備軍隊の三分一は尚ほ本国に現在せり。仮令隣国の関係あるにもせよ現に根幹の現存し居るにあらずや。唯遠距離の戦地に一条鉄道に依頼するは大なる弱点なりと雖も、根源に欠乏せさる点に於て大い有利に戦争を継続するを得べし。

要するに此の媾和成立せさる場合に於ては如何すへきや。予の考案にては鉄領以北に適当の陣地に求め、こゝに永久の防禦を為し媾和の時機の来るを待つより外に手段有る不可。若し強て進入すれはする程益ます不利の状況に陥る事明瞭なり。

然れとも予は哈爾賓は愚かハイカル迄も進入すべしと明言し、且つ其準備の一部分を計画せり。是亦た畢竟一の策略にして真面目に進入するの意旨を有せす。

如何となれは哈爾賓附近に前進する場合には、浦港との交通を絶て且つ少なくも浦港を封鎖せさる不可。其浦港封鎖には大凡七ケ師団を要す。この時哈爾賓方面の敵兵約く三十ケ師団なれは之に同数の兵を用ゆるとすれは三十七ケ師団を要する理屈あり。平時十三師団に尚ほ廿四団を増加することは倒底不可能なり。而かも哈爾賓を攻略するには少なく尚ほ一ケ年半後ならさるを得す。これ鉄道の改修と道路の修繕設備に多大の日数を要すれはなし。且つ今後の戦争はこれ迄の戦争より尚ほ多大の犠牲を払わさる可からさることを記臆せさるへからず。要するに予は此上多くの敵を殺傷を与ふの工夫よりは、単に政事上に必要なる丈けの事をなすを得策なりとしたり。

之に加ふるに戦争の結局は戦地たる地方人民の苦痛に依て短縮せらるは自然の状態なれ共、この戦地は他国の領土にして尚且つ常に無政府の情態に慣れたる人民なれは其状況は皆無なり。故は媾和風の発生する場合は極て僅少なりと覚悟せさるへからす。

仮に今後一年若くは一年半に廿億円の軍費を惜て戦争を継続したりとするも、其結果は今日媾和するものと格別相違なかるべし。

今日の媾和大体論に就き同意を表するものにして、細部の条件下之を利用するの手段に於ては更に陳述する所あるべし。

某氏露国の財政及ひ国情に於て戦争を継続するに能わすと云ふものあれ共、兎に角く大国にして年来専制治下の民たり。之を之を〔ママ〕胸算に至り不覚なりと信す。

之に次て割地問題なり。樺土は兵力占領の地なり。之を二分するは尤も不同意なり。之れは媾和談判の行懸りより如斯結果を生したるに過きす。故に媾和談判の事を論する時に併せて論すべし。

現内閣は開戦前より威信の欠乏したることはうたかいく〔ママ〕特に誠心誠意活発と胆力とに於て見るへきものなし。随而この戦局を綜攬するには勉め慎重を要する所なれ共、この大戦争中、曾根の別荘行の如き、芳川の地方巡回の不品行の如き、桂の芸妓落籍の如き、皆な大ゐに一般人心に悪感情を与へ何ケ油断あれは喰て懸らん様する事明瞭なり。而して頻に挙国一致を吹聴し国民戦争の事なれはとて之に服事したれ共、其実内閣に信依して然るにあらさるなりし。而かも此戦局を結ふには政府の信する所と人民の希望とは最前より隔絶しあることも亦た明瞭なるを以て、予め我方針に之を指導する事を勉めさる不可。特に下級多数の愚民の惑易き分子に向て其手段を講ぜさる不可ものなるに、一も其手段を操らさるのみならす、却て全権大使に賜ふ勅語の如き、却て人民の希望に接近するの形蹟ありて、政府の真意と相違したることも殆んと気付かさんか如し。概して楽天に失したるものなり。在野の政治家には多少意旨の減することある如き観あれ共、彼等は却て之を自己の野心の材料に使用するのみにして、一も政府と国民との陪介者にはならさりしなり。

媾和折衝の順序とし償金と割地とを以て死活問題となしたるは頗る遺憾とする所なり。元来償金は最始より取り得る見込なき条件なり。償金を以て死活を争ふ目的なれは、媾和を開かさる方穏当なり。我か全権は之を知りつゝ樺土問題と連関して決戦を試み、償金の難きを見て樺土半分を譲支し、其代償の形式に依て金円を得んとしたるは益ます拙劣に陥り、自力から樺土半分を譲支して其代償は皆無と云ふ状況に立至りたるものなり。寧ろ償金は速に撤回し、樺土は兵力占領の事実を以て死活問題となしたらんには、仮令半分譲支したりとするも其代償として権利的若くは物質的に解決することを得たるやも知は不可。

今日の結果より見るときは死活問題の四分一を我に得て四分三を彼れに与へたる形式にして、則ち失敗に終りたると云ふも不可なきなり。

又た今後戦争を継続するときは総ての状況不利にして、今日得る処の成功今日迄に得られたる成功と比較する能わさるのみならす、或は帝国の名声を損することなきを保せす。

九月廿五日

この戦争の目的は露国の横暴を満洲及ひ朝鮮より駆逐し、以て帝国の生存を安全にするに在り。

駆逐と云ふ意味に於ては遂ひ払ひ一人も留め置かすと云意味にあらす。露国をして立脚の地なからしめ、即ち国家的駆逐を意味するものなり。

露国の国是とする所は人の何たる国の何たるを問わす完全に不凍港を得るに在り。即ち大連若くは朝鮮沿岸を以て即今の目的とせり。これ露海及ひ印度洋に於て志を逞する能わさるを以てなり。

戦争は幸ひに陸海共に捷利に帰したり。

露国海軍は全滅せり。陸軍は敗戦はしたれとも全滅に至らす。且つ陸軍は全滅の期なかるべし。

帝国政治家の忘るへからさること帝国の領土を拡張し世界の一等国に列する希望は山々なれとも、一躍して占領せんとする他国の怒を購ふの恐あり。且つ政府従属の智識を今一層高尚にするの必要あり。依てこの一戦は其一段階として此段階を一歩をも退かさるの覚悟必要なり。

予はこの戦備に於て軍人政治家と称せられ即ち軟派と称せらるゝ時機到来すべく、且つこれを以て愉快なりとは予出征前より覚悟する所なり。

然れとも実際に於ては軍人間に其説起らずして却て民間の政治家よりこの批難を受けたるは、更に一層の愉快を感する所なり。奈何となれはこれを以て帝国軍人の知識の民間政治家より優越なるを証するに足るを以てなり。

退て帝国の現状を鑑みるに、陸海軍は他の列強と敢て劣る事なしと雖も、政治経済文学の思想品位殊に実業界の活働に付ては、遺憾ながら未た拙劣なりと云わさるを得す。これ一躍して一等国たるを得る能わさる所なり。要するに人才欠乏し之に加ふるに官尊民卑の結果、政権の争奪をこれ事とし、国務大臣を以て人格の第一位と見倣し、藩党をうらやみ、進んて他人の成効をねたむの念甚敷に原因するものなるべし。

今や大ゐにこの弊を勅正して内政外交を刷新すること必要なり。

予嘗て内務大臣たりし時、下僚に示すに内政は王道たり。外交は覇道たるへきこと以てしたり。

而も今は之に反し内政覇道、外交王道たるの奇観を呈したるやの感あり。これにては帝国主義の拡張とか殖民政策とか迚も望み得へきことにあらす。実際朝鮮及ひ満洲は今後如何にするや。今日迄如何にしたるや。唯た大言壮語の人人は少なからすと雖も、実行の局に当り之を成効せしむもの幾人は有る。

前陣の点に於て已に一躍する能わすとすれは、この戦役を段階の第一として且つ媾和の権抑を利用して第二の階段に進まさる可らす。且つ其進行方法は勉めて戦争を避くるの手段を採らさるへからす。要するにこの戦争を箇人の決闘的の如く是非曲直を乱したるのみの結果に終らしむることなく、国家将来の政策の発展に重きを置き之を利用するに非されは、意味なき戦争に終らんのみ。

而もこの戦争は直接に敵国の主府を攻略する如きはでなる結局を見ること不可能のことに属すればなり。


〔註〕明治38年の日露講和問題に関し、「軟派」と政治家やマスコミ・国民から非難された児玉が記した反論。「この戦役を段階の第一として且つ媾和の権抑を利用して第二の階段に進まさる可らす。且つ其進行方法は勉めて戦争を避くるの手段を採らさるへからす」と非常に興味深い感想を記している。

満州経営に関する意見書草稿　明治(38・39)年

満州を開放して外国人居住するや否。

阜頭を除く外居住少なるべし。

この居住人は日露清何れを信頼するや。

第一露とす。これ露人の策略として外国居住民を手に入ること必要あるのみならす、これは露人の長所なり。第二清とす。これは瞞着して暴利を得んためなり。第三日とす。日人に依頼するの必要を認めす。

居住人即ち第三者に依て他日の戦争を避くるの見込ありや。

断してなし。この貿易の大市を満州に開くへき所なし。世間の今日に見る如き大利源を見出すことなかるべし。近き将来に於ては日露間衝突の場合には人種論よりして寧ろ露に同情をよするのもの多かるべし。満州を開放し共同市場となし以て日露の戦争を避くる理想は多く無効なるべし。

清国の軍事政事を改善して独立せしむるの見込ありや。

断してなし。仮令ありする乎其結果は寧ろ露清同盟を作り出すに近し。この日本人の清人と交るこの拙劣なる因る。但し対清政策今後の手腕に依ては多少の変化あるべし。

露の復酬戦を避くるに矢張り兵力を以するより外に手段なかるべし。これ外交実業共に露に一歩譲るの実あるに於けるなり。対清政策も亦た然り。

兵力の優勢は総ての方面に於て戦争を避くるの好手段なり。殊に日本の如き外交実業の未た進歩せさる国に於て然り。

故に満洲経営は開放と同時に他日の戦場として兵力の運用上の便利を謀り陰に戦争の準備を示すべし。既に満洲に於ける優越なる勢力ある鉄道を得たる上は如何なる実業起ると雖も、之れに優るもの無きは論を俟たす。

鉄道は現在と将来との二つ分つべし。将来とは唯々軌道の改善のみ。只た鉄道経営の中に種々なる手段を講すること肝要なり。

鉄道経営には資金を要す。

国境税関は如何。

清国境同。

大連の自由港は如何。

開市場の領事は如何。

〔註〕満州経営に関する意見書で、日露戦争が終了して間もない時期のものと思われる。執筆者名が明記されていないが、筆跡が児玉源太郎と似ているのでここに収録した。

帷幄会議に関する覚書　明治（　）年

帷幄会議の妙処は一に裁決に在り。而してこの裁決につき両個の全く相異なる要訣あり。

一　全く戦略戦術に関する会議の裁決は、老練精通の将と少壮豁達の士と互に意見を戦わし緻密慎重に渉るを要す。

二　戦略戦術の基礎をなす所即ち大権の発動に関する国務と軍務との連絡に至つては、則ち之に反し刻下の大勢を観破し敵情を戦力政略に照らし尤も敏捷微妙の間に之れを決裁し、何人と雖も我か意向を偵知するを得ざらしむるに在り。

〔註〕執筆者名は明記されていないが、筆跡が児玉源太郎と似ているのでここに収録した。

意見書覚書　明治（　）年

意見書覚書

外交

の大事たるは言を竢たす。幸に近日其の大方針に関する廟議を定められたるを聞くは最も満足する所なるも、清韓の問題其の交渉する所博くして其の影響する所亦大なり。其の将来の発展に関しては英露両国と商議し、先つ大本を定め漸く枝葉に及ふへきは論なしと雖とも、既に帝国の利権に属する鉄道敷設の如きは速に其の歩を進め、其の未た我に収めさるものは速に之を収むるの道を取らさるへからす。仮すに政府の力を以てして以て其の功を全くせむことは、最も方今の急務なりと信す。

政党

の濫弊已に其の極に達し、之をして政府を組織せしめて其の事を謬り、又之と提挈して其の功を全くすること能はす。政党は殆と我か立憲政治を誤るものと謂はさるへからす。故に内閣の眼中には復た政党を措くことあるへからす。自ら信する所に拠り顧慮する所なく、以て其障礙を排除せさるへからす。今や小党分立の機漸く将に熟せむとす。彼此操縦以て多数を制する稍々企を得へし。政府苟も断然たる決心を以て之に臨む、議会をして難をなさゞらしむるの道必す存するを疑はす。

財政

の局に当るもの多く先進国の成例に依らむとす。是れ国家他年に於て用ゐる所あるへし。之を今日に用ゐるは枘鑿相容れさるの嫌を免れす。益新興の邦を以て列国競争の間に処す他の有余を取りて我か不足を補ふの外固より経済の方なし。而して苟も国力の発達望むへきに於て、資本を先進国の有余に取ることなく漫に入を料りて出を為すに甘するか如くむは、復た列国と馳駆するを期すへからす。故に茲に財政の方針を定め有余に取り不足を補ひ、以て国富を与すの資源を弘めさるへからす。我か財政の当局者は宜しく奮然自ら悛を以て今日の時勢を援ふの計なかるへからす。而して国家他年の用をなさしむへき吏僚の如き、漫に之をして久しく不遇の地に居らしむへからす。須らく活路を開き以て適当の仕進を獲せしむへし。

右に関する要目数項を示さば、

外交

一、清韓に於ける日露英三国利益の干繋を定むること

一、韓国鉄道幹線の設営を帝国の手に収むること（京仁、京釜は既に我有たり。将に京義に及は

んとす）

一、義列線を京楡線と接続せしむること

政党

一、衆議院に於ける勢力を減殺すること

一、各地方議会に於ける党弊を除くこと

財政

一、近代新興の国家に適応するの計画を立つること

一、先進国の財政のみを成例として追はむとする意見を棄つること（此意見を抱きて移らさる吏僚を転任せしむること）

〔註〕京釜（京城・釜山）鉄道敷設権を日本が得たのは明治31年、京仁（京城・仁川）鉄道は明治32年、京義（京城・新義州）鉄道敷設権は日露戦争勃発後の明治37年なので、この間に記したものと思われる。ここには反政党主義、外債導入論が主張されている。執筆者名は明記されていないが、筆跡が児玉源太郎と似ているのでここに収録した。

V　佐賀の乱・敬神党の乱・西南戦争関係

佐賀の乱に関する書類綴

① 執奏願書　島義勇〔坊城俊政宛〕　明治7年2月(19)日

賊之隊長風之死体之懐中に有之候由に御坐候。上等者なり。

数百年来天下忠義之士自然と嘯集。天皇之御仁徳とは乍申、又た此輩之尽力にて斯中興之御大業に相成、五方之人民目を拭て信賞必罰万機其所を得、神世淳朴之風に被為復候半んと希望罷在候処、豈計、恩賞不当刑罰顛倒奸臣専横、中興第一之元老島津従二位、西郷正三位、木戸従三位、板垣正四位、副島正四位、後藤正四位其他有功之士を退け、無功無頼之奸才を挙け夷蛮之媿風に心酔し、開闢以来未曾有之苛政暴法重斂の相行、外国之黠奴を親む父兄師友之如く華士族及ひ人民を侍は讐敵之如くし、四海荒蕪怨嗟之声路に満つ。雖然海内憂国之士尊皇愛国之念より三条大臣、岩倉大臣に建言建白不鮮両大臣忠諒之心雖有余才凡量小にして人を照す之明なく、奸臣之為に愚弄を受け浅薄なる権謀詐術而己を施し天下之人臣を失却し、猥りに殺伐之気を起し忠諒なる肥前を始め肥後よりして元勲の薩州を伐土州に及はんとの結構、今般肥後鎮台兵を発し佐賀城に栖籠り全国之士族を撃ち掛け、依之不得止全国忠勇之士は偖置無識之土民に至る迄不堪忠憤、本月十六日早暁より攻立昨十八日朝迄に攻落し暴兵を打攘申候。

先以江藤正四位其外と公平衆議し、帰する処を以て適宜之所置にて四民安堵候様取計候に付、此上は内国之大政を御変革の為、在外は不逞無礼之朝鮮国を御征討相成候は勿論、支那、魯西亜其外たりとも我之臣僕とする御目途被為建候はて不相済、第一度に両大臣に懇々忠告仕候通り、中興之諸元老を厚御慰諭之上御登庸、内は御仁沢を被為施、外は御武威を被為張、封建郡県の並行候はて迚も神州治り候目途決而無之候。此段宜御執奏奉願候也。

明治七年第二月　　島　従四位　義勇

式部頭　坊城殿

〔別紙〕添帖　江藤新平・島義勇　明治7年2月19日

添帖

今般肥後鎮台兵佐賀城に栖籠り候筋、鍋島直大当時西洋行留主にて仝人旧邸内に数百年伝来之宝刀金銀其外囲相成居候処、各兵総て盗取敗走之砌斬捨相成候。奏任官其外死体携居候。醜態絶言語候。将又紙幣数多焼捨之跡も有之逆賊之所業無残所次第に御坐候。此段も御届申上候。

明治七年二月十九日　　江藤　正四位　新平

島　従四位　義勇

〔註〕ともに黒龍会編『西南記伝』上巻2（黒龍会本部、明治41年）、的野半介編『江藤南白伝』下巻（原書房、昭和43年）にある。ただし、「島津従二位、西郷正三位」以下の人名に違いがある。

②　届　渡辺央・野津鎮雄〔西郷従道宛〕明治7年3月2日

届

此度佐賀県賊徒征討之電命於福岡県畏り、依之大阪鎮台の歩兵二大隊（第四大隊々長厚東少佐、第十大隊々長茨木少佐）、東京鎮台之砲兵隊（第三砲隊々長山崎成高）去る廿日午後六時博多進発、仝夜は二日市に宿し翌廿一日仝処進発田代駅に至り候処、人心飄々於仝処佐賀県の貫属共（田代は旧対州藩領にて仝藩貫属士族土着し罷在候者）賊威に恐怖し、一時賊徒に令一味候輩軍門に来り降伏謝罪す。因て其罪を許し相当の使役に応し、且分散の村民共を呼集懇々説諭を加へ、翌廿二日田代駅出発轟木駅を通行候処、人家挙て人なし。朝日山麓に至り賊徒等険に寄り要地に砲台を築き大小銃を発放す。直に先鋒第四大隊は散隊を布き攻撃す。続て砲隊発砲、第十大隊は宿村山浦村より横合より攻撃、賊徒支る不能民家に火を放ち去る。依て追撃し午食を喫し猶軍議之上猶又た中原村に至り候処、賊切通しに屯集土俵を以て砲台を築き発砲、官軍益攻撃終に中原に追退け本日朝夕両度の戦争得勝利、賊数人を切殺し官軍若干の負傷あり。初戦に勝を得士卒の鋭気凛々、仝夜は中原に宿陣す。然るに賊徒夜に入襲来前軍に発砲、直に応砲防禦に手を尽し、賊攻むる不能して去る。此日熊本鎮台の十一大隊は（隊長和田大尉）佐賀を退き三瀦県下西岸寺に屯集の処、瀬の下丼に宮地渡しを通り江見村六田村にて戦争大に苦戦、終に操り引き此時十一大隊永山中尉戦死、本田少尉深手を負ふ。仝夜西尾村に引退き千栗え宿陣す。翌廿三日中原出発、寒水村出口広野に賊徒険に要し大小銃発砲。本日は第十大隊先鋒にて直に撤兵を布き進撃、賊は要地を占め発砲候故、官軍暫くは進む不能、賊散兵を以て横合より進み来り木陰に寄り狙撃す。甚苦戦、山手の方より第四大隊の応援に因り賊散乱終に追退けたり。此時第十大隊阿部大尉、近衛隊小林中尉、第四大隊佐々木少尉等深手を負ふ。第四大隊の内一小隊は左り下道より進撃候処、賊要地に構へ防戦、官軍攻撃する不能して一応寒水村出口に引揚、猶将校等会議し第十大隊之内一中隊を以て猶又仝処に向け攻撃奮戦。此時陸軍大尉児玉源太郎深手を負ふ。此日甚た苦戦なり。全軍神崎〔神埼〕まで進入之筈にて苔野村に至り候処、賊タデ村の要処より発砲。官軍三手に分れ正面一は右手一は左手より進撃、終に賊を追退け第十大隊はタデ川を渡り神崎迄追撃す。賊タデ村に放火し去る。因て陣を苔野に宿す。此日十一大隊は中原村に操込候処、第十大隊の苦戦を聞き横撃す。仝廿四日は連日の戦争に兵士等疲労し休戦す。因て探索斥候として両大隊より一小隊つゝ神崎辺に出す。賊の哨兵に出会一、二発賊より打掛け候処、我兵不応土民に賊の景況を探偵する。賊徒等連日の戦我兵の勇敢に恐怖し迚も不敵を知る。スナイトル弾遠きに達し賊の死傷夥敷昨日の戦争賊の隊長鍋島市之丞を打倒たり。因て賊等益々畏縮し、巨魁江藤進平〔ママ〕神崎にありしと土人の言なり。仝廿五日午前八時苔野出発、第四、第十、第十一大隊等の内各一中隊砲兵一分隊を神崎駅に進め、哨兵を厳にして斥候隊を姉村に出す。賊地の景況地経を探索する為め渡辺少佐、比志島大尉若干の兵を率ひて堺原近く進む。賊の斥候に出会小銃二、三発を放つ。賊忽ち去る。賊道路の橋二ケ処を切落し官軍の進むを支え、仝廿六日休戦前日の如く斥候兵を姉村近傍処々に遣る。仝廿七日午前第六時出発第十大隊幷に砲兵隊は本道を姉村に進み候処、賊要地幷深林に寄り発砲。第十大隊は直に撒兵を布き進撃、砲隊は本道に構へて発砲頻りに奮戦。青山大尉此時手傷を負えり。十一大隊幷に十九大隊の一小隊は間道蓮の池に突入、姉村に出て第十大隊と合併し奮戦追撃。賊溝凹に寄り狙撃し、又た阿蘭佗四斤砲を以て頻りに着発弾を打掛け、午後九時頃迄の難戦賊終に去る。官軍堺原に攻入る。賊民家に火を放ちて去る。其夜は全軍広野に散布の儘厳重に守備し、輜重病院に至る迄野営し賊之襲来を戒しむ。第四大隊は北山通り川久保之賊を追撃し川上に至り、午后第四時堺原に着す。翌廿八日午前第七時賊の為総代木原隆忠白旗を携へ軍門に至り歎願書を差出す。参謀渡辺少佐、伝令東郷大尉出会応接候処、願書恭順之体無之不都合之文面に付願書差戻候処、隆忠頻りに止戦を乞ふ。因て午後第三時迄に謝罪帖を持参すへしと隆忠を差戻し、附属従者を取押へ置く。午後第二時過賊之巨魁副島謙助幷に木原隆忠猶又た歎願書持参軍門に来る。因て応接書面を閲するに更に恭順の体無之不都合に付、謙助を差戻し今日中に謝罪の実功を不挙れは直に王師を可差向と木原隆忠を擒にして益諸隊を励まし、賊の虚実を探る為め間諜を佐賀に入る。其夜副島謙助より封書差越、何分官軍に抗するの文字本意に背を以て、筑前大久保内務卿の陣営に至り歎願可仕間明日中猶予之義願出候に付、大久保卿の陣営に到之趣意無之謝罪之外は難致採用に付、明日午前第十時迄に実行挙されば則皇師可差向相答置諸隊佐賀進入之手筈を議し、本日に至り何等之報無之に付、午前第十時過全軍を本道幷に蓮の池口より分遣進入、終に佐賀城に入る。海軍兵長崎より進入本日朝入城。互に出会賊徒若干捕縛すと雖とも多分逃去す。内務卿始め佐賀県之官員続て入県し専ら賊の処在探偵中に候。概略右御届申候也。

明治七年三月二日

陸軍少佐　渡辺　央

陸軍少将　野津鎮雄

陸軍大輔　西郷従道殿

逐而時に不取敢御届は出張内務省へ付托御届申上置候。

官軍死傷別紙之通り。幷に入城之上捕縛之賊徒等申口に、賊連日の戦争に死傷二百五十四名ありしと言。此段も為念申上候也。

大坂鎮台え報知書も仝文なり。

〔註〕欄外に「官軍も死傷は別に員数已而相記し御覧にいれ申候」とあり。

③　再度の嘆願書　副島義高・木原隆忠　明治(7)年3月28日

再度の歎願書

当今の御政体にては皇国内患外患相起り皇国治り候場合に相成間敷、憂国憂民の至り建言建白不少、同志相かたらい及会議に候。一応二応の御諭も無之突然鎮台兵城中に御操込相成御打払の御手配に付、不得止戦争に及候。城中の士決死罷在候処、今般島津従二位卿御鎮撫の命を被為蒙、早速和田、中山両人昨日大久保内務卿え談相成居候に付戦相止候。右は不得止儀と存卻り罷在候得共、奉触朝廷の御嫌疑候亙り今更奉恐入候。此段申上候。

第三月廿八日

副島謙助
木原義四郎其外

〔註〕全文赤字。

④ 東伏見征討総督宮随従官員　明治(7)年(3)月

東伏見征討総督宮随従官員

伊　東　海　軍　少　将
福　原　陸　軍　大　佐
高　柳　陸　軍　中　佐
滋　野　陸　軍　少　佐
百　　　海　軍権秘書官
隈　崎　　　〃　大　尉
少尉相当加茂　〃　少　秘　書

総督之宮明十二日当地出陣十四日佐賀着夫より終に熊本より御巡回之筈。
軍隊は明後十二日当地出足三潴県に泊、同十九日熊本着之筈。
永田少経理一昨日大坂より来る。
佐賀県賊徒等薩摩え脱走之評定なり。

⑤ 田代駅より出張内務省へ届　野津鎮雄〔内務省宛〕　明治（7）年2月21日

田代駅より出張内務省へ届

其表出発途中無滞本日午後第一時二十分田代駅着陣。兼て当駅には反逆党屯集之趣は昨夜より別段致注意、本日は第十大隊並第三砲隊は本道へ、第四大隊は萩原村通、今一手は平木南越にて入駅候処、賊徒等官軍の来を聞今朝逃去候て、粮米、弾薬、金子等其外種々の雑品を残し置逃去候。尤当駅は元対州藩分地にて同藩旧貫属之輩五十軒計も有之、其者共一時は賊徒之暴威に恐怖し勝味として一味之様子に候処、官軍之入駅に感服、恭順相応御用に被召仕度旨申出、因て右之者共聞糺候処何分賊徒之暴戻は兼て評判之通りに候。尤轟木駅、中原村等には未た屯集之趣に付明朝は進軍討罰可及筈に候。不取敢右之段御届仕置候。猶追々可及御報知候也。

二月廿一日　　田代駅　野津少将

内務省　御中

追而本文之趣乍御手数陸軍省幷大坂鎮台へも御通達被下度及御依頼候也。

朝日山戦争後途中より内務省へは返答御届。

⑥ 二月廿二日戦地より報告　野津鎮雄〔博多本営宛〕　明治（7）年2月22日

二月廿二日戦地より報告

厚東之一封慥に落掌せり。書面之趣承知、偖は出発之二大隊砲兵とも昨日御報知申上候通進軍既に朝日山に向ひ、屯集の賊徒進撃官軍大勝利、賊敗走す。味方少々手疵を負たり。賊徒等民家に放火し退去せり。猶只今会議最中、従是中原村へ進撃の筈なり。初戦大勝利兵士鋭気凛々、勢不可制之次第御安心可被下候。烟中急き乱毫御推覧。愉快御同慶可被下候也。

二月廿二日午前十時　　　野津少将

博多本営　御中

内務省へも宜何れ追々御届可申候也。

中原駅より内務省へ届の写

⑦ 二月廿二日戦地再報告　野津鎮雄　明治(7)年2月22日

二月二日〔廿二日〕　戦地再報告

今朝粗御届仕置候処本日午前六時田代駅出発。兵を三手に分第四大隊砲兵は本道より、第十大隊之内三小隊は山浦村を越、今三小隊は宮村通より、何も朝日山へ向ひ進撃。賊要路に砲に砲台を築き野戦砲を備、官軍三手より発砲頻に砲撃、歩兵は数隊を以進撃朝日山之賊を追撃し我兵大勝利、賊敗走。味方薄手あり。初戦に勝利を得兵士等鋭気凛々凡一時半計之時間戦争に御座候。夫より午食を喫し軍議最中之処へ、我哨兵賊を見懸け砲撃し、賊終に中原村之本陣へ奔る。依て追進撃し中原村本陣に四、五百人屯集之処、終に乗取賊敗走。前後両度之勝利、後戦は凡三時余り。尤第四大隊之二番小隊、三番小隊頗る激戦にて前後之戦賊三人を打取其他手負有之。味方先以死するもの無之前後六、七人の薄手、誠に以愉快此事御座候。神崎村迄進撃し中原村に引揚候。時に熊本鎮台より営地渡しを越二中隊途中所々之戦争勝利を得終に我兵と合併。先以本日之戦争実に愉快之事に而、尚明日之軍議を決し不日奏功之筈也。此段御届申上候也。

二月廿二日午後三時半

追而　スナイトル弾薬幷四斤砲弾薬とも成丈け多分に回送有之度、其表より電信を以大坂鎮台迄御申遣し御依頼仕候。以上

⑧ 苔野村より御届　野津鎮雄　明治(7)年2月23日

苔野村より御届

今廿三日午前第七時中原村発陣。寒水村於出口賊徒広野に胸壁を構へ発砲幷深林を要し発銃。本日は第十大隊先陣にて、第四大隊は山手を要し進撃、凡四時間計の戦大苦戦にて、一応は余程心配仕候処終に追退け得勝利。味方手負戦死等者有之、賊打連候もの数十人。何分賊は連日之計策を以要路を占め候処より無余儀味方要地を失ひ、攻るに難く因て自然手負人多く是には甚困却仕候。将午後第二時迄苔野村出口広野に賊徒又々胸壁を構へ大小銃を発し、味方は本道幷左右両道に分れ進撃、薄暮比迄之戦争実に大苦戦、終に神崎村迄押寄せ候処、賊又々民家に放火し退去。賊の隊長らしきもの弐人を切殺し、両度之戦共得勝利大慶此事に候。乍去両度之戦味方戦死手負候得共遺憾之事に候。就而は弥明日より城下に可打入候処、賊徒夜襲をしかけ終夜防禦に手を尽し連日之苦戦大に疲労候に付、明日は大斥候を等之城下近傍を探偵し先休戦の筈に御坐候。賊今日之勢にては必城下に引退籠城可致と被存候。就而は緩速奏功如何と甚心配仕候。兵は熊本鎮台兵も致合併候得とも何分器械弾薬に乏敷候に付、大坂鎮台よりにても砲隊至急差出相成候様致度、

攻城に至ては旧砲兵無之ては不相叶是等之処何分電報にても本省幷大坂鎮台鳥尾少輔方迄御申遣し被下度、彼是御届申上候也。

二月廿三日

追而本日は大砲始弾薬分捕品多分に御坐候。昨日之戦に賊死傷夥敷事に御坐候。

連日之戦争兵隊余程致疲労候に付、御地残置候第四大隊之軍隊を早々当所へ御差出し被下度、分けて此段申遣候也。

熊本鎮台之兵は昨日之合戦に疲れ本日は休戦仕候。佐賀県之正義徒前山精一郎引率の者とも先日来熊本兵へ合併、昨夜より当隊へ合併大に発尋之都合、此段為念申遣候。已上

〔註〕国立公文書館所蔵「佐賀征討始末」に、「野津少将戦地報告幷長崎県より県下形勢上申」として同様の史料あり。ただし、追而以下の文が異なる。

⑨ 苔野村より再届　野津鎮雄　明治(7)年2月25日

苔野村より再届

本日午前六時歩兵三小隊、砲兵一分隊出発神崎村迄進軍、同処に兵備を要し哨兵を厳にし斥候を姉村迄差出候処、賊之斥候に出会味方斥候隊より両三発打懸け候処、不支して引退く。賊原之町に百人余屯集之趣に候得共、官軍苔野へ本営を構へ候故兵糧運輸之都合も有之而、本日は先前顕之兵を神崎へ滞陣為致、当賊之挙動を見て進軍之筈に候。残諸隊は苔野に滞陣今朝進軍之途中賊隊長朝倉源蔵之密使を生捕り及糺問候処、賊徒等多分は佐賀城下に引退き、弘道館に五百人計、

城内に五百人計入込、其外百人計北山辺に屯集軍議最中にて、明日は惣軍惣押に仕掛来候趣。因て唾して相待一戦に踏倒し可申、尤神崎より先手道の橋は尽く切落し是には甚困却仕候。偖神崎にて探偵候処、一昨日の戦争賊勢多分之死傷、賊之隊長鍋島市之允〔ママ〕を打倒し、是には余程畏縮之趣土人之言に候。右御届仕候也。

二月廿五日

〔註〕国立公文書館所蔵「佐賀征討日誌」中に、同様の史料あり。

⑩　三瀬御戦地略報　小笠原義従〔山田顕義宛〕　明治（7）年2月27日

三瀬御戦地略報

午前四時四十五分戦争相始め、五時十分久保山越之賊徒終に散乱、壱人生捕二人打取。当隊伍長壱人即死兵卒壱人手負其他残し置候処少々有之、尚取調可申上候得とも不取敢及御報知候也。

二月廿七日　　小笠原大尉

山田少将殿

〔註〕「小笠原大尉　戦況に関する戦地略報（ほ命）」（JACAR〈アジア歴史資料センター〉Ref.C10072003200、明治7年2月乃至3月　軍事日記　陸軍第1局　第1〈防衛省防衛研究所〉）という同様の史料あり。

⑪ 三瀬御戦報告　月形潔〔山田顕義宛〕明治(7)年2月26日

三瀬御戦報告

今朝本道より大庭へ一小隊、杉山枀半小隊進撃。三瀬峠の半腹より少し上にて味方より放銃して、賊之戦を挑むと雖も敢不応、更に臼砲二発を放つ。彼漸にして之に応し銃戦端を開き今に輙々たり。味方は往路に伏せ発銃、故に甚危難。越知彦四郎取牽之一小隊、杉山半小隊は水無口より進撃、未た三瀬口に着するや否を不弁。村上義金一小隊昨夜石釜口を越候処、何谷とか申処に胸壁を構へ発銃、終に行路を被絶更に石釜迄引退き同所を防守罷在候由。是は未た不得確報実否難期候。尚唯今取調中に御坐候。併三瀬口迄は迚も進撃は致居申間敷候。幾島隊も半隊丈け本道の応援に差遣し、金武に残し置半小隊は金武峠より操込候趣相達候。三木と小野と共に本道を進み候条唯今三木丈けは金武へ罷帰り候様申置候。委細之義は後刻罷帰可及御報知候也。

二月廿六日　　　　　　　　　　　　　　　　月形潔

山田少将殿

追而越知隊も只今三瀬口へ着陣候由。

〔註〕国立公文書館所蔵「佐賀征討日誌」にあり。

⑫ 山田少将へ御届　吉田唯一〔山田顕義宛〕明治(7)年2月22日

福岡県貫属隊監督心得吉田唯一より山田少将へ届け。

払暁四つ因村着小休為致、三の瀬口三小隊坂道口へ半小隊及示談候得とも中々議論喋々困り入申候。汲場金武之間峠へ小銃〔アキ〕築造等之義及示談候得共、是又決議に不到候得とも、此儀は唯一守所を以取計候心得に御坐候。尚諸口無異之様子に相聞候。猶巨細之趣は後刻可申上候。

二月廿二日

⑬ **廿七日戦地報告　野津鎮雄　明治(7)年2月27日**

廿七日戦地報告

今廿七日午前六時苔野出発。十一大隊、砲隊とも本道姉村より戦争、第四大隊は山手を川久保川上に進入、第十大隊左より蓮池に進入。賊敗走数人を打倒味方死傷若干あり。賊は不可及大人数終に塚原を乗取、今日之戦朝八時半より終に同夜九時比迄打続き難戦に御坐候。連日之戦争官軍一度も敗を不取大慶此事に御坐候。兵士も益鋭気凛々不日功を奏し可申候也。

二月廿七日

野津少将

〔註〕「野津少将　苔野出発後27日の戦地報告」（JACAR〈アジア歴史資料センター〉Ref. C10072008900、明治7年2月乃至3月　軍事日記　陸軍第1局　第1〈防衛省防衛研究所〉）という同様の史料あり。

⑭ **廿八日戦地報告　野津鎮雄　明治(7)年2月28日**

廿八日戦地報告

今廿八日午前八時進軍之会議開申候。賊方より木原隆忠為惣代白旗を携軍門に来り、止戦之願書差出候付、参謀渡辺少佐、伝令使東郷大尉等応接に及候処、歎願書中不都合之廉有之候に付願之次第不致採用、木原を賊方へ差返し猶願書認置候。謝罪するに於ては採用も致し申付候処、午後第三時迄猶預願出候に付木原に随従之者共捕置、午後二時二十分に到り巨魁副島謙介、木原隆忠同道にて軍門に来り願書差出候処、矢張り文意に恭順之躰無之に付採用不致候処、猶又猶預願出候付今日中に謝罪状可差出申聞候処、夜に入り謙介より書面を以何分官軍に抗し候義にては無之に付心以前大久保卿之陣営に罷出歎願仕候間、明日中猶歎願出候に付別段大久保卿之本営に罷出候趣意無之今日に到り、謝罪軍門之外難致採用依之、明日午前十時迄に謝罪状不差出候ては王師可差向と申答置、諸隊にも手配申付哨兵を厳重にし相待居候也。

二月廿八日

野津少将

〔註〕「野津少将　賊方からの停戦の願書提出に伴う処置等に関する報告」（JACAR〈アジア歴史資料センター〉Ref.C10072009300、明治7年2月乃至3月　軍事日記　陸軍第1局第1〈防衛省防衛研究所〉）という同様の史料あり。

⑮　佐賀入城之上内務省へ届　野津鎮雄〔内務省宛〕　明治(7)年2月28日

佐賀入城之上内務省へ届

唯今無故佐賀城に着。途中共先平穏別に御気遣之筋も無之様相考候間、早々御入県可然存候也。

二月八日〔ママ〕

追而海軍兵昨夜着今朝入城相成。賊徒大方逃去、重立候もの三、四名捕縛申候。佐賀県官吏も早々入県候様御取計願上候也。

⑯ 官軍死傷之員数　明治(7)年

官軍死傷之員数

佐賀県賊徒征討官軍死傷人員

第二月十六日於佐賀城十一大隊左半大隊之内

計　拾壱人　内死三人

仝　十八日佐賀城突出之節以下同断

計　百六十人　内死六十壱人

生死不分明之者九十九人

仝　廿二日朝日山攻撃之節第四大隊之内

計　拾六人　手負

同所　第十大隊之内

計　六人　手負

仝日於江見六田村戦争第十一大隊

計　三十九人　内死十四人　残り手負

同断　第十九大隊之内一小隊之内

計　弐人　手負

同廿二日於寒水苔野戦争第四大隊之内

計　三十人　内死七人　残り手負

同断　第十大隊之内

計　二十二人　内死六人　残り手負

同断　第三砲隊之内

死壱人

同断　第十一大隊之内

計　弐人　手負

同廿七日於境原戦争第四大隊之内

計　弐人　手負

同断　第十大隊之内

計　弐十八人　内死三人　手負廿五人

同断　第十一大隊之内

計　十四人　内死弐人　残り手負

同断　第十九大隊之内

計　八人　内死弐人　残り手負

合計

第四大隊　四十八人　内死七人

第　十　大隊　五十六　人　内死　九　人
第十一　大隊　二百廿五人　内死　八十人　生死不分明　九十九人
第十九一小隊　拾　人　内死　弐　人
第　三　砲隊　死　壱　人
惣　計　三百四十人　内死九十九人

⑰ 電信之訳　三上豊昌〔児玉源太郎宛〕明治（7）年3月9日

電信之訳
去る七日之夜於鹿児島県に賊島弾右衛門、副島謙助、重松友右衛門、村田其外七名捕縛之由大山権令より内務省迄届出たるよし。
江藤は未た捕縛不相成、孰れ不日之報知□□〔カスレ〕居申候。
右及御報知候也。

三月九日
十二口第十二時
三上豊昌

大尉　児玉源太郎様　至急

⑱ 書簡　晋〔児玉源太郎宛〕明治（7）年4月25日

呈　児玉老兄　坐下　第四月廿五日　晋　拝

逐々御順快之由欣然不斜拝賀々々。定而頃日は御着阪被存申候。就而は御途中且つ船中は別而万事に御不自由不尠と恐縮奉想像候。当地両隊二に迂生等も無事茫然消日皆々帰台之時を相待のみ。乍慮外少も御係念被下間敷候。厚東少佐も着熊当分は少々病気に候得共、此節に到りては全快平常之通り、将又過日藤田氏え相托し得貴意候密書之件其後余日なく御発表相成、十九大隊山田少佐以下、第三砲隊山崎大尉以下不残該地え出張被命去る十八日出港、伊沢も漸く全癒にて従軍出張致申候。当台よりは谷少将、佐久間中佐、奥七等出仕、其他武庫、会計一両人程付属出張に候。大村、伊沢よりは別而よろしく暇乞致呉候との事に御坐候。林大尉も此節出務相成候よし。中村中佐も無事毎度打寄り御噂致居候。実に当地は兼而山田、林等より文通有之候通りへちゃ〳〵、迚も第等之筆紙には情実不相叶万事は永田少主理一昨日此地出立帰台致候間、同人より万々御聞取是祷候。して又佐賀県賊魁も逐々御処刑相成候。其已来山田平蔵も捕縛相成去る十六日斬罪被申付候。佐賀県出張之司法者は昨今同所引払此節当地え転移に候。

福岡より御送り被下候写真慥に収掌仕候。当方よりは別紙三枚呈貴覧候。右は御見舞旁呈寸楮候。余は何も不日帰坂之節御面晰しと万申洩候。猶其内共御加療御大切と奉懇望候。乍筆末御貴家内様えよろしく御一声可相成下候。草々不具謹言

再伸　幾回も天時御自重御加療之程奉希候。して千万御臥床中乍慮外自然諸君に御面会之節は不悪御一声奉願上候。以上

【註】明治7年2月15日江藤新平らの佐賀の乱が勃発、同月23日大阪鎮台第10大隊は先鋒と

して戦場の寒水村に進撃、同大隊第4中隊に所属していた児下大尉も戦場にいた。しかし、敵の銃撃を受けて負傷してしまい、福岡病院に収容されたのち、4月には大阪に移って療養することになった。したがって、この史料群は後年に集めたものと思われる。なお、佐賀の乱については、黒竜会編『西南記伝』(黒竜会本部、明治42～44年)、国立公文書館所蔵「佐賀征討日誌」「佐賀征討始末」などの史料がある。

本史料群は、それぞれ異なる用紙に書かれた書類が紙縒綴じされたもので、原史料と思われる。配列順は綴じられたままとしたが、⑱のみは紙縒からはずれていたので、最後に配列した。

敬神党の乱に関する諸書類写綴

①　十月二四日の景況　児玉源太郎　明治(9)年(10)月(24)日

十月廿四日午后十時比、安岡県令県下士族の不穏を聞き小関参事、一等警部某等を招き談合中賊抜刀乱入、一等警部即死、安岡県令、小関参事重傷を負せ、宅に火を放て去。

同種田少将の宅に忍入及殺害幷同家婦人二人（下婢）即死、家内幷馬丁に傷を負せたり。該時同人妻の兄今村明尊東京より帰途三、四日より滞留。明尊幷従者大筑□〔アキ〕と賊を逐て門外に至り、□〔アキ〕於其地即死。□〔アキ〕は巡査の屯営に至て医を乞へ共不応と。其途端に源太郎少将の宅に至れは既に首を奪て去る。

同高嶋中佐の生籬を破り乱入、同人直に前庭に遁れんと欲せ共不能体にて前庭池辺に斃、賊首を奪ひ婦人二人を屋内に斬殺し、火鉢を席上に投して去る。

与倉中佐寓所も亦然り。同人重創を蒙遂に遁れて兵営に至る。軍旗も奪たれ営内に於て取返す。

同日同時歩兵営第二大隊の賄処幷に裏門砲兵営表裏の両門より抜刀乱入放火し、営内を横行斬殺して去る。歩兵営第二大隊の第二、第三、第四中隊の兵室、賄処（右軍大隊の図聯隊彼処）、砲兵営兵舎二棟、器械庫一棟悉く焼失す。営外の止宿諸官員参営の者は各要所に待受て斬殺す。大嶋中佐、重友軍吏副、豊田大尉、小野少尉、田原軍吏試補、堤軍医副。

② 非常に付施行幷に文移之概略　児玉源太郎〔山県有朋宛〕明治9年10月25日

非常に付施行幷に文移之概略

十〔ママ〕一月廿五日十一等出仕。川崎良澄を久留米に遣り、暴動を東京、大坂、広嶋、小倉、福岡、長崎に電報す。尚飛信を以て陸軍卿に報告す。

本〔ママ〕日午後第十時卅分頃台賊徒蜂起、少将種田政明已下数名を暗殺し、歩、砲両営幷に安岡県令の寓居等放火に相及ひ、遂に戦端を開き死傷数十名有之、如此形勢に付地方官と協議速に鎮圧臨機の処分に可及候条、不取敢上申仕候。尚高嶋中佐病気に付拙官代理仕候間、此段併せて御届申候也。

明治九年十月廿五日　陸軍少佐　児玉源太郎

陸軍卿　山県有朋殿

③ 児玉源太郎司令長官代理任命の達　熊本鎮台〔各隊・各部宛〕明治9年10月25日

司令長官、参謀長代理等害を被り、人心詢に号令一ならす。於是自から軍務を惣轄し与倉中佐を諸兵の惣指揮官となし、徳久大尉、塩屋大尉之か副官となす。又伝令使以下の諸官を附、幷左の命令を下さす。

陸軍少将種田政明病気に付陸軍少佐児玉源太郎代理候条、此旨相達候事。

明治九年十月廿五日　　熊本鎮台

各隊、各部

④　**与倉知実諸兵指揮官任命の達　熊本鎮台〔各隊・各部宛〕明治9年10月25日**

陸軍中佐　与倉知実

暴動之賊徒為鎮圧諸兵指揮官意得候間此旨相達候事。

明治九年十月廿五日　　熊本鎮台

各隊、各部

⑤　**要地扼守の達　児玉源太郎〔乃木希典宛〕明治(9)年(10)月(25)日**

而して小倉、福岡両営所に警備を移牒す。

台下賊徒蜂起不容易形勢其地も必す同様と存候間、要地を扼守し尚地方官と協議之上臨機の処分に及ひ速に鎮定候様可取計、此旨相達候事。

司令長官代理　児玉少佐

乃木少佐殿

逐而吉松少佐へ本文之趣相達候事。

吉松少佐へ同文

⑥ 非職将校出仕の報告　熊本鎮台　明治9年10月25・26日

本台之人員一時に減少して困却の際、非職の将校二名検閲を受くる為出台中、本日の変を聞き直に出台す。依に左の如く本台出仕を命したり。

陸軍少尉　吉村元善

陸軍少尉　田川忠順

当分本台出仕可致候事。

明治九年十月廿五日

熊本鎮台

但出仕中全俸支給致候旨本省届。

非職士官本台出仕申付候義に付申進。

陸軍少尉　吉村元善

陸軍少尉　田川忠順

右非職在邑に候処検閲使来台に付出台為致置候折柄、今般賊徒暴動事件に際し人少に依り不取敢本台出仕。田川少尉は幕僚へ吉村少尉は会計部へ分課申付候。此段御届申進候也。

熊本鎮台司令長官代理

明治九年十月廿六日
陸軍少佐　児玉源太郎
陸軍卿　山県有朋殿
追而本台出仕申付候。就而は全俸支給致置候此段も申添候也。

⑦　雑役司令官任命の達　熊本鎮台〔会計部宛〕　明治9年10月25日

傷者一時に輻輳、看病人卒の力不足を以て徒刑人を以て其用に充つ。
徒刑人之内破廉恥甚しき者を除く之外雑役隊と号し、陸軍少尉吉村元善を以て雑役司令官とし、其部へ付属申付候条、此旨為心得相達候事。
明治九年十月廿五日
熊本鎮台
会計部
但等減本省付
〔註〕欄外に「陸軍省へ上申の事」とあり。

⑧　長崎砲台兵引揚げのため伝令派遣の件　児玉源太郎　明治(9)年(10)月(25)日

今回の暴動に於て砲兵の死傷尤も夥し。再攻撃を始むる当て僅に一小隊のみ故、長崎砲台に礼砲施行に要する人員を残し全引揚本隊に合併せしむへきため、十四等出仕糸賀帀次郎を遣り令を伝へしむ。該県令開港場の警備薄弱なるを以て再議を乞ひ、帀次郎を遣帰す。

⑨　小倉・大阪の兵の移動について上申　児玉源太郎〔山県有朋宛〕　明治9年10月25日

目下の景況を陸軍卿に報告し、而して管下鎮圧の部署を定むるため、藤田少尉を小倉、大坂、東京に遣る。其部署左の如し。

〔註〕欄外に「除」とあり。

未た熊本賊徒を多寡又其何者たるを詳にせす。且隣邦波及の恐あるを以て、時宜により小倉の一大隊を久留米に移し、大坂より一大隊を要し小倉に置き、首尾相ひ応せしむの目算を示す。而して大坂に至り電報を以て陸軍卿に乞わしむ。報告状左之如し。

十月廿四日午后第十二時賊徒百有余名営内突入。事甚急に出て頗る困難を極めたり。其前十一時安岡県令の耳に入り、小関参事及ひ警部とも集議中俄然安岡の寓居に襲撃、直に逃去、同時に種田、高嶋死亡、与倉疾を受く。砲兵営舎二棟、歩兵三舎、聯隊役所焼失、傷者凡三分之一死者之に次く。小倉、福岡え電報、小倉兵一大隊、久留米柳川の間に引寄せ度、其時大坂鎮台歩兵一大隊を小倉に要し度、此先き他県に関係の有無未詳、賊徒近在潜伏捕縛数十名。此儀に付源太郎上京可仕の処台下景況見留付不申候条、与倉中佐と相議し警備防禦の方法相設置候。依て不取敢藤田少尉上京附口頭候。此段急報上申仕候也。

熊本鎮台司令長官代理

陸軍少佐　児玉源太郎

明治九年十月廿五日

陸軍卿　山県有朋殿

〔註〕欄外に「入」とあり。

⑩ 防禦線・病院等に関する方針　児玉源太郎　明治(9)年(10)月(25)日

諸将校と相議し城内外の防禦線を画定し哨兵線内の通行を絶つ。

軍人、常人、男女の別なく、傷痍を受くる者は悉く於病院治療せしむ。

軍人軍属死没の者は悉く軍官に於て埋葬し、其常人は親族の願に依県庁に引渡し然る後親族に引渡す事を決定す。

県庁と協議し捕獲の方略を尽す。

⑪ 県庁よりの攻撃の要請　児玉源太郎　明治(9)年(10)月(25)日

廿五日午後残賊金峰山に屯集するに付県庁より攻撃乞ふ。兵備充実せさるを以て応せす。

陣内火薬庫の火薬を悉く城内に運搬せしむ。

⑫ 賊徒攻撃につき心得の布告　児玉源太郎〔会計官・武庫主管宛〕　明治(9)年10月25日

廿六日早天より金峰山の近傍賊徒攻撃の部署を定む。

十月廿六日進撃に付会計官の心得

廿五日の布告

一、将校、下士、兵卒幷に先導巡査とも兵糧兼弾薬袋、鞋、弁当取揃、本台門内広闊之地え相揃明朝出発之節可相渡事。

但歩、砲兵、巡査、軍医、看病卒共惣計三百二十五人。

一、混和水を製し出足之節各自貯蔵すべし。但砲兵三十二名、軍医壱名、看病卒二名、巡査三名総て三十八個は水筒共可相渡、尤為予備凡拾箇同処へ可持出事。

一、砲兵隊馬壱匹に付麦四斛同時可相渡事。

但馬数拾五頭。

一、赤旗〔横一尺五寸、縦壱尺〕〔図略〕之分弐拾九旒可相製事。

但歩兵隊へ弐拾三旒、砲兵隊へ六旒相渡候筈。

同武庫主管の心得　同廿五日の布告

一、歩兵隊壱人に付弾薬百五十発、二百七十六人分合計四万千四百発、台門内広闊の地に於て明朝出足之節可相渡事。

一、歩兵隊壱人に付五十発、二百七十六人分総計壱万三千八百発、砲兵隊に托し輸送可致事。

一、歩兵隊へはスナヒトル銃可相渡事。

一、砲兵隊は臼砲二門、山砲一門幷にスヘンセル銃携帯之事。

一、臼砲壱門に付弾薬五拾発総計百発、山砲壱門に付同九拾発、スベンセル銃壱人分同八拾、二十九人分則二千三百二拾発支給すべし。

一、将校へヒストール壱挺宛、歩兵一中隊へ両眼鏡四筒、歩兵隊へ同三個可相渡事。

同服装幷携帯品

一、将校、下士以下背嚢附着に不及事。
一、兵糧弾薬袋を渡す。
一、鞋を着するは勝手たるべし。
一、外套は背負に不及事。
一、一中隊へ両眼鏡四個相渡。
一、将校幷曹長へヒストール一挺宛相渡。
一、水筒に混和水を入れ与ふべし。

十月廿六日会計官の心得　廿五日布告

一、台内幷に砲兵隊の賄は当分糧食課に於て担当候儀と決定候に付、方法取調之事。
一、囚徒人を囚獄に帰還し、徒人は更に於会計役使すへき事。
一、将校已下の官軍の死骸は悉皆花岡山へ埋葬之件、於其部可取計事。
但医官点検之上姓名簿と取調可取計、尤も惣員数は逐而可相達事。
一、対敵中諸将校幷に従僕、傷者に至る迄現賄下賜候事。
一、傷者の食料は尤も丁寧を尽すべし。

同武庫主管の心得　同

一、各隊へ支給せるスナイドル銃幷に弾薬は悉主管に於て貯蔵し臨時之用に供すへき事。
一、歩、砲兵負傷兵之銃器幷に破損之銃器等悉く速に修繕に着手せし可き事。

一、臼砲弾薬百発、山砲弾薬百発と銃ヱンヒール弾薬五万発、スタール銃弾五千発、何時も輸送之準備をなし置く可し。
一、陣内火薬庫残余の弾薬、火薬城中に輸送すへき事。
一、各隊弾薬貯蔵員数取調報告すべし。
一、本日之進撃之将校へ貸渡のヒストールを除く之外諸官員へ貸渡之分悉皆引揚、其主管に於て貯蔵すべし。
一、砲兵隊より野砲其他の砲を返納するときは又主管に於て貯蔵すべし。
一、スヘンセル銃現在の高取調報告すべし。
砲、歩両兵非常の欠員を生したるに付、犯者を放つて戦列に加へたり。

⑬ 已未決囚兵士採用の達　熊本鎮台〔裁判官宛〕　明治9年10月25・28日

昨廿四日賊徒暴動に付砲、歩兵卒一時散乱大ゐに減少したり。依之別紙犯罪已未決之者共放免戦列に可加候間、愈憤励可奏実効候様可申達候事。

明治九年十月廿五日

熊本鎮台

裁判官

〔別紙〕

歩兵第十三聯隊第三大隊第三中隊生兵

窃盗罪に依り九月廿五日錮三十五日に処分す。
緒方浅吉
同　第一中隊伍長
松尾用次郎
屢脱営する罪に依り十月五日錮二十八日に処分す。
砲兵第六大隊第一小隊生兵
大津仙吉
擅に帰郷する罪に依り十月五日笞三十錮二十八日に処分す。
歩兵第十三聯隊第三大隊第四中隊二等卒
首藤金平
擅に帰郷する罪に依り十月五日杖三十錮二十八日に処分す。
同　第一大隊第二中隊二等兵卒
福田勝次
同　第二大隊第一中隊二等兵卒
上田太郎八
同罪に依り十月二十日同処分す。
同　大隊第二中隊二等卒
同　上

森岡儀徳
砲兵第六大隊第一小隊喇叭卒
大石初太郎
窃盗罪に依り十月二十日錮四十二日に処分す。
以上八名已決。
砲兵第六大隊第一小隊付
陸軍二曹　岡本鋭之助
日曜日遊歩帰途泥酔、牛の己に触れんとするを怒り抜剣牛夫を逐ひ歩兵営に入る罪に依り留置中。
仝隊
陸軍曹長　大村一二
営内諸務の定則を犯し且つ上官に申す可くして申せさる罪に依り該隊より処分伺中。
別紙之通裁判官え相達候間此旨可相心得候事。
明治九年十月廿五日
熊本鎮台
会計部
過る廿四日夜賊徒歩、砲両兵営に襲入暴動之際、各隊下士兵卒死傷は勿論、一時潜匿のもの少なからす。従て警備の枝隊哨兵を増加し戦列に加る者僅に惣員の四分の一に過きす。依て勢止を得す別紙犯罪已未決の者共を放免該隊に復し各其職に就かしめ候付、此段申進候也。

十月廿八日

児玉少佐

陸軍卿

人名略之。

⑭ 県庁より護衛兵派遣の依頼　桑原戒平〔熊本鎮台宛〕明治9年10月25日

熊本県庁より護衛兵を乞ふ。

昨夜の変事にて当県令参事疵を受、此上県庁へ乱入も難計候条、護衛兵至急御繰出し相成度此段及御依頼候也。

県令代理

九年十月廿五日

熊本県壱等大佐

兼壱等判事　桑原戒平

熊本鎮台　御中

⑮ 弾薬・雷管製造の伺　北川柳造〔児玉源太郎宛〕明治9年10月25日

予備其他所在の銃器を支給する共難支、依而左之物品を製造す。

一、弾薬盆　百五拾組

一、電管盆　百五十個

右は昨夜変動之際多分の焼失等有之、目今諸兵携帯現然差支候に付、前書之通新規製造致度此段至急相伺候也。

九年十月廿五日

監護　北川柳造

陸軍少佐　児玉源太郎殿

指令　伺之通

但陸軍省へ伺砲兵支廠より入費請取すへく筈、且長崎に於て火薬の件あり。

⑯　従者を軍属に遇する布告　児玉源太郎〔各隊・各部宛〕　明治9年10月26日

十月廿六日布告

陸軍諸官員之従者は軍属の一部たるを以て、平時と雖も巡邏行軍之際は軍属を以て遇する成規に候得は、非常の際は勿論軍属にて取扱ひ候条、各従者に陸軍々属の徽章相付可申此旨相達候事。

明治九年十月廿六日

陸軍少佐　児玉源太郎

各隊

各部

⑰　電信開通の件　児玉源太郎　明治(9)年(10)月(26)日

於電信局予備之器械を仕掛け官報のみを通信す。該時安川工部少丞当地にあり。電信初め開く。

⑱ 秋月の乱に関する電報　児玉源太郎〔吉松秀枝・津下弘宛〕明治(9)年10月26日

秋月の賊動揺之報あり。直に小倉、福岡に出兵を命す。電信左之如し。

当地先鎮静、福岡県へ照会。秋月早く鎮圧すべし。

十月廿六日午後第五時

児玉少佐

吉松少佐へ

大迫大尉唯今帰る。秋月、豊津鎮圧之策を定むべし。希典未た立たされは其地にて指揮すべし。

同時

児玉少佐

津下少佐へ

⑲ 秋月の乱に関する電報　乃木希典〔児玉源太郎宛〕明治(9)年10月26日

先是乃木少佐より左の電報あり。

藤田少尉未た来ぬ。大迫帰りたるか。秋月、豊津も既に模様あらわれたり。希典福岡を経て久留米、柳川辺へ行つもり。已来名前書て電信よこせ。兵隊は未たうごかさす。

十月廿六日午後八時発す。

福岡吉松少佐よりも同様之報知あり。

⑳ 秋月士族暴発の電報　明治(9)年(10)月(27)日

午後三時四十分久留米発之電報
　秋月士族暴発、巡査を殺す。
是に至て再ひ通信絶す。

管下各県へ暴動の所為を移牒す。

㉑ 管下各県に対し暴走の所為の移牒　児玉源太郎〔小原正朝・渡辺清・小嶋秀朝・大山綱良宛〕明治9年10月26日

一昨廿四日夜当県士族之内許多党与を結ひ時期を約し、司令長官陸軍少将種田政明、幕僚参謀陸軍中佐高嶋茂徳之僑居に忍入遂に両官を殺害に及ひ、且県令安岡良亮の寓宅に放火し同人並参事小関敬直に重傷を負はせ、翻て砲、歩両営に抜刀乱入兵舎に火を放つ等の挙動に到る。依て速に方略を尽し巨賊の党類射殺、捕縛せしめ、略及鎮圧候。就而は隣県等自今波及之恐不少候条猶ほ注意、御県下の情況等至急御通報有之度此段御報知旁及御掛合候也。

　　九年十月廿六日
　　　　　　　　　　熊本鎮台司令長官代理
　　　　　　　　　　　陸軍少佐　児玉源太郎
大分県参事　小原正朝殿

福岡　県令　渡辺　清殿
長崎　県令　小嶋秀朝殿
鹿児島県令　大山綱良殿

逐而拙官熊本鎮台司令長官代理候条、此旨申添候也。

㉒　糧米貯蔵の達　児玉源太郎〔会計部宛〕　明治9年10月27日

十月廿七日

賊徒散乱踪跡を得且隣邦波及有之に付糧米、蕎麦を貯蔵せしむ。

今般の非常に付本台各部及ひ各隊定員の人馬幷に仕役の人夫等之実数に応し、粮米、蕎麦其他需用之物品凡そ三十日間を差支ゆるの目途を以て、至急買弁貯蔵の手配可致、此旨相達候事。

明治九年十月廿七日　陸軍少佐　児玉源太郎

会計部

〔註〕欄外に「残余之糧米百石　梅干現在高　薪同貯蔵の義　陸軍省伺」とあり。

㉓　酒肴下賜の達　熊本鎮台〔会計部宛〕　明治9年10月27日

引続勤務勉励に付為慰労酒肴下賜候事。

十月廿七日　熊本鎮台

一般へ

引続勤務勉励に付為慰労酒肴下賜候事。
但酒肴は各隊之分於隊に買求為致候事。
右之通相達候間此旨為心得相達候事。

同日　　熊本鎮台

会計部

各隊、各部

㉔ 秋月の乱鎮圧の達　児玉源太郎〔乃木希典・吉松秀枝宛〕　明治（9）年10月27日

廿七日早天伍長谷村計介小倉に帰し左の命令を伝へたり。
福岡県下豊津幷秋月之士族等蜂起の徴相顕候旨電報之趣相達、右は時機に応し該県へ協議之上鎮圧可致此旨相達候事。

十月廿七日　　陸軍少佐　児玉源太郎

陸軍少佐　乃木希典殿

陸軍少佐　吉松秀枝殿

久留米より左之電報を伝へしむ。

アキツキトヨツチンアツノサクヲタツベシ

乃木少佐　　児玉少佐

フクオカケンヱカケアイアキチンアツスベシ
吉松少佐　　児玉少佐

㉕　銃・弾薬返納の命令　熊本鎮台〔歩兵第一三聯隊・工兵第六番隊宛〕明治（9）年10月27日

台下諸隊演習用のスナヒトル銃幷弾薬を返納せしめたり。
其隊貸渡候スナヒトル銃幷弾薬共至急返納可致候事。
十月廿七日　　熊本鎮台
歩兵　第十三聯隊
工兵　第六番隊

㉖　久留米出兵の命令　熊本鎮台〔歩兵第一三聯隊宛〕明治9年10月27日

久留米、柳川の方面に充つへくため二部隊出兵を命す。
其隊之内二中隊筑前地方為鎮圧久留米迄出征申付候事。
明治九年十月廿七日　　熊本鎮台
歩兵　第十三聯隊

久留米より各地方より之通報を取行ふ為め福頼中尉を該地へ出張せしめたり。砂川伍長之に附属す。

〔註〕福頼義臣。

㉗ 埋葬の件　明治(9)年(10)月27日

明廿八日、死者の遺体本日埋葬すへきの所、各官落着せす、遂に城内へ仮埋葬に一決す。

㉘ 蒸気船出帆差し止めの申進　熊本鎮台〔熊本県宛〕明治(9)年10月27日

本日より蒸気船の出帆を止め、今朝乃茂丸着船の趣に付出帆の義は御差留置相成度、此段申進候也。

十月廿七日　　熊本鎮台

熊本県

㉙ 鹿児島へ探偵派出の件　明治(9)年10月28日

十月廿八日

鹿児島士分之地方探偵の為左の人員を派出す。

陸軍少尉　田川忠順

右大分県下へ。

雇監囚　有馬半次郎

右鹿児島県下へ。

近傍へ兵力を示さん為めに部隊を派出す。

㉚ 傷痍者へ慰物下賜の件　熊本鎮台　明治9年10月28日

傷痍者へ慰物を下賜す。

傷痍患者将校已上幷相当官へ

為慰撫鶏卵幷生菓子下賜候事。

明治九年十月廿八日

熊本鎮台

傷痍患者下士已下一統へ

為慰撫鶏卵下賜の事。

明治九年十月廿八日

熊本鎮台

㉛ 熊本県賊徒追討の仰出の件　山県有朋〔熊本鎮台宛〕　明治9年10月28日

賊徒追討の命あり管下に布く。

熊本県賊徒追討被仰出候旨御達に付此旨相達す。　電報

十月廿八日

山県陸軍卿

熊本鎮台

前書之通被相達候に付一層勉励速に可奏其功此段相達候事。

九年十月廿八日

熊本鎮台司令長官代理

陸軍少佐　児玉源太郎

各隊長

各局長

各営所

㉜　三角繃帯幷に兵粮配布の達　熊本鎮台〔各隊宛〕　明治9年10月28日

三角繃帯幷に兵粮嚢共一人一個宛相渡候条被服陣営課に於て可請取此旨相達也。

十月廿八日

熊本鎮台

各隊

三角繃帯幷に兵粮袋於其部調製之上砲、歩、工三隊へ可相渡此旨相達候事。

明治九年十月廿八日

本台

会計部

但し本日出征之二中隊を込め二千六十筒可相渡此旨申達候也。

但三角繃帯は病院に貯蔵、兵粮嚢は粮食課に貯蔵すべく、陸軍省届。

【註】神風連（敬神党）の乱については、黒龍会編『西南記伝』（黒龍会本部、明治42～44年）

があるが、敬神党側の記述が多く、政府側の動きはあまりない。また、アジア歴史資料センターには「明治9年　卿官房　中西国事件密事日記10月」（JACAR〈アジア歴史資料センター〉Ref.C08052374200、明治9年　卿官房　中西国事件密事日記10月〈防衛省防衛研究所〉）という神風連関係の電報写しがあり、その中には児玉が発信したものも含まれている。ただし、詳しくは調査していないが、本史料と重複はないようである。

本史料①～㉜は、すべて同じ罫紙に同じ筆跡で紙縒綴じしてあり、後日に整理し筆写したものと思われる。配列は基本的にそのままとしたが、一部入れ替えたものもある。

敬神党の乱の際の日誌　明治9年10月24日～11月1日

明治九年十月廿四日午后第十一時廿分、各甲を貫き冑を頂き刀を提け鎗を携え俄然歩砲の両営に闖入し火器を投して兵舎を焼き到る処殺傷を極め勢頗る猖獗、営中初て賊徒の侵襲なると認め周番の将校等速に防禦の策あるも、号令一ならす部伍整わす内外周章進退意の如ならす、身遂に創傷を蒙り或は煙焔の中に奮死す。然りと雖とも歩兵之に抗するに銃鎗を以てし、而して漸く一身を防護するに足る。其砲兵に於けるや曾て銃に剣を装する能わさるを以て不測の災害を取るに至る。嗚呼惜哉。是より先き賊手を数部に分ち陸軍少将種田政明、陸軍中佐高島茂徳、陸軍中佐与倉知実及ひ熊本県令安岡良亮の旅館に潜入し、種田少将、高嶋中佐を殺害し、与倉中佐及安岡県令（後ち死す）、小関参事を斬傷し、電信局に至り器械を毀ち通信を絶つ。尚変を聞き台に赴く者を途上に要扼し、闔袖に非さる者は一として迫撃せさるなく、工兵第六方面提理陸軍中佐大嶋邦秀其他数名之に死す。陸軍大尉塩屋方国等も亦創傷を受く。此時本台の当直予て示す所の非常号砲を発せんと欲すれとも、賊我山砲二門を掠め慶度坂を固守し発砲二三回、為めに本台と砲兵営との交通を絶つ。須臾にして歩砲の傷者を運搬して本台に来る。殆んと数十名以て一時雑踏す。亦本台の人員変に赴く者岡林監督、中村司契副、黒沢中尉、藤崎少尉、塩谷軍吏補等数名にして、兵士の聚る者凡そ数百人、此時に当て歩砲並に本台の将校等各兵士十余名を率ひ、或は縦横賊を衝き或は火薬庫を破摧弾薬を分配し或は諸門の警備に充つ。于時第三大隊尋常の失火にあらさるを察し、隊長小川大尉迅速整列以て非常を示し営の周囲に哨兵を配布す。偶々奥少佐等来り告る所あつて直に諸隊を部署し南阪の賊を撃つ。賊我か縦隊を砲撃す。復進て其砲を奪ひ遂に本台の門前に至り一小隊を陣内火薬庫に、一分隊を種田少将の旅館に遣る。工兵第六小隊之に尋き砲兵営の賊を攘ふ。而して奥少佐、林少佐等皆会す。与倉中佐は傷を侵して尚営に赴き部下の諸隊を指揮し忽ち営内の賊を掃攘、進んて藤崎の根拠を討たしむ。賊数名を営内に斃す。中佐復本台に入り後図を議す。先是陸軍少佐児玉源太郎宿処に在り、変を聞き思慮する所あるを以て、直に馳て種田少将及ひ高嶋中佐の宿処に至れは、少将及ひ中佐早既に殺害する所となる。偶々酒井軍吏副等医を以ひて来るに会す。然りと雖とも治術の施す可きなし。第三大隊より曽て遣る所の護衛兵も亦尋て至る。而して児玉少佐等台中弥人なきを察し護衛兵若干名を率ひ急に台に赴く。於是諸将校を会して方略を定め事務を分類し軍備を調度せしむ。于時零時三十分なり。而して飛信を本省に発し小倉、福岡に間使を送る。亦十一等出仕川崎良澄を久留米に遣り東京、大坂、広島、小倉、福岡、長崎に変故を報し並に地方の動静を探らしむ。

仝廿五日

午前第一時頃稍々鎮静に属す〔削除‥と雖とも〕∧挿入‥於是砲兵の兵閲するに（即ち第一の点呼）士卒熟睡を襲撃せらるゝを以て死傷過当殊に一時遁走の者許多、歩兵大凡七百人其砲兵は僅十余名、于時午前第三時なり。∨賊徒尚近傍処々に潜匿し或は遠く山中に遁逃し、人心恟々負担奔走彼我の伏屍途上に狼藉たり。而して兵営の火暁に徹する迄滅せす。尚其消失する営舎左の如し。

一　歩兵第十三聯隊本部
一　仝第二大隊第一第二及ひ第三中隊兵舎悉皆
一　右半大隊厩幷に賄処悉皆
一　砲兵第六大隊兵舎悉皆
一　仝賄処一棟器械庫一棟

糧食諸物を買弁し炊爨の法概旨在外条例に拠る。中村司契副等勉励事を執る。其糧食薪炭の如きは之を市井に要するも、暴乱を驚怖して其需に応する者なく〔削除‥不得止地方官と議す。幸にして第一大区三小区副戸長戸毎に精米一斗を課す。於是精米七石六斗を徴募し得て帰り以て一時支給に供するを得たり〕∧挿入‥頗る困難を窮む∨。傷者亦一時に輻輳或は院に投し或は台に運搬し死傷の惣計殆んと三百名に登る。其院にある者三浦二等軍医正、戸塚軍医等、台にある者は玉村軍医等担当、繃帯洗浄の処置をなす。且つ徒刑人を以て一時の看夫に供す。徒人頗る勉励す。而して近傍要地扼守の方法を定め哨兵を配布し巡邏を派出し、県庁協同し偵諜を出し賊の処在を探知し、防禦の界線追躡の地部を経画し或は残賊の近傍に伏匿する者を捕獲し、或は自ら屠腹するもの比々これ有り、〔削除：於是砲歩の兵を閲するに士卒熟睡を襲撃せらるゝを以て死傷過当、殊に一時遁匿の者許多〕∧挿入：午前第八時第二の点呼於て尚∨其歩兵は四分一、砲兵は二分の一を失ふ。故に不得止禁獄にある罪囚を放つて戦列に加へたり。且砲兵の力ら尤も微なり。因て長崎分遣隊の一半を班さんと欲し十四等出仕糸賀虎次郎を該地に遣る。該県令等開港場警備薄弱なるを以て再議を乞ひ虎次郎を遣帰す。尚陸軍少尉藤田景徳を東京に遣り目下の始末を本省に報し、而して鎮定の法稍備はり、依て金峰山賊徒追撃の部署を定め、地方官と議して銃砲弾薬の売買を禁し現品を検査す。

仝廿六日

歩兵二中隊に砲兵二分隊を付し陸軍少佐林隼之輔之を引率し士官若干之に従属し、暁を払ふて出発し、直に進んで有吉村を襲ふ（賊屯集の報を聞き）。賊既に遁逃し尚進んで金峰山に迫る。別に一分隊を分つて河内に北くるの残賊を追躡せしむ。既にして本軍金峰山に到れは賊又去て踪跡を見ず。是日終日各所を捜索すれとも唯十数名の草賊のみにして或は自刃し或は自訴す。然して河内に嚮ふたる一分隊は陸軍少尉鈴木重郎之を率ひ、日没する比ひ賊七名山谷を越え河内より西に向ふて遁逃するに逢ひ、我兵之を追ひ険阻を攀ぢ谿澗を渉り賊の所在を得ると雖とも、忽ちにして又失し日全く暮れて遂に賊の所在を失ふ。夫より松尾村を経て翌廿七日帰営せり。斯日陸軍大尉大迫尚敏小倉より帰り略々北地の形勢を識る。

仝廿七日

兵器弾薬糧食芻秣の準備を整ひ、死傷の一時台中に負搬せる者略々治療を施し、追日之を病院に移す。尚残賊の巣窟を捜索し賊徒往々自刃自訴或は捕縛に就けり。県庁の請によつて歩兵一中隊を分派し屢々残賊追補の為め巡査に付して四方に発遣す。然るに此事たるや諸邦に連係し筑前国秋月に於ても一時暴発、地方警察場を襲撃し死傷若干ありと聞き、由て直に小倉、福岡の両営所に出兵を命し、陸軍中尉福頼義臣を久留米に遣し以て小倉、福岡、秋月間の事情を伝信せしむ。

仝廿八日

秋月の賊徒蜂起により小倉、福岡の両営所より一二隊を（小倉より二中隊、福岡より一中隊）発遣したる報知あるを以て、佐賀、柳川地方も亦懸念なかる可からす。於是歩兵第十三聯隊より更に二中隊を久留米に派出し以て西面の不虞に備えしむ（陸軍大尉徳久蘊八之を監す）。

仝廿九日

福岡の兵甘木に到り、賊秋月に走る。会々小倉の兵二中隊を分派し討つて之を破る。賊支ゆる能わす、倉皇彦山を越へて小石原にのがるの報あり。斯日熊本県賊徒追討の詔を受け士気頗張る。

同卅日

過る廿五日より日々若干の兵隊を分つて県下残賊の処在を捜索す。賊は一戦后遠く山中に隠れ或は自刃し或は夜中潜かに居宅に帰り屠腹するものあり。自訴捕縛の賊徒等白四十余に到る（巨魁は咸く死せり）。其踪跡不明のもの間々ありと云ふ。

同卅一日

久留米出張の二中隊、賊小石原え逃ると聞き且佐賀、柳川無事にして西顧の憂ひ無きを以て、一小隊を久留米に頓置し余は悉く小石原に向ふ。

十一月一日

先き是該地変動の報東京に到るや、管下鎮圧の為め陸軍少輔大山巌、内務少輔林友幸以下文武諸官飛艦に乗し熊本其他の諸県に来る。則ち本日午后第四時大山少輔着台。

〔註〕「東京鎮台」罫紙。

諜報誌

①　十月廿五日熊本県庁よりの報　明治（9）年10月25日

変動に付各偵諜より報知

十月廿五日熊本県庁よりの報

一、本日午前第八時頃暴挙の賊徒等、該県下第二大区第八小区上松尾村に於て朝飯を喫し、畢て同村の農民儀平次なるものに命し粮食二斗を炊す。夫より総員（大凡そ五十余人）を二分し、其一分は同大区同小区地神津村鹿島宮に参拝し、畢て海岸に沿ふて塩屋（小港の如きもの）に来り、肥前に航すへきを談せり。

一、其残余一分は上松尾村より直に金望山〔金峰山〕の桛即ちこをぶし（地名）を超え河内村に赴き、且つ海に航するの由を談せり。或云ふ、土人の風評に金望山に潜伏するかと疑はると。

一、河内往還路鎌研坂を越ゆるもの若干人ありと風せり。

右は儀平次家内のもの及ひ仝村内人民の説

一、今朝未明賊徒五人該県下川尻町に於て喫飯し、直に鹿児島に赴く様子なり。

〔註〕金望山は金峰山と思われる。

② 十月二十五日確報を得たる件　明治(9)年10月25日

仝日確報を得たる件

一、金望山の絶頂権現堂に暴徒四十名計屯集するを見たるの報知、熊本県庁より警部某に偵者を付し報し来れり。果して前報士人の風評と符節を合するか如し。

③ 会計部より遣したる探偵者より報知　明治(9)年(10)月(25)日

会計部より遣したる探偵者より報知

一、生獲飯田某なるもの丶家宅及ひ其近隣の人家を密捜するに、飯田の弟は依然として其家に在りと雖とも、其容形怪異なり。且つ近隣二三家不審有之もの今朝詰〔結〕髪浄清にして、恰も暴挙に与からさるか如くす。其情真に疑ふへし（飯田某は県下高田原なり）。

一、其近傍に冨永某なるものあり。兄弟三人昨夜より痕跡不分明。但し其門前に弓矢を植置す。

一、新屋舗住斉藤某も同様痕跡を見す。

一、錦山神社祠官木庭嘉助なるものも亦同様。

一、右同処社務局内に怪異のもの四五人計潜居せり。
一、市中人民の風評によれは、若干人川尻伊勢宮に赴きたる由。
一、今朝未明、賊徒三十人許細川護之の邸に向ひ、而して細川家は正義の族ら、旧主を庇護し門戸を閉鎖し進入するを許さす。是に於て賊徒守門の長者を指し面会を乞ひ、兵営は已に屠滅したり、然れとも再襲の力無く依て是に援兵を乞ふ為め来ると。守門のもの之に応せさるを以て答ふ。是に於て賊徒等近傍の小路を取り花岡山の方に向て逃れ、而して高橋駅に至り該駅の若宮に詣り、或は戎衣を脱し同駅本丁を通過し、野路を経て尾嶋の如く至る。是より前報の通り。「松尾山に至る」
一、午后第十時賊徒今川なるもの以下二人伊倉より来り、京町、観音坂、坪井を経て新屋舗、傘淵に至る。
一、賊の巨魁二人の姓名を得たり。加屋栄吉、大野鉄兵衛

④ 会計部より遣したる小林一義の報　明治(9)年(10)月(25)日

会計部より遣したる小林一義の報

一、段山の風評　今暁賊徒五拾名程宛二組若干時間を措て段山を通過し、河内街道より金望山に向て赴きたり。
一、法華坂辺の風評　今暁賊徒二三名豆腐谷より藤崎神社に昇るを見たり。
一、宮内愛敬正元の宅より左の旗及ひ印符を得たり。

武運良精剛勇壮健兵避矢玉除
八幡宮御宝前　心願大成就　万事吉祥　管姓午之歳男敬白
鎮魂諸災消除無咎無辱進退安全
印符は即ち方四寸位いの布に勝の字の焼印あり。

⑤ 細川護久使者より聞きたる件　明治(9)年(10)月(25)日

細川護久使者より聞きたる件

一、細川氏の邸門に迫るの賊兵三名也。而して之に応接する守門の旧藩士は桜田宗四郎と云ふもの也。

一、若年の賊徒米田某の家に自訴する件は今夜一時に事を発するの電報を秋月、長州に飛し、直ち電線を切断せりと云ふ。

⑥ 平野長俊・立田山形況探偵の報　平野長俊　明治(9)年(10)月(25)日

平野長俊立田山形況探偵の報

一、本日々没之時建部七廻り目天神より室園、亀井の両村を経て坐頭擠しと唱る路の上畔を過き麻生田の支店より立田山埜を周囲し密に捜索すれとも、異事更に認めす。此に於て山路を出て支店毎に就て異形の者を見認めしや否を聞くに、更に知るものなし。唯無事を以て答ふるのみ。夫より拝招庵を径て建部の東端より立田山口に出てゝ帰る。総て無事。併し平常とは人民の往還稍稀なるを異なりとすと雖とも、蓋し昨夜の疲労に依り斯の如しと察せり。

⑦　江口和俊・高橋探偵の報　江口和俊　明治(9)年(10)月(25)日

江口和俊高橋探偵の報

一、本日々没前熊本を発し高橋駅に至る途中、中宮寺（地名）と云ふ処を捜索す。異事なし。夫より該駅本丁に至り市民に形況を尋ぬるに、本日午前第三時頃「八つ半と云ふ」異形のもの六七名通行するを見認めたりと云ふものあり。而して其賊徒は直にセゴコー（津名）を渡り松尾村に赴き、或は河内村に越えたるとの両風説あり。

一、夫より大友村に赴き該村異形のものを見ず。帰路熊本市中の風説を聞きたり。或は云、県庁より報知あり、賊徒等は咸く河内に赴きたりと。

⑧　緒方軍平・熊本市中近傍探偵の報　緒方軍平　明治(9)年(10)月(25)日

緒方軍平熊本市中近傍探偵の報

一、本日午后第一時頃上通町清水忠弥宅に立寄り、不図江口弥平と申すものに出会、彼曰余目下途中に於て該県会計少属大賀某に会し、巨魁は加屋栄太其他従属のもの百五拾人許あり、内若干人は県庁へ自訴したるものあり。依て此自訴者に就き訊問して大略の事情を得たり。

一、千丹畑より白川筋小桑町を上ぼり、立田口に出て往来人に就き陣内及ひ立田山の景況を問ふ。皆無事。而して高田原に立戻り松崎直正（兼て知己のもの）に就き、加屋の情態を聞くに他行の由なり。

⑨ 小林一義・植木探偵の報　小林一義　明治9年10月25日

小林一義植木探偵の報

一、本日午后第七時三十分頃より熊本を発し、仝第八時三十分植木駅に到る。該駅中は至て無事、却て熊本の形況を尋るに至る。依て帰る途中熊本京町稍怪異あり。往来之人民稍稀なるを以て也。

尚、植木巡査屯所より左之通り申越したり。

夜前、大変に付御捜索として御出張に相成、今二十五日午后第十時迄は御捜索の通り当地方無事に候也。

若し異変有之候はゝ直ちに御報知可仕候事。

第九年十月廿五日　　第五大区植木巡査　屯営印

⑩ 十月廿六日報　林隼之輔　明治(9)年10月26日

十月二十六日報

金望山賊徒追撃の為め派遣したる支隊長林少佐より与倉中佐、児玉少佐宛の報知、伍長野池秀次郎持還れり。

午前第十時二十分小萩、山下、かき原と中村まて進軍候処、巡査大塚伝外壱名金望山探偵候処、賊徒今朝五時頃悉皆過散、尤も武器、古衣等取捨置き平服にて河内を越え白浜辺徘徊の由に付、是より直ちに全処に進発致候条、此段御報知申上候也。

⑪ 使者野池伍長より報　明治(9)年(10)月(26)日

右の書翰使野池伍長より報

一、賊兵の金望山に居るを見ず。

一、生獲二人を得たる件　北段山に於て小坂小四郎及ひ小坂五郎の両名を得たり。即ち林少佐の隊より分遣したる支隊月岡中尉の率ゆる処、巡査の探偵に由て捕縛したり。五郎は撒歩中、小四郎は居宅に在りたり。

⑫ 県庁に分遣したる支隊の司令新井少尉試補より報　新井太郎　明治(9)年10月25～26日

県庁に分遣したる支隊の司令新井少尉試補より報

自十月廿五日至仝廿六日

一、賊徒集会之由高橋より報知有之候に付、早速捕獲の為め軍曹壱名、伍長壱名、兵卒十五名を巡査同行して午前第九時頃出庁仝処へ参り候処、賊金望山え已に引揚け候后に付、則第十二時四十分帰庁す。

一、古京町士族某の宅に賊徒集合之由報知有之候に付、軍曹壱名、伍長壱名、兵卒十名を遣し巡査同行出場候処、集合之様子に付踏上り候へは、賊徒五名已に自害仕居候。又后ろの藪捜索候処、四名自害仕居、外に壱名存命のもの伏し居候に付捕縛す。其余近傍捜索候処、賊集合の様子に付篤と武器等相調候内、種田少将殿、高橋中佐殿御首見付け候に付、直に幕僚へ納め申候。其余処々探索、第十二時五十分帰庁、其節分捕品左の如し。

一、刀、四本　一、短刀、四本

一、午后三時三十分賊徒集合の由を聞き直ちに伍長一名に兵卒六名を付し巡査仝行、坪井若狭井丁にて賊徒飯田和兵衛、小野某、比川某の三名を捕縛す。

一、藤崎神社内にて賊徒集合の由報知に付早速出場候処、賊一名潜伏候に付生捕んとすれとも手向ひ候間、止むを得す切捨申候。其節分捕品左の如し。

一、刀、壱本　一、短刀、壱本　一、長刀、壱本　一、槍、壱本

⑬ 仝日午后第七時月岡・柴田両中尉より金峰山の報　月岡三郎・柴田正孝　明治(9)年(10)月(26)日

仝日午后第七時月岡、柴田両中尉より金望山の報

一、金望山屯集の賊徒等昨夕迄は山上に在るを林守之を見認めたりとの事、即ち戸長に告け戸長山上を閲すれは左の物品を残し置きたり。

一、刀、壱本　一、茶碗　一、衣類　一、釜

一、河内に赴くの本路は賊の通行を見す。果して其蹤跡熊本に向ひたるとの説。

⑭　**十月廿七日之報　明治(9)年(10)月(27)日**

十月廿七日之報

一、昨廿六日派出したる林少佐の隊より更に分派して別路を取り河内に向て行進する途中、賊四名自屠するを聞き、直に馳至れは已に三名は自屠したり。一名は巡査之を縛し県庁に送りたり。

一、仝日々没の頃右の賊類七名計河内に至るの報を得て直に進んて該処に至り、八方捜索或は見出し或は失し、竟に一名も獲る能わす。而して松尾村に至り地神津に於て賊十余名一小舸を艤し渡航したるの報を得たり。而れとも舟狭小にして尽く乗る事能わすとの説なり。

⑮　**十月廿八日之報　明治(9)年(10)月(28)日**

十月廿八日之報

〔記載なし〕

⑯　**十月廿九日の報　小林一義　明治(9)年(10)月(27)日**

十月二十九日の報

小林一義久留米より還り探偵したるの報

一、久留米地方は一時動揺すと雖とも、近日に至れは更に洶々の形況を見す。然れとも地方警察の厳密なるは固より当然たり。

一、市中の風説に由れは佐賀地方も稍々騒擾を醸すとの説あり。其実詳かならす。
一、偵者帰途南関に於て一賊の南関神社の内に潜伏するの事（故に直に県庁へ通知したり）。

⑰ 県庁官員より聞きたる件々　明治(9)年(10)月(29)日

県庁官員より聞きたる件々

一、昨廿八日より本日午前まて自死したるもの十一人、内巨魁鬼丸、冨永等あり。

⑱ 佐舗より帰りたる平野長俊の探偵報　平野長俊　明治(9)年(10)月(29)日

佐舗より帰りたる平野長俊の探偵報

一、佐舗方角に於て更に怪むものなし。鹿児島の報は聞かす。帰途八代近辺も静謐なり。宇土の城后田の中に於て二名屠腹せり。其人名左の如し。

管武一郎　伊藤建

⑲ 十月廿九日の報　明治(9)年(10)月(29)日

十月廿九日の報

一、建部七軒丁桜井亀三郎、昨廿八日自宅に於て屠腹したり。
一、往来人の咄を聞く。右桜井亀三郎方に於て田代兄弟の踪跡を談するに、即ち兄儀太郎は河内平山に於て割腹せしよし、弟は踪跡未た分明ならす。

一、巨海薬師近傍玄空寺に於て沼沢某も亦屠腹したり。
一、火焚丁渡辺岡之丞、嫡子同名又三郎、昨廿八日自宅に於て屠腹したり。
一、近村保田窪山中にも姓名不分明のもの両名自殺。
一、人挽車夫の説を聞くに、昨夜十二時頃より今朝未明に至るまで高麗門近傍塩屋町辺に於て刀剣を帯ひたる怪異のもの七八名徘徊するを見認めたりと。
一、今宵七時頃も亦左同処に於て又一人の怪異のものに行逢ふたりと云ふ。其形况刀剣を袋にし或は風呂敷に包みたるの姿勢実に可怪。

⑳　十月卅日之報　小川又次〔児玉源太郎宛〕　明治9年10月30日

十月卅日之報

小川大尉より左之報を得たり

一、一昨廿八日高橋にて三淵某捕縛として差向け候兵之内、渋谷少尉試補一分隊を率ひ松橋に至り、同廿九日朝三角嶽に到る。此処にて左之賊共自刃致居候を慥に検視し、昨夜九時頃宇土に帰る。一泊、只今帰営。前書之通届出候間此段御届申候也。

九年十月卅日　小川大尉

児玉少佐殿

一、賊徒自刃せしもの左の如し。

加賀見十郎　田代儀太郎　田代義五郎　古田十郎　阪本重孝　管原楯

㉑ 南関駅より徳久大尉より報告　徳久蘇八〔与倉和実・児玉源太郎宛〕明治9年10月29日

南関駅より徳久大尉より報告

一、十月廿八日天候快晴、道路最上、午后第二時熊本出発、途中小休憩両戸、午后第五時植木着。

一、同廿九日天候快晴、道路上、午前第七時植木出発、途中小休憩三度、午前第十一時高瀬着、直ちに戸長及ひ巡査に対面、問ふに、当地の景況を以てせしに、敢て平常に異なる事なし。正午拾二字高瀬出発、途中小休憩四度、午后第四時五十分南関着。

一、軍紀風紀を守備し夜中は特に警備を厳にし舎営線内を屢々巡察をなさしむ。

一、全隊大ひに健康にして患者甚た僅少なり。則ち左の如し。

疾病　廿八日　診断せる者啻に一人のみ　勉強服務す。

　廿九日　診断せる者僅に四人　　内一名二等症、他は勉強服務す。

一、第十三聯隊第二大隊病室伍長田辺重次郎、砲兵第六大隊砲卒松本徳市、高倉十吉の三名熊本騒擾の末福岡表第十四聯隊え報知の為め罷越候旨申述、該隊の証書を得、熊本え帰途、当駅宿泊罷在候。就ては秋月の景況を尋問せしに、該地の士族凡そ五百名一時屯集候得共福岡より一中隊出張后諸処に散乱、即今殆んと鎮定に帰し残賊百余名許り豊前に遁逃候由、重次郎より伝承致候。然るに其言たる素より信を取る可からす候。猶久留米着の上確説を得、更に上申仕候也。

明治九年十月廿九日　　南関駅より　陸軍大尉徳久蘇八

陸軍中佐与倉和実殿

陸軍少佐児玉源太郎殿

【註】『西南記伝』上巻2によれば、10月24日に熊本県令安岡良亮（安岡正篤曾祖父）が殺害され、熊本県7等出仕桑原戒平が庁内の中心となっていたが、25日に児玉が県庁を訪れ、「速に出兵して追撃せざる可からざるも、未だ敵の拠る所を審にせず、県庁よりも、敵の蹤跡を偵察して、之を報ぜられんこと」を請い、桑原は「当庁よりは、既に若干の探偵を出せり。尚、厳密に之が偵察を遂げ、敵の所在を偵察し、之を報ずべし、敵の所在にして判然たるを得ば、即時出兵あらんことを乞ふ」と述べ、児玉が承諾したという（五六一頁）。本史料は、こうして鎮台および県庁が探偵を派遣して得た情報を集めたものであろう。なお、作成者名等は『官員録』、「10年2月調　熊本鎮台諸隊人名表」（JACAR〈アジア歴史資料センター〉Ref.C09080691800、熊本鎮台戦闘日記附録　但諸表並死傷之部　共23冊　明治10年2月21日~明治10年10月6日〈防衛省防衛研究所〉）から推定した。

本史料は、表紙に「諜報紙」とあり、同一罫紙に同じ筆跡で清書されており、後日に筆写したものと思われる。

敬神党の乱に関する報告書写綴

① 中村宗則〔児玉源太郎宛〕 明治9年10月31日

会計部

十月廿四日於当部は中谷一等書記宿直之処、午後第十一時三十分頃台下砲兵営に火起るや、直に砲兵の傷卒一名幕僚に来り報して曰、何者とも不知賊勢凡百人許営内に乱入放火し、加之白刃を振り数人を暴殺し形勢頗る不容易旨を申す。引続中村司契副、夫長斉藤専輔出頭し、次に塩谷軍吏補、岡林一等副監督、十一等出仕川口佳武、十三等出仕三原安倫、川島二等書記、永山三等書記、酒井軍吏副皆出務す。此時に当り傷者の本台に集るもの既に数十名に及ふを以て、浄水を運はしめ木綿を渡し専ら綁帯〔ママ〕の準備を助け、或は毛布を与へ厚く之を扶佐す。而め傍ら粮米を炊爨し以て兵食に供す。此時既に各隊の兵本台に集合するを以て、金庫の衛員を増加し近傍の警備を厳にす。而め其変動は翌廿五日午前第四時頃に至り漸く鎮定の色みへたり。故に同暁に至り急に砲兵隊を衛戍部に移し尚天幕を張り之に居らしむ。而め我会計部も一時分掌を定め司契副之か総括を為し、副監督之を監視す。其分掌司契課は中村司契副、酒井軍吏副、十一等出仕川口佳武、糧食課は塩谷軍吏補兼之、千賀軍吏補、中谷一等書記、川島二等書記、永山三等書記、夫長斉藤専輔、等外一等出仕野村平海、同森田広世（以上二名は後備軍官員より借る。）、被服課は塩谷軍吏補、藤森二等書記、庫守山根松之助等なり。而め先つ糧食諸品を買弁し台中空明の地に竈を築き、之に出征用の物具を備へ人夫を傭するに暇なきを以て、小使等一時之を役し以て仮に炊爨の事を弁す。其精米買弁の法たるや市街の人民に就て之を要せんとせしに、此変動に驚怖し一時諸方に散乱し買弁の道相立さるを以て、直に地方官に議り買弁漸く其法を得たり。因て之を水車及ひ人力を以て之を搗かしめ、終に台中屯在の総員に給食するに至れり。而め草鞋及ひ三角繃帯、兵粮嚢等出征用として急遽調製し、又出兵の際は混和水を水筒に納れ支給すへきの令ありて各之を施行す。其他庫中に貯蔵する被服物品即ち毛布、藁蒲団、古服靴々、下等（傷痍患者及ひ被服を焼失せしめし者）を出し臨時に支給す○監督の命に因り十三等出仕三原安倫をして戦屍等殯斂の事を掌らしむ。最も其死屍は皆な城中竹の丸に仮葬す。

○病院囚獄両課の如きは各其本課より上告するを以て茲に之を略す。

右は戦時会計部全備の法に非すと雖も、過日変動の際実地履行せし処の景況を致上陳候也。

司契副中村宗則

九年十月卅一日

司令長官代理

陸軍少佐児玉源太郎殿

逐て此際死傷者及諸物品運輸且炊事其外非常出兵の用として、地方官に照会し人夫二百名を傭ひ台中に起居せしめ、以て時機に応し之を役使す。

② 岡本高道〔中村宗則宛〕明治9年10月30日

当廿四日夜賊徒暴動の際一□致出院、不取敢患者不致狼狽候様教諭を加え、続て邸内厳蜜〔密〕に為致逌邏罷在候内砲声稍相止候に付、看病人及卒等を以当院四囲為致逌邏候の処、刀傷の為瀕死の患者及死没する者路上に横り有之候に付、直に看病卒及夫卒を以て院内へ為致輸送、夫々式の如く取計罷在候内、総て傷痍を蒙る者陸続輸送入院相成、則艮日傷者百十名、死体四十四名、之れは直に屍室へ差置、翌廿六日、同七日に至り猶傷者六十九名、死体五名輸送相成候。右死体は去る廿八日悉皆埋葬掛え引渡申候。続て今日に至り退院及死没の者も有之候に付、現今患者百七十一名に相成り候。因て糧食、被服、寝具其他一切の支給方法夫々担仕罷在候。右去る廿四日夜より本日に至る迄事務服行如斯に御坐候也。

軍吏副岡本高道

九年十月三十日

司契副中村宗則殿

追而当課三等書記上村章二郎、厨夫大津俊太郎、看病卒新津正久、夫卒中村勝太郎刀傷を蒙り致死没候儀は曾て御届申候通に御坐候也。

③　三浦煥〔児玉源太郎宛〕　明治9年11月1日

本月廿四日当病院宿直は第二課軍医副北村正存、第一課十三等出仕鳥丸一郎、第三課調薬所傭合薬生井上回、病院課会計三等書記上村章二郎、三等看病人西信次に候処、午後十一時後に至り砲兵営騒擾に就き、各々醒覚寝室を出て柵中より景況を伺ふに、営内庖厨に火燃え出るを看て失火と心附其周意に取掛候処、既に兵営両所に放火一時に燃焼火光白昼の如し。営内を臨むに抜刀せる者兵卒を逐に斬撃せる形状焰炎の間に看えし。依て当直医官役夫に名を出し各医官に其事実を報知せり。然るに聯隊営にも亦火発し兼るに炮声を聴く。其内追々医官聚来、廿五日午前二時過炮声止を以て戸塚軍医、看病人及卒をして担架にて創傷を被り伏倒せし者を病院に輸送せしむ。爾後医官其他諸官吏聚合、廿五日午前六時に至り総人員を点検するに軍医副堤千之、軍医試補玉置泰順、三等書記上村章二郎、看病卒新津正久、厨夫大津俊太郎の行衛不分明故彼是捜索候に、堤軍医副は安政橋上に創傷を蒙り死し、上村書記は炮兵営、看病卒は法花坂、厨夫は病院東則柵外に皆な創を被り斃れ死せり。唯玉置泰順の屍體を見出さす。然るに同人は関口試補と共に炮兵営病室の下に来り、関口は本台に向き走馳、玉置は病院に向ふ看たりと言ふ。依て尚捜索候処廿七日に至り砲兵営井水中より見出せり。其夜は被傷患者先不取敢其便宜に任せ廿一時本台に送り治療する者過半なり。廿七日に至り悉皆病院に輸送し治を施せり。一時暴動之際其目撃の景状如斯候也。

明治九年十一月一日　　　　二等軍医正三浦煥

陸軍少佐児玉源太郎殿

④ 田中元朝　明治9年10月31日

十月廿四日囚獄課当直三等書記江口和俊、看囚宍戸正輝、広田徳政罷在り。同夜十一時半過頃俄に砲兵営に当て怪敷人声発銃相聞へ、何歟変事と相心得宿直一同にて取締心附け致す。右同所に火気起る。小使、雇夫を指揮し火防の用意を為し、不取敢雇夫寺島呈八を以て火元見に遣す。砲兵営前に至らんとす、手負たる兵卒走り来り、戦争なり早く去るべしと云ふ、賊の白刃を携へたるを見、驚き立戻り斯くと報す。始て賊徒の乱入したるを知る。其折柄南の方二け所、北の方二け所に火燃上り増熾んなり。追々当掛りの官員、雇夫に至る迄駆付る。何連も途中出火と相心得、囚獄課に至て賊徒乱入を知ると云ふ○徒刑人は囹圄前に出し徒囚一同へ申付を可相守旨を申聞ける。若し賊乱入幷に当獄に火延焼せんとせしときは立退の用意を為し、諸牒簿、金箱、諸具を取纏め其趣を本台に上申せんとすれとも、賊途を遮り達する事を得す。軍吏補田中元朝宿所に報知し、指揮を請はんと使を遣す。同人最早出張後にて面会せず。

一　囚獄邸へ若し賊徒乱入あらは防禦依頼の旨、書記喜多悦蔵、看囚宍戸正輝、歩兵第三大隊週番所へ相越申入る。承知の旨返答有之。

一　軍吏補田中元朝、同夜十二時頃宿所於て街中の半鐘早打を聞付け火事と心得直に出張の処、新一丁目元堀端通り法華坂迄の間にて下士兵卒手負走り続々来り、賊大勢兵営に乱入、先きへは通行なりかたしと屢々報知す。伝信局前より堀端へ出る処、兵卒手負せし秋吉と申者の□賊徒大勢兵営所々に切入り如此手負、迚而も先きへは行きかたく、所々口々に賊居る、戻り可然と申聞る。因ら路を換へ新三町目より唐人町に出、夫より山崎を過き終に囚獄課に至る。

廿五日

看囚　完戸正輝
同　川口新助
雇看囚矢田部輝規
同　高井兼誠

○右午前十時より徒刑人十三名引率し会計部に至り。命あり。於本台医官の指揮に依て傷者看病に附す。午後一時に引上る。直ちに此人員を以て陣内村火薬庫より当城内え弾薬運輸す。

○午後第四時頃より徒刑人を以て雑役隊とし少尉吉村元善え被附。

○　看囚　完戸正輝
同　緒方軍平

○午後九時頃より徒刑十七名引率、武庫主管より小銃及ひ弾薬共第十三聯隊え運搬す。并砲兵営え弾薬運輸の馬を護送す。

三等書記江口和俊

○命に依て正午十二時より龍迫谷より出、京町を経て長浦山、松崎、室園辺探索、午後五時過帰台す。

看囚　緒方軍平

○命に依て正午十二時より熊本市中景況探偵、午後七時帰台す。

雇看囚　平野長俊

○命に依りて正午十二時より北岡辺より高橋に到り近傍探索、午後四時帰台す。同八時より龍田山幷近傍探索、午後十時帰台す。

三等書記　江口和俊

○同午后七時より宮寺二本木より高橋町に至り途中探索、午后十時過帰台す。

看囚　完戸正輝

看囚　川口新助

廿六日

○徒刑人十五名引率し金峰山へ賊徒追撃の弾薬を運搬す。但午前九時発し午後七時帰台す。

雇看囚　有馬半次郎

小使　田代作平

○右兵隊に附し当県士族千場巌喜を捕縛す。但午後六時過き。

雇看囚　有馬半次郎

雇夫　与縄平太

○右兵隊に附し当県士族藤井三郎を笠熊之助宅に於て捕縛す。但午後十二時前。

雇看囚　平野長俊

○命に依り午前第九時より龍田山の山中より陣内村八反田辺探索、午後四時帰台、同五時より佐敷辺え探索として出発す。

廿七日

○命に依り午前第十時より高橋町、楢崎村、千金甲村、近津村所々探索、午後五時帰台す。

看囚　嶋田義清
看囚　川口新助
同　広田徳政
同　嶋田義清
雇同　矢田部輝規
同　斉藤三郎八
同　高井兼誠
同　馬場直喜

○午後六時より翌廿八日午前五時迄糧食課の人夫の取締を為す。

看囚　緒方軍平

廿八日

○命に依り午前第八時より市中景況探索、午後四時帰台。

看囚　完戸正輝
同　川口新助

○将官以下戦死の遺骸仮埋葬等の事に午前八時より午後七時迄服行す。

看囚　緒方軍平

雇同　高井兼誠

○午後五時より糧食課に附し人夫の取締を為す。

雇看囚　平野長俊

○去る廿六日より佐敷え発し、本日午後八時帰台す。

雇看囚　有馬半次郎

○午後第八時より御用有之、鹿児島へ被差遣。

三等書記　江口和俊

廿九日

○命に依り午後七時より花岡山、夫より筒口四方地谷尾崎嶋崎迄探索、午後十一時帰台す。

雇看囚　平野長俊

○同午後七時より竹部近傍探索、午後九時帰台す。

雇看囚　平野長俊

三十日

○同午前十時より熊本市中探偵、午後四時帰台す。

三等書記　喜多悦蔵

三十一日

○去る廿五日より本日迄雑役隊令官吉村少尉に従ひ看囚其他を差引す。

雇看囚　西大作

○去る廿五日より本日迄糧食課の手伝を為す。

監獄　佐藤慎吉

○去る廿六日午後より囚獄課に詰る。

右之通有之候也。

明治九年十月三十一日　囚獄課　軍吏補田中元朝

⑤　岡井高尚　明治9年11月2日

記

十月廿四日午後十一時三十分比、砲兵営其他に出火に付直に出営す。十二時比大尉の命を以て給養軍曹杉斧一、伍長山本治綱、同上野矩重、兵卒二十六（半隊）を引て砲兵第六大隊の側の柵外に沿て散兵に配賦す。此時筒井大尉も来れり。而し歩兵隊（隊号何大隊は不明）少尉（人名を問ひたれ雖失意）も兵卒若干名を引き来て我半隊と共に賊徒を射撃す。此時黒沢中尉も亦来て賊徒の模様を示談す。此比賊徒は既に営中の紛乱すると火の闌なるとを以て、表門（砲兵営の）鞍掛坂の方位に過半遁出てたる様子なり。而して歩兵士官（前文少尉）も別に守所を命ぜられたる趣にて其場を余に挖して去れり。此れより先き砲兵士官（高山中尉と覚ふ）も柵外我散布所に来て、賊徒の装風提器の有様を拙に指示せり。且一分隊を柵内に進めん事を乞を。因て軍曹杉斧一、伍長山本治綱に一分隊を付し柵内に進め、続て残一分隊を引て先つ病室厩中等に至り賊徒の有無を偵し、表門の方位に向ひて再ひ半隊に合して散兵に配賦す。于時砲兵士官早乙女大尉、柴田、高山両中尉、少尉試補大菅利勝等及兵卒若干名にて器械を本台に運搬せん事を図ると雖とも、人員の寡少なる途中護衛の方法に依て我半兵卒を出、一つは残器の護衛なし、他は若干に分つて各我伍長を附山砲を七、八門を本台に送り、又器械（附属）弾薬等運送す。而し火薬庫も我分派の兵を以て之を衛もる。于時砲兵士官幷我人員も既に敗時奔走するを以て大に疲労するに際し、我隊より糧食を運搬し来るに依て之を砲兵隊に配分す。此時賊徒は全く他え引上けたる事而る故に只営中の死体を方附くる等の助力をなす。六時比に至り歩兵隊の士官の兵卒を引て前夜より来りた故に営中の警備を托し砲兵士官早乙女大尉に其事を通し帰営せり。

一　廿四日夜砲兵隊え出張の際軍曹杉斧一方面提理の死体を見出し正帽時計を外し以帰り、死体は翌廿五日本台に差出したり。

一　同夜砲兵営裏門前て皇友軍吏副の死体を見出したるに付、之を砲兵火薬庫前の叢草中に理さめ置き、後杉軍曹に命して之を本台に送らしむ。

一　廿五日朝砲兵下士官より当隊附小野少尉の死体を為知来るに依り之を引取る。

明治九年十一月二日

工兵第六小隊附

陸軍少尉岡井高尚

⑥　不明　明治（9）年10月24～31日

一　十月廿四日午後第十一時比、砲兵第六大隊営失火の趣番兵司令より週番士官に報告す。直に杉軍曹に命し実地の景況を偵察せしむに、失火のみにあらす賊徒襲撃を帰り報す。依て兵卒を集合なさしめ器械掛りに命し弾薬を運搬配分せしむ。爾後岡井少尉半隊を引率し砲兵第六大隊営に到る。残り半隊を営柵内に配布す。軍曹心得鈴本伍長柵内撤布中、元厩の方より佩刀の者二名柵外を通過するにより停止せしめ、刀剣を渡すへし、否らされは射撃すると叱すれは、彼直に刀を脱し相渡すに付、受取哉否射撃なしたれとも終に逃亡す。第四時比砲兵第六隊へ糧食を運送す。動揺中隊馬国分銃丸を胸部に蒙る。

一 同廿五日以来厩橋より元厩追廻しえ掛け哨兵を配布す。

一 同廿六日隊馬国分斃る。

一 同廿七日夜第二大区一小区巡査屯営より賊徒藤井釆男自首の趣を報するにより、詰所士官一名、下士二名、兵卒若干を遣し捕縛の一本台に護送す。

一 同三十一日より下士一名、兵卒四名をして向田原千丹畑地方を警邏なさしむ。

【註】神風連の乱が一段落した頃に、事件の概要を各部署より報告させたものを集めたもの。同じ罫紙に清書して紙縒綴じされており、後日に筆写したものと思われる。配列はそのままとした。

明治9年10月24日夜賊徒暴動及ひ戦備の景況

塩屋方国〔大山巖宛〕 明治9年11月6日

本月廿四日夜営中え賊徒暴働の景況、別紙相添此段御届申候也。

明治九年十一月六日

砲兵第六大隊長心得　陸軍大尉塩屋方国　印

陸軍少将大山巌殿

明治九年十月二十四日夜賊徒暴働及ひ戦備の景況

二十四日夜十一時五十分頃賊徒数名俄然我砲兵営の周囲に押寄せ、鯨波の声を揚くると斉しく表裏の両門を押破り、或は営柵え縄を掛け超越し白刃を以て第一に衛兵所に迫り喇叭手を斬り、衛兵も須叟は拒むと雖とも衆寡敵し難く、或は傷き或は死す。就中二名は遁れて週番士官に報す。賊徒手榴弾の如き者を舎内に擲け込み、尋て各室に入り石油を寝台等に灑き、之れに火を点し又営庭に在る賊等は馬糧庫より秣藁等を取り出し、之れに点火し以て営庭を輝かし、営舎の各入口に潜み我兵の出つるを待て斬殺したり。舍内に於ては未た睡眠せる下士兵卒は其何事たる原由を知らさるより大に擾乱を醸し、須臾にして兇賊の暴働なるを察知し軍刀或は小銃等を採り暫時拒戦すと雖とも、舍内充満の火煙となり更に彼我を弁する能はす、止を得す四方に散して逃走したり。各週番将校は哨兵の報を得、直ちに指揮せんと室を出つるや、賊の為に傷を蒙むり、坂谷少尉は講堂に倒れ、中江大尉は廊下に伏す。是時第一小隊週番富山少尉来り救援せんとするに、之れ亦忽ち頭部に傷を蒙り、竟に尽す能はすして一時其場を避け再期の方策を立んとするも果さす、火炎熾々として遂ひに炊事所、器械、被服の両庫に延焼す。賊は我砲廠に備ふる所の山砲を掠め、側らに在る廃弾を装して三四発砲発せり。而して外来各将校は下士或は兵卒の報知に依り之れを救はんと馳せ出て、途中賊の為に傷を蒙むり、或は支へられて進む能はす、適々進むも敵衆に包囲せられて死する者あり、或は危険を忍ひ本台に駈け到る者三四名、之れに依て賊徒追撃を図らんとする。前きに我兵疎散するを以て容易に聚むる能はす、故に台内に馳せ集まる者下副官貴志一郎以下六七名、歩兵将校以下五十名計りありと雖とも、弾薬之れなきに付大須賀少尉試補等台の火具庫に至り弾薬を取り出し台内兵卒に分配する〔ママ〕する際、柴田中尉は鎮台に至らんとするも賊の為に遮られ、故に竹の丸門を潜入し、遂に台内兵卒群集の所に至る。依て黒沢中尉外上下士官と謀り、進撃或は狙撃し其勇猛に因て慶度坂の賊逃走す。此時大須賀少尉試補は火具庫の近傍より狙撃し、后ち柴田中尉と共に南坂上より進撃し、衆我砲兵営に入る。又此際長沢少尉試補は歩兵第十三聯隊第三大隊の小部隊に附属し、我砲兵営東裏門に迫り遂に営邸に入る。此砌高山中尉も駈来り、忽ち砲隊戦闘の準備をなす。他将校下士兵卒も追々駈集り営邸に入り縦横奔走す。時已に黎明に及へり。爾後傷者を保護し死体を纏めて病院に送り、且つ営内紛乱の器具等を纏聚し、或は残火を消滅す。而して防禦線に山砲一小隊を三分し、京町口下馬橋前及ひ鞍掛坂等の三所に各一分隊を配布し、以て警備を厳にし、終に一夜を露天に徹せり。

〔註〕塩屋方国は熊本鎮台所属。金沢藩出身、こののち西南戦争でも児玉と一緒に熊本城に籠城した。陸軍大学校長、第1軍兵站監（日清戦争）を務め、陸軍中将となる。

明治10年籠城中聚糧調高　川口住武　明治11年

明治十年籠城中聚糧調高

品目		数量	摘要
三月二十八日	精米	弐拾七俵	山崎地方に而聚糧
三月　一日	同	三拾弐俵	洗馬、山崎地方にて右同断
三月　二日	同	四拾弐俵	山崎地方にて右同断
同日	同	四拾五俵	坪井地方にて右同断
三月　十二日	同	六拾九俵	山崎地方にて右同断
三月　十三日	同	弐拾九俵	段山、大森にて得る処の雑穀
同　十五日	同	拾俵	段山南田畑にて掘出の分
同日	同	七俵	段山、能場下右同断

同　十六日	同	百〇四俵	牧崎村にて右同断
同　十五日	同	弐拾五俵	段山村にて得る雑穀
同日	同	四拾八俵	小笠原邸にて右同断
三月　十六日	精米	五俵	丸井大尉より受
同　十七日	同	拾壱俵	山脇大尉より受
同　十八日	同	三拾弐俵	丸井大尉より受
同日	同	六俵	同
同日	同	三俵	同
同　十九日	同	四俵	坪井地方にて聚糧の分
四月　五日	同	弐拾五俵	山崎地方にて同断
四月　八日	同	五拾五俵と六斗	九品寺村蔵より同断
同日	同	六百九拾三俵と弐斗	右同断
同日	同	七俵	砲隊より出す、藤崎辺にて同断
二月　廿八日	味噌漬	壱桶	山崎地方にて聚糧
三月三十一日	薪	三万貫目	外坪井にて得る
同日	同	弐万貫目	京町地方にて得る
三月三十一日	同	五万貫目	京町地方にて収穫
同	木炭	六俵	京町地方にて聚穫

同		同	四俵	内坪井地方にて同断
同	十四日	大豆	五俵	聚糧
同	十七日	同	弐俵	山脇大尉より受
同	廿二日	魚油	弐拾六樽	洗馬橋下にて得
同	廿八日	醤油	拾樽	坪井地方にて聚糧
同	十九日	濁酒	九拾樽	坪井広町酒屋にて得
同	六日	粟	百九拾六俵と二叺	
			七十八石と八斗	京町会津屋にて聚糧
二月	廿八日	同	五俵	山崎にて同断
三月	八日	同	弐拾九俵	京町地方にて同断
同	十五日	同	弐拾俵	段山南田畑にて同断
	同日	同	拾八俵	同能場下にて同断
同	十六日	粟	拾五俵	牧崎村にて同断
同	十六日	同	五拾六俵	続邸にて同断
同	十六日	同	六俵	丸井大尉より受
同	十七日	同	拾壱俵	同断
同		同	四俵	段山賊の堡塁にて得
同	十八日	同	九俵	丸井大尉より受

同　十九日	同	弐俵	坪井地方にて聚糧
同　十二日	同	五俵	三淵及線内各邸にて得
同	同	拾四俵	小笠原邸にて同断
同	同	五俵	片山邸にて同断
同　廿三日	同	弐拾弐俵	坪井地方にて同断
四月　八日	同	壱俵	九品寺より同断
三月二十八日	小麦	弐俵	山崎にて同断
三月　十五日	同	拾弐俵	段山南田畑にて同断
三月　十五日	同	拾俵	段山能場下にて聚糧
同　十七日	同	弐俵	山脇大尉より受
同	同	弐俵	賊の堡塁にて得
同　十八日	同	九俵	千葉城下にて聚糧
同　廿二日	同	弐俵	坪井地方にて同断

右之通候事

明治十一年　　糧食課　陸軍会計軍吏補　川口住武　印

員数惣計

一、精米　千二百七十九俵八斗　是四百四十七石七斗三升

一、麦　　三十九俵　是十三石六斗五升
一、粟　　四百十八俵　是百四十六石三斗
一、大豆　七俵　是
一、味噌　一樽
一、炭　　拾俵
一、薪　　拾万貫目
一、魚油　二拾六樽
一、醬油　拾樽
一、濁酒　九十樽
其他本城出火後開戦迄て昼夜の別つなく市在に就て買弁したる米穀数多あり。

〔註〕川口住武は「10年10月調　熊本鎮台本営諸部人名表」(JACAR〈アジア歴史資料センター〉Ref.C09080692300、熊本鎮台戦闘日記附録　但諸表並死傷之部　共23冊　明治10年2月21日～明治10年10月6日〈防衛省防衛研究所〉)によれば、熊本鎮台会計部司契課九等軍吏補であった。

Ⅵ　日清・日露戦争関係

赴任来之景況　明治(27・28)年(　)月24日

拝啓仕候。然は此間は御高話難有拝聴仕候。即筆記相調別封二通は於広嶋拝見仕候分御差届申上候也。

廿四日　　源太郎

寺内君

〔同封〕

掲大略　赴任来之景況（見聞及意見）

一、野戦隊の事は委しく不知も、後備隊の編成は幹部の多くは土地及其近方の者なるを以て蹉跌なき筈なるも、其実土地近方に在るもの少きに野戦隊と同時の召集には大混雑せりと、兵員の集合せるも、之を受領し衣服を与へ或は舎に誘引し食事の仕向け、其他一切の件を一、二の士官をしてなさしめしは非常の混雑なりしと、野戦隊より之を扶けしめしも是以て各受持の事あれは真に其用をなさすと、又軍医なきか故に病人あるも之を診し投剤する不能、為に幸地方の医員義心を以て一の投薬診察所を設けしを以て之に依頼し投剤せしめんと、実に其混雑筆話に不被尽よしに聞けり。是れ必竟此混雑は幹部兵員同事に召集の為めとは雖とも、常備隊の幹部を配布し置かさるも亦一起由なり。依て幾分の幹部は野戦隊より附するは必要なるへし。

一、常備隊より幹部を後備隊に附着せさるを以て、後備隊の訓練上に大関係起れり。則ち新式操典の如きを予備後備の幹部に知るもの至て僅少なれはなり。一年志願兵の適任証所持者等あるも操練の教師とするに其力なし。故に野戦隊より教官を請受け駆足の教授を受けたり。是れか為め今日に至るも真操典の味を熟知せさる如し（スニーテル装塡法の教授は格別の事とす）喇叭手の訓練も亦然り。

一、后備隊隊被服経上未た完全せさるを以て、夏季の下着幷衣袴、沓の体格に不合には大困難なりし。不得止補充隊に請て幾分の備用古品を以て修理洗濯の代用をなし、漸く其難を済したるも、靴に至りては如何共難致、種々監督部に請ひ是亦漸く着するを得たり。然るに第六聯隊（后備）の如きは出発に望み実に困却を極めり。後備十一、十二大隊の如きは当地滞在の時日長き間に於て漸次之を補を得たるも、間なく冬服の時季となりしも他に代用品なき故、一ツの衣袴を無用捨に着用せり。全体後備隊に在ては上下共に経理心なし。

一、軍医軍吏の下幹部あるも、即坐事を執るに慴れさるの故と教期の不完全乎、何にせよ即坐の用をなさすと。

一、一年志願兵其他総て適任証書を与へし者等、実地其任に当らしめ其苦情多きは誰乎罪人なる乎。
一、予后備将校下士其他総ての適任証書所持人は、毎年召集充分なる日時を以て復習、実地、其任に当たらしめされは事に当り不結果を顕に至るへし。
一、喇叭長を補充隊に残附するは必用、又補充隊に十分なる幹部を（中隊長に古参或は抜擢見込の中尉三、少尉四、一等軍曹十、二等軍曹十二、曹長二名位は少なくも必用なるへし）要員に充つるは極て必要。然るに野戦隊は是に心を不用、又充員に際し幹部の予定即ち動員の経画上に於て定めある幹部を変転交換するときは出師の準備も画餅なり（或中尉にて郡長を勤め居しものを召集せる如きは不準備と云さるへからす）。
一、武官にして警察官等在職者員の操練は、素より軍隊の事一切皆無に不知ものあるは実に不都合至極にて、当時号令を下す事も不知れは実地其用をなさす。如此無用の人物に軍人の名を与へ置くは真贅物なり。以后之を免すへき乎。毎年授習（第一戸山学校へ入れ十分教育を加へし后ち）せしむるは実に必用と。但其他類似者も亦全国中には多からん。
一、第七聯隊出発行軍の評を聞に、実に規律なしと、生の実見に於ても其感あり。下士の本隊を離れ或家に見送の近親乎、知友乎と酒宴を開き、人車以て追及（本隊の午食場に）せり。又行進中将校の抜刀せるあり、せさるあり（早足行進中）。或中隊は途歩行進せる等の如し。又将校抜刀の礼式は不知か如し。大小行李は頂序をなさす。勝手次第に各隊の后尾に従随せり。金沢を発して后の行進は実に甚しと（全体に当地の下士以下は知己に非さる軍人には敬礼は多くせさるもの丶如し。如何となれは将校其人も亦然り。是れ志気の養生に心を用ひ、敬礼の如きは教育に心を用ひさるものと判す）。行軍途中の病人は不規律なる行軍法なるか故に取締付さるもの、如し。察する毎日の夕人員迄には悉く宿営地に達せさるものなれは病人幾何出来せしや。之れか調査の出来さるものならん。炎天に重量を負ひ（平時に於て戦時の重量を負ひ行軍等はなさゝりしと見ゆ）冬衣を着し、加るに酒は自儘に呑み（御馳走酒なれは）勝手次第に行進すれは、病兵の診断等はさて置き之を取締るものなきは当然ならんと察す。世評も亦然り。如何となれは大島旅団長より突然敦賀着后電信を以て補充申来れり。其補充も終に僅にして済みたり。其理由大島も最初には八百人計も病兵あるを知り補充申越せしに、敦賀滞留中に追々到着の上取調へ見れは、多くは一時の日射病なれは、治し又は残留せさるも不差支等にて誠に僅々の補充にて相済み、自身にも少しく驚きしと見へ、生への手翰中にも此事に付、人は云々可申も久直は左程には思ひ不申等の語あるを以ても知るへし。

一、第七第十九聯隊共に補充隊に引当ありし銃を皆引替持行き、補充隊に悉く古き申分あるものを残せり。兵員にしても罪人（現在人に非す、予て不規則を云ふ）の手にあわさる如きものを残し、或総ての事に就て恰も補充隊を他人視せる事多し。必竟補充隊の主旨を隊長始め知らさるもの、如し。

一、補充員の取扱を不知もの、如し（第七）。夫れは敦賀より帰りし兵等の武装たる、唯銃剣のみ所持し帰るものあるを以てなり。或は銃と剣との不合あれはなり。是等皆平素取調の不完全を発表せしものとす。

一、輸卒（第七）に換るに歩兵卒を使用し出発せり。人夫使用すへき筈なるにも不係、兵卒に武装せしめす、銃剣のみを帯はしめ卒駄馬従軍せしめたり。
一、概して第七の出発の体裁は十年戦の新撰旅団も宜敷と云ふか如き感ありし。教育、軍紀等は何れに在る乎と疑団を懐かしめたり。○故に軍紀不振規矩立たす。
一、補充隊、後備隊共に下に権ありて上を凌くの風あり。是れ全く予後備将校の統御上に出るものにして、其真意を陳れは該将校は真の一時の御役目心にて精神国に尽すの熱心なきに原因す。彼等の第一に心を用るは財上にして貪欲心のみなるか。故に練兵や其他の技術等に心を用る薄きか故に拙なり。才能に至るも現今の予后備将校の多くは乏しきものなれは、従て規矩の如きも厳確ならす。為に下益々権威を増し上を凌くものにして、後備隊の如き実に困難と云へし。補充隊はさすか大隊長も是に大に心を用ひし為め近来少しく面目を改めし如しと雖とも、未真個の持前精神を脱却する能はす。一般人民の義務心に対しても恥しき事ともなり。
一、駄馬買上に就ては充分検査をなし、人民も此時と心得努て出し御用に立ちしを喜居るにも不係、輸卒等の扱上荷物積載其他注意の不充分なる為め、馬疋を損傷廃棄する事不少患あり。元来不多良駄馬をして如斯より不足の訴を速かならしむるは実に遺憾の至とす。取調上大に注意すへきは勿論なるも本属隊長の注意も亦必要なり。第七聯隊の行軍中敦賀に至り多くの損廃駄馬を生し、急に買上を行ひ廃損馬の売却せる混雑を来せるを以ても知るへし。
一、近衛の引当にてありし輸卒を大島は命して召集せり。経画も準備も何の為なるや。
一、概して武器を重せさる風あり。平素教育亦是にある乎と疑ふ。
一、買上け駄馬の代金下渡し実に遅延せり。為に人民は代りの駄馬を買入るゝに迷惑せりと。是れ必竟地方郡吏の不注意不深切に起因すへし。人民の請求方等を知さる為めなりと雖とも迷惑の事とも也。人民は其代価の遅延を陸軍に帰するもの、如し。信用上に関係大なりと言へし。

一、福井県に郡長奉職せる后備少尉を召集し数月間使用せしは調査の疎漏なり。

一、出征者の留守に於て俸給受取方に就ては、出征者其方法の示し置方不充分は自己の困難に帰すへしとは雖とも、必竟平日将校長の教育（出師準備）と将校各自の整理の欠点と言へし。

一、馬疋改良幷調生方、使用法等に大に力を用ひ、後来産出増加善良ならしめさるときは出師上大関係あるへし。当局者の爰に毎々注意あるは勿論なれとも、地方官の心を用ひ力を尽さゝるへからさる事とす。石川県の如きは岩村先県令のときに於て種馬買入をなし大に改良に心を用ひ為め此近県の馬疋中稍可なるものあるを見る。然るに爾来無頓着（憲兵大佐の知事最無頓着）一切心を用るもの殆となき如し。故に現今産出交尾の方法の如き実濫用の極に至れりと云ふ。是に於て今之を改良し方法宜きを得るときは未た遅しとせさるもの、如し。遺憾と云へし。

一、各隊の追送品発送方、留守師団に於て規定せさるを以て混雑せりと言ふ。或は各個に送り出せし為に荷物不纏、西へ届くへきもの東へ行きし事ありとの評あり。野戦隊の申送り（各補充隊へ直に）ある中に釼術道具、銃槍道具の送達を請ふあり。一つの補充隊は他の追送品と一同に送れりと、一つの補充隊は思慮して師団に聞合せり。然るに是れは止められたりと（送達を）。野戦隊長も不得止に出たるへしとは雖とも、少しく思慮せされは未た夏袴を用ひある隊あり。糧食、弾薬甚必要品に不足を訴へある最中に於て、如此請求は如何なるもの乎。追送するものも考へさるへからさる事ともなり。

一、出征将校の家族中実に不体裁の者多きには補充隊長大閉口なりと。必竟主人を思ふの深情に出しものとは雖とも、武士の女房たる志操なきは嘆息の至りなり。平常夫の婦に教なきと其婦の撰定方にあるへし。併し或は其夫たるもの武士の婦たるへき志操は如何なるへきもの乎を知らさるもの乎と疑はると。

一、補充隊、後備隊共に将校の不足に困却せり。是れ当時の不得止ものなれはなり。就中新兵教育には大迷惑せり。

一、徴兵籤者或は在役中の品行等に依り満期帰郷のとき、金銭の賞与を以てする種々の方法は各地共に行れり。然るに如此は一時の奨励にして当今は不必要なるを以て、右等の賞義は金銭を以てせす待遇上に於てし、郡村役場吏に於て此辺特に奨励の法を定め、今後は平時より出征者（戦時事変の際）留守手当を充分に同郷者よりなさしめ、出征者（応召就役者）をして内顧の害なからしむる事に改正せしむるは急務の最必要とす。時勢の流行は右等の隠徳者少く（仮令有之も其施与金は誠に僅々加るに極貧者に限る姿）して、却て恤兵献金とか恤兵献品とか表面手柄の名誉を好むの（真精神を問へは唯一時の流行につれ却て軽薄に渉れり）派手主義者多くして、隠徳合力の精神に乏しけれは大に是に心を用ひしめ、知事等の最も注意実行すへきものならん。然るときは大に兵力を強からしむるなるへし。

一、野戦師団と留守師団と大本営の意図に往々衝突ありと聞く。必竟するに如斯感あらは留守師団は大本営に予め質し、矛盾なからしめん事を努めては如何やと考へり。或日聞くに清国より車輌を要求す、用意すれは大本営は不要駄馬を以てすと。又清国より人夫の請求あり、用意すれは大本営にては必要なき筈、人足は一万何千を送るの用意已にありと。
一、留守師団の事務は人の権限を犯し或旧規を行はす当日の意見を以てし、副官参謀の意見のみ統裁者一の思慮なき感あり。
一、情実を以て下士の不応者を（米国行中事件を聞き、帰れは已に召集の命ありし后なれは、待命すへきものなるも師団副官に申出頻に情願、終に臨時に此者唯一人のみ召集を令せり）不時に一人のみ召集せり。之を質せは余にも不応者ありやとの遁辞（后又待命の下士を不残召集せり。是れ失策を予防するもの、如し）なり。其有無は知らさるの理由はなき筈なるへし。
一、充員の景況は已に大島より報告済に付御承知と存す。
一、一年志願兵（昨年入営の分、但し以来も同然）年末試験後、引続勤務演習の上は終末試験をなし任官採用の事になりたし。
一、担架卒修業と看護手養成は必要なるへし。現時教官に不足なり（当時は師団下部下集屯す。故に病院にて負担すへし）。隊附医は皆雇医なれはなり（此件御参考迄に記す）。
一、軍吏部下士不足は困難せり。各大隊区に於ては実に誠に迷惑せり。是れには大閉口と云ふ。
一、徴兵医官に必軍医ならされは到底なりた、さるへし。大隊区司令の従来の経験に依りて明なり。傭医にては判決は疎か決断行れす、終に徴兵徴集を誤り大なる害あるへしと（此件已に師団へ意見上申しあり。御参考迄に余白に記す）。
一、地方官の軍事上に不熱心は今更語る迄もなけれとも実に驚愕の到なり。教導団、屯田兵等召集一条に付其条例を不知もの、如し。問へは答るも実際手段を尽さす。故に志願者も亦同し。

右の次第に付志願者へ対し不深切多は疎、或は人民中是を不知ものもあらんかと疑はる。是迄隊附のみにて他を不知。初て実地に之を知、故に殊感甚し。蓋石川県は能くせ話せる中と聞て亦驚けり。

〔註〕封筒表「寺内少将閣下　親展」、封筒裏「児玉次官」。同封の書類は作成者不明。河野通好1番書簡（四一～四四頁）も同封されていた。日清戦争に出征した第3師団（名古屋）に属する第7連隊（金沢）、第19連隊（敦賀）の出発の際の状況、および留守部隊の様子を報告している。史料中の大島旅団長とは大島久直第6旅団長で明治26年11月21日就任。第6旅団は明治27年8月29日金沢を出発し戦場に向かった（「歩兵第6旅団司令部」JACAR〈アジア歴史資料センター〉Ref.C06061734200、明治27・8年「各部隊経歴書」〈防衛省防衛研究所〉）。また、「憲兵大佐の知事」とは三間正弘（石川県知事、明治26年4月～明治29年12月）。当時の軍隊の実情を伝える史料。

三国干渉に関する電報写　明治(28)年(5)月

本日の廟議に於て、左の通り三国に決答する事に決し勅裁をありたり。

我政府は奉天省に於ける占領地は金州のみを存し、他は悉皆永久に所有せさる事とし、其報酬として相当の金額を清国に求むる事。然し清国が条約上の義務を全く履行する迄は、担保として現在の占領地を保つ事。

露国政府は或は前条の返答をも承諾せさるかも測り難し。其場合には完全に勧告を容るの外なし。

本日西公使よりの電報左の如し。

西の電文

在東京米公使より外務大臣の五月八日附北京駐劄米公使テンペーより左の電報接受せり。

清国政府は日本政府に左の趣を電報せし事を求めたり。清国政府は本日三国の回答を得たり。故に直に清国全権伍廷芳聯芳に発電して、予定の時日に条約の批准を交換すへき事を訓示したり。

故に昨日送りたる延期の電報は考慮を要せす。清国は日本使節の為には適当の待遇を設備せり。

日本政府より米国公使の手経て来る電報。
清国の批准交換延期の請求に付、日本は清国に告くるに、露仏独の勧告に依る遼東半島の占領を永久にせざる事を右三国に対し承諾したるを以て、其満足せし事を疑はす、然れとも右半島の占領を拋棄する為めには、日清両国間に談判を開くの必要ありて、之か為には幾多の日月を要す、故に日本は批准交換を第一速にする事を要求し、交換後に於て拋棄の条件を漸極むべし、然れとも実際に於ては交換の時日既に切迫、且戦闘を再ひ起すは両国の利益にあらさるを以て、今茲に日本政府は五日間休戦を延長し、此休戦満期前に成るへく速に批准を交換せん事を期す。

舞子にて各大臣協議の末、西公使に電訓して、已に訂結〔ママ〕したる条約を変するの困難なる事情を述へ、朝鮮の独立を保証し露国の利益を傷害せさる等の事を以露国の再考を求めさるに、日本の述ぶる所にては露国の勧告を撤回するに充分の理由と為すを得す、との回答あり。
○加藤公使に電訓して、欧州各国に対し貿易上の利益を多少与へ、他は三国の勧告を拒絶する場合に、英国はいかなる助力を我に与ゆるかも談判せしめたるに、彼も容易〔ママ〕を手を出す事を肯せず。○又伊太利政府に依頼したるに、英国の奮発次第我か為め尽力すべしと云ひたれとも、英国已に動かさる為め差したる効能なし。○又米国は支那に向て批准を催す迄の尽力すれとも、是又兵力を以て我を助くる能はす。要するに英米伊の三国は我を徳義上に於て助くるに過きす。然るに露独仏三国干渉の原因は左の電報にて御承知あるべし。此処高平電報入る。

在伊公使高平電信

我平和条約に関し独乙の意嚮につき、余は伊国外務大臣と長談を為せり。同大臣機密を告ぐるに、独乙は伊国にも連合を勧誘したれとも、伊国は此仲間入を謝絶せり、独乙方略の真想は露仏か欧州大陸に於ける連合を破壊し、仏をして孤立の位置に陥れんとの手段なり、然れとも伊太利に在ては、独露の関係をして鞏固ならしむるは許すへきにあらず、故に独乙の処行は何の処に於てか妨碍せさるへからす。

如斯情勢なるに依り若し英伊及米国が日本を助力するに於て甚しき困難なる結果に至らすして此問題を決了する事を得べし、然し日本は必らす右三国の合同助力を請求せさるべからす、左すれは伊国は喜んで他の二国をして助力せしむるに至るべし、事の全体頗る大演劇なり、於是独乙伊太利は三国同盟を分裂する事なくして独伊反対の地位に於て運動すべし、然れとも伊国外務大臣は此問題を結局する為めの日本の方略及独仏露の申出での詳細を知るの必要あり。

形勢此の如し。且三国公使より条約批准交換前に是非決答を聞かんと催促ありたる故、明日は廟議を尽し返答に及ふ筈なり。幸樺山も帰京大略相談せり。決極の上は樺山再ひ其地に派遣せらるべし。

〔註〕史料Ⅰの伊東巳代治電報　明治〔28〕年5月8日付（二一四～二一五頁）、およびⅣ「三国干渉に関する覚書　明治〔28〕年〔5〕月〔8〕日」（二四二～二四三頁）参照。

卑見第三　福島安正　明治（36）年（10・11）月

秘　卑見第三

露軍冬季に於て韓北に圧迫し来らば、日露の戦地は多分京城、平壌の間ならん。次て我軍彼を鴨緑江岸に撃退し得るも、此辺一帯に於て相対向するに止らば、幾年月を経過するも到底結局の時期に到達する事難からん。

彼に大打撃を加へ、彼をして再ひ東亜に暴状を加へしめす我帝国をして将来の顧慮を免かれしめんとするには、必らす彼の危所を占領せざる可らす。

露京を脳髄とすれば旅順、浦潮は其両腕にして、哈爾賓は其肺腑たり。哈爾賓一たひ守りを失へば旅順、浦潮は孤立し再ひ起つ事能はざるに至らん。

故に哈爾賓を以て戦略目標とする事必要ならん。

哈爾賓は松花江に浜し鉄路の交叉点に位す。江西は黒龍江省の茫漠たる原野及ひ寂寥たる内蒙古の地にして、東南に方向は豊饒なる吉林及ひ奉天の地に連なる。是を以て一たひ此哈爾賓を占領せば、彼を不毛の地に追ひ我は豊富の地にあるものにして、殊に彼の鉄道を以て後方の連絡を維持せば奉天、金州等の地は僅に二十四時間乃至四十八時間の距離にあるのみ。然とも満州の原野に作戦するは、明年の四月を待つに非れば能はざるものとせば、露の兵備併に交通機関は益々整頓して、遼東の南岸に上陸地（制海権我に帰するものとするも）を選定する事愈々困難にして、単に軍を韓北の境界より進めて一戦一進哈爾賓に向ふ事容易の業にあらざるべし。

是に於て此運動を容易ならしむるの手段を検討する事実に急務ならん。其手段の一として鉄道の破壊の如き多少の効力あるべしと雖とも、尚ほ之より大なるべきは満洲腹地に於る義民の利用にあるならん。

遼東の義民

明治二十七、八年の役、我軍軍紀厳粛にして秋毫犯す所なく、恩威能く並ひ行はれたるを以て、至る所人民常に悦服せり。同三十三年北清の変露国巧みに其軍隊を操縦して東三省に占拠するや、人民に対する惨忍暴戻只た威力惟れ用ひて、人心を鎮撫するの道を取らざるの結果、怨声頻りに起りて日本軍当時の行動を追想し、茲に漸く有志者の会合となり、団結となり、連党となり、其数漸く増加して二万余人となり、日露開戦の時に至らは日本軍指揮の下に在て祖国の怨みを報んとするの熱望を有するに至れり。此団練と気脈を通する者二、三名常に営口にありて下官と連絡を維持せり。本年七月の調査によれば、

一、東、鳳凰城より、西、遼陽、北、興京より、南、岫岩海城の間二百七十余会
二、小北河、黄泥涯、唐馬寨地方の団練
三、通化県所属渾口一帯四十八団
四、奉天城西青堆子地方十余団
あり。爾来増加の報を得つゝあるも、未た其実数を詳らかにせす。然とも最少限を二万人と見ば大差なき事を信す。

此二万人を会して訓練を与へ我野戦軍と共に運動すべき軍隊を編成するは、目下の情況不可能の事にして、又彼等を連結して規律の下に動作せしめんとするも亦た不可なり。規律に慣れす熱心一意の者を有利に使用せんとするには彼等の弱点を応用せざる可らす。即ち他なし。別に特種の飛動軍を組織するにあるなり。此二万人を分て一千の小部隊を編成し、毎隊の人員を二十人とし有力なる土人を以て其長とし、五隊に一名の我将校を附し、其行動に関しては神出鬼没彼等の自由に任せ、或は鉄道を破り橋梁を毀ち哨所を襲ひ倉庫を焼き、或は兵站、線路を脅威する等恰も蜂の如く蚊の如く露軍をして眠食に暇あらしめす、彼等固と地理に諳するを以て或は原野に出没し或は山谷に退避し、進退分合軽易の動作を以て露軍を苦しむるに於ては、数は僅に二万に過ざるも効力は決して蔑視す可らざるに至らん。

英国か南阿に作戦するや、僅に二万の小敵に対して二拾四万の大軍を動かしたるは、全くボーアの飛動軍出没自在にして、英軍は八方に顧慮を要し二拾万人を後方の連絡及ひ守備隊に使用し、僅に四万人を以て戦闘線に使用するの止むを得ざるに至れり。若しキチネル将軍の胆略数百の小

堡塁を築設してボーアを征するにあらざりせば、尚ほ彼等を征服する事頗る困難なりしならん。遼東の義民固よりボーア人と比すべきにあらすと雖とも、其十分一に均しき動作をなすも我軍に便利を与る事尠少にあらざるべし。

以上陳る所は只た其要領に過きす、高閲を賜るを得は幸甚。他は序を追ふて卑見を開陳せんとす。

予御諒恕を祈候。

〔註〕明治36年10月12日、児玉は対露開戦を控えて参謀次長に就任した。本史料は、ハルビンを戦略目標として、その攻略のため現地住民を利用して後方攪乱することを主張している。

本史料は、つぎの史料「秘　第四」と同じ筆跡であり、また「秘　卑見第三」と記されていることから、一連のものである可能性がある。もし一連のものであれば、作成者は福島安正参謀本部第2部長、作成日時は明治36年11月以前であり、かつ児玉参謀次長就任以後と思われる。

秘　第四　福島安正　明治(36)年(10・11)月

秘

第四

明治三十三年北清団匪の変に際し、直隷省内に於る最も有力なる軍隊は武衛五軍にして、中軍は栄禄自ら之を指揮し、前軍は聶士成に属し、後軍は董福祥に属し、左軍は宋慶に属し、右軍は袁世凱に属せり、其数合計五万五千三百五十人にして宋慶の左軍、聶士成の前軍、袁世凱の右軍最も精強なりしか、変乱後或は瓦解し或は分裂して僅に左右二軍を存するのみ。右軍は依然袁世凱に属し、左軍は宋慶の死後馬玉昆直隷提督に任して之を統る事となりたり。天津停車場方面に於て連日連合軍を苦しめたるは即ち此兵にして、牙山、平壌以来歴戦の兵とす。然とも左右二軍の合計二万余に過きす、爾来袁世凱は常備軍なるものを編成し、又准軍、毅軍、練軍等敗残の兵ありと雖とも未た実戦に用ゆるに足らす。且つ全直隷の兵数を合計するも僅に五万余人にして、之を我本州より広き地面に配置せり。故に平時地方の秩序を維持するに過きす、到底露軍に対し一方面に作戦せんとするの決心を取らしむること至難の業たるべし。然とも満州の経営にして完成し庫倫の鉄道にして竣工せば、露の威圧は直に北京に迫り、清朝の運命をして益々危地に陥らしむるは火を見るよりも明らかなるを以て、如何に惰眠を貪る支那人と雖とも、苟も心ある者は常に憂慮する所なり。又彼等か信頼する者をして巧みに操縦せしむるに於ては、必らす大に奮起扼腕せしむるを得ん。

其結果として仮令彼の軍隊を堂々として使用するを得ざるも、暗々裏に有力なる援助を為さしむるを得ん。

彼の軍隊殊に豪放なる馬玉昆部下の武衛左軍中には、進て飛動軍に投し或は数個の飛動小隊を編成するを得ん。

又銃器弾薬の密輸入も直隷東北の山中よりする事を得べしと信す。

馬玉昆は豪放勇敢にして北清の怪物とす。彼は日清役及ひ北清事変の歴戦に於て親しく我軍の真味を知得ん。爾来我国に信頼する事厚く、其愛子を東京に遣はし目下士官候補生として歩兵第四聯隊にあり。本年十二月より士官学校へ入校の予定なり。彼は学才に乏しく成城学校に於て落第せり。然とも豪放の気を受け将来武官として部下を統御するの技量あるを以て特に入隊せしめたりしに、父玉昆は大に之を徳とし、且つ本営を通州に置くを以て我北京駐紮の将校とは交情甚た厚し。

日露開戦の場合に際し、清国政府決する所なく一時傍観の位置に立つ事あるも、断乎として陰に陽に援助を与へ、或は決然起つ事あらんとするは先つ此馬玉昆ならん、此点に就ては遥に袁世凱の上にあり。

故に飛動軍との交通は馬玉昆の駐紮地たる通州を根拠とし、飛動軍の代表者を通州に置き銃器弾薬の密送を為さしむるを最も得策とす。

此間に在て行動機宜に適し操縦齟齬なからしめんとするには、欧亜の大勢に通し清国官民の性質を詳らかにし、且つ自ら機密を談話し得るの識量を備る有為の将校を駐在せしむる事最も急務ならん。而して能く此性格に合する者は陸軍砲兵大佐青木宣純ならん。

銃器弾薬の輸送幷に金穀の件に関しては別に卑見を陳せんとす。


〔註〕封筒表「秘　第四」。佐藤垢石『謀略将軍青木宣純』（墨水書房、昭和18年）によると、明治36年11月中旬、参謀次長児玉がいきなり青木宣純の自宅を訪れ、北京公使館付武官になってロシア軍の後方攪乱をするよう要請した。そして、児玉に青木を推薦したのは福島安正参謀本部第2部長であったという。こののち、青木は実際に北京公使館付武官となり、謀略に従事した。本史料の筆跡は、福島安正の他の史料と近似しており、この史料も福島が執筆したものと推定される。

なお、後方攪乱作戦としては秋山好古や永沼挺身隊長永沼秀文の騎兵による活動も有名であるが、児玉はこれには消極的であったといわれる。

Ⅶ　その他の書類

地租増徴に関する上奏案　桂太郎　明治(35)年(12)月

臣誠恐誠惶頓首頓首謹みて惟るに、陛下登極夙に開国進取の規模を定め玉ひ列国と対峙するの宏謨を示され、爾来臣僚奉承民庶奨順以て今日に至る。而して廃藩置県、憲法施行、条約改正、日清戦役より以て近く北清事件の処理、日英盟約の訂結に至るまて凡そ陛下の御宇を照耀するの事績皆維新当初の皇猷に本かすんはあらす。明治二十九年以後清国に収むるの償金を以て大に国防を充実し国運を拡張するの計を立てられ、国家の歳出入頓に増加すると共に国民亦進取の気象を鼓し、増税の案屢々議会の協賛を得新営の事業常に其の賛同する所となりしのみならす、議院自ら発案建議に及ひたるもの亦尠しとせす。其の結果国運の上進頗る著しきを見たるも、勢の趨馳する所亦往々浪濫を免れさるものあり。中央及ひ地方の行政財務共に振刷整理の必要を認め前閣臣命を奉して之か企画を立てんとし、事成るに及はすして退任し、臣不才を以て敢て重責に膺り閣僚と共に夙夜戦兢以て時局を済ふの道を求め、行政財務に於て各般の部局に就き調査審究を尽し、進取の国是を遂行するに必要なる組織機能を全くするを本旨として整理の経画を立て、一時の浪濫を制して国家の目的を貫かんことを期し、地租の増率を継続して地方税の付加を制限し、歳入の基礎を鞏くして国防の急要に応し、併せて交通事業の施設を全くせんとし、先に案を具して上裁を仰き其の重大なるものは既に議会に提出したり。然るに衆議院に於て多数を有する立憲政友会、憲政本党の両党は各々前閣臣を以て首領とするも行政財務の整理に於て全く臣等と所見を異にし、進取の国是を措き単に経費の節減を以て目的とし、既定の項日を削減し新設の事業を廃除するを以て予算修正の準則とし、国防の経画に対する財源を究むることなくして地租増率の継続を排斥せんとす。而して其の言ふ所を聞けは、日清戦後収むる所の償金外資既に空しく海外に逸し去り、更に海外に購買するの事業を起すに於ては正貨地を払ひ国庫と貨制と倶に危亡の境に立たんといふもの其の唯一根拠たるか如し。事実果して此の如きものある乎、趨勢果して此の如きに帰する乎、将た時局と国情と進取の国是を棄つるを許す乎。臣は謹みて鄙見を具し、以て聖鑑を乞はんと欲す。

抑々清国より獲たる軍費賠償金二億両、遼東還付報償金三千万両は之を合計して我か三億五千五百九十八万三百六ー四円に当り、之か運用利殖より得たる収入八百五十三万三千四百二十五円を加ふれは、実に三億六千四百五十一万三千七百八十九円の額に上る。其中陸軍拡張費に五千六百七十九万八千六百三十八円、海軍拡張費に一億三千九百二十五万九千三百八十八円、製鉄所創立費に五十七万九千七百六十二円、帝室御料に二千万円、艦艇補充基金に三千万円、災害救助基金に一千万円合計二億六〔五カ〕千六百六十三万七千七百八十八円は、実に国防の充実、事業の創始、必要の基金に充てられ、而して支途未定の残額尚三百七十万四千三百五十一円あり。其の銷亡に帰したるもの僅に九千四百十七万一千六百五十円に過きす。而も皆臨時軍事費及ひ台湾討平費等に供せられて、国家止むを得さるの支出たり。明治三十二年六月倫敦に於て募集したる英貨公債額面一千万磅の純収入邦貨八千三百九十五万七千百七十八万は其の一千五百十一万六千三十三円を鉄道公債の財源に依る事業費に、其の六千七百十二万一千二百四十円を事業公債の財源に依る事業費に、其の百七十一万九千九百五円を北海道鉄道公債の財源に依る事業費に支出し、乃ち明治三十年五月預金部所有軍事公債証書額面四千三百万円を倫敦に売却したる代価収入四千三百三十万円は、鉄道公債に四百七十七万円、事業公債に二千百七十九万円、軍事公債に一千六百三十万円を充供して各々其の目的の事項に支出し、尚四十四万円を以て預金部運用の必要支出に充てたり。

国家は此等の収入を基礎とし更に増税の計画を立て、陸軍に六箇師団を増設し、海軍に約一万五千噸の甲鉄戦闘艦四隻、約一万噸の甲装巡洋艦六隻を始めとし許多の小巡洋艦、水雷駆逐艦、水雷艇を新造し、要塞鎮守府及ひ造船造兵の設備亦増進を加へ、鉄道は明治二十六年以降の計画を逐ふて既に四百四十七哩の新線を竣工開業し、三十六年度の末までには更に百五十一哩を延長せんとす。乃ち東海道線に於ては其の複線工事百六十哩を竣工し、同線及ひ信越線に於て機関車百八十三、客車三百二十一、貨車一千五百二十六の増設をなし、電信電話線の架設亦年に延長を加へ、造船及ひ航海の奨励に由り内国新造の商船四万八千四百四十噸に登り、海外の航路近く東南洋線より遠く欧米線に延長したり。而して外国貿易の拡張に関しては領事館及ひ分館の増置、商況視察員、実業練習生の派遣、商品陳列所の新設補助をなし、内地民業の振励に於ては農業試験、蚕業講習、生糸検査、馬匹改良、製茶試験及ひ其の販路拡張補助、肥料鉱物調査、糖業改良補助、工業試験所、醸造試験所の設置、染織器械の貸付、水産試験場及ひ講習所の経費補助、遠洋漁業の奨励、朝鮮海漁業組合の補助皆政府近年の施設にして、其の中議院の提案建議に出つるもの亦尠からす。教育の事業に至りては京都帝国大学、福岡医科大学の創立を初め、広島高等師範学校、盛岡高等農林学校、神戸、長崎の高等商業学校、大阪、名古屋の高等工業学校、京都高等工芸学校、熊本、仙台の工学専門学校、千葉、仙台、岡山、金沢、長崎の医学専門学校等の設置より実業教育費、小学校費補助及ひ教育資金の配当に至る。皆日清戦後の経営に属し、皆国家将来の隆運に資するものたらさるなし。而して帝国か今日の地位を列強の間に保ち能く其の権利と利益とを全くして、以て他国の尊敬を失はさるもの誠に其の進取止まさるの結果たらすんはあらす。之か為に正貨を海外に出したるは固より之あり。然れとも其の大分は国家生産の資本と化して存在するのみならす、現に国庫に剰存するもの、外日本銀行の準備金殆と一億円に上り、之を日清戦役終了の時に比して兌換の基礎は更に鞏固を加へたり。之を以て国帑一定貨制危きに瀕すと云ふは事実に於て全く根拠なきの言と謂はさるへからす。

夫れ正貨は運転使用するに於て始めて其効力を見るものなるか故に、苟も兌換の基礎を支ふる以上は成るへく之を有利有益の支途に運転せさるへからす。之を外国に払ふも得る所の固定流動資本以て国家の生産を増殖する上に於て固より其の多きを憂へす。乃ち生産の利、金利より多きに於ては、之を外国より借入して以て内国興行の資本と為すに於て多々益々其の利を見る。即ち北米合衆国及ひ濠州聯邦の如きは実に之を以て今日富実の基礎を獲、露国の如きは亦此の政策に由り近代経済上の活動をなすを得たり。蓋し後進国の貯積の乏しきに方りては、資本は有余の先進国に取らさるを得す。其の工業に稚なるに於て亦製品を彼に仰かさるを得す。従て正貨の一出一入は必す免るへからす。而して出入の間に於て利益を収むるを期するもの、後進国経済政策に於ける必至の要道たり。此の政策や関税其の他各般の政策と相伴ふて其の目的を達すへきを以て、一概に他国の例を以て推すへからさるものありと雖とも、世界各国未た正貨の貯積を以て富実と為し、其の生産資本の為に流出するを以て国家の憂と為したるものあらす。正貨は非常基金として兌換準備として之を存有するの外皆運転使用の資たり。帝国は戦勝の結果として償金を獲、海外市場の信用に由り売債募債を遂け、而して其の獲る所は国家必要の支途に供して而も其の多くは国防及ひ将来の生産の為に投せられたり。乃ち必要の正貨に至りては吸収保蓄別に其の方法を設け、大体に於て遺算あるを見す。

我か輸出入貿易表に於ける貨物価格は、年々多少の過不足あるも十年以上を平均すれは出入粗々相同し、而して其の以外に於ける政府の購入品、在外公館費、国際償還元利を初め一切の官私支出正貨は一年の概算三千三百九十五万九千六百十八円に上り、之に対して清国債券元利、外国公館費、宣教資金、来遊外人旅費、出稼人送付貯金外船需要品及船員消糜金、正金銀行営業益金等一切の収入正貨は一年凡そ五千七百四十七万五百二十四円を得へく、即ち収入の超過する年々二千三百五十一万九百六円なり。而して単に国庫に於ける正貨の収支を計算すれは明治三十六年より同四十五年に至る十年間の概算凡そ左の如し。

支出		収入	
五〇、〇一二、八五〇円	在外公館費	一七五、八九四、六六二円	海関税収入
一四、五四六、五八〇	軍艦補充費	二一、八七五、〇〇〇	韓国産金半額購入
一一四、五六二、〇八一	外国公債元利	七、七七七、五〇〇	台湾産金半額購入
四、二九三、九〇〇	外国地方債元利	一、七〇五、〇〇〇	北海道産金半額購入
五八、一四八、七一一	新製艦費	一五、〇〇〇、〇〇〇	本土産金半額購入
		二〇、七一二、〇〇〇	清国公債元利収入
二四一、五六五、一一二	総支出	二四二、九六一、六六二	総収入

即ち今年の議会に提出したる海軍拡張費の中海外に支払ふへき正貨凡そ五千八百十四万八千七百十一円を支出して猶余裕あるを見るへし。況んや内地及ひ韓国の産金は其の半額のみを購入するの予計なるに於てをや。而して鉄道建設及ひ改良の為に要するの海外購入材料は其の価合計一千七百六十五万三千三百円にして、之を十年に分つときは毎年の輸入百七十六万五千三百三十円に過きす。而して軌条の代価は合計四百三十四万千円に上り、年計四十三万四千百円なるか故に、若し我か製鉄所より之を供給するを得は、海外購入は総計一千三百三十一万二千三百円となり、而して毎年百三十万円の購入は既定の鉄道計画に於て実行し来り、貿易表中に算入して一般の平均を見たるものなれは、新に之を正貨支出の項中に加ふるを要せさるなり。国家及ひ国庫に於ける正貨の収入此の如くなるか故に、兌換の基礎を危くするの虞は毫も之あるを見す。而して鉄道の如き生産の目的に充用せらるゝものに在りては今日の支出は他日の収入となり、生産の因たる

消糜として曾て之を吝にするの謂れあらす。安く之か経営を以て国帑を虚くし国家の経済を紊るの趨勢を致すと謂ふを得んや。

輸入の以て患とすへきは奢侈品若くは之か原料たるものに在り。砂糖、金巾、更紗、縮緬呉絽、綿繻子、綿天鵞絨、綿織糸、羅紗、熟皮、靴底皮、伊太利織、羊毛、フランネル、懐中時計のみを算するに、最近六年の輸入総額多きは七千百九十八万二千二百九十四円に上り（明治三十一年）、少きも四千三百八十八万八千百四十一円（明治三十年）を下らす。即ち一年の平均実に五千七百八十九万六千二百八十九円の鉅額に上る。是れ政府の力を以て制すへからさるものにして、此の類の消糜に供する正貨の流出を防かんとするも得て望むへからす。而して遽に国民の負担を減するの結果は往々此等輸入の増加を招くこと尠しとせす。彼の地租増率の継続に反対して国家新営事業の為に正貨を流出せしむるを憂とするものは、一方に将来有益の事業を沮廃して他方に防くへからさる正貨の奢侈的消糜の為に流出するを忘れたるものにして、経済の原則に悖ふものたり。而して国民をして一時の奢侈に流れしむることなく、其の辛苦経営皆国防の充実、国運の振張に資することを自覚せしむるもの、今日の時局に対する大計たらすんはあらす。

帝国は既に民衆を海外に有し、事業及ひ貿易の利益亦年を逐ひて増進す。而して北清事件以後東洋の政局に於て実に列強と比肩周旋し、英国は遂に盟約を我と訂するに至る。国家の責務重きを加へて国防の充実、国運の振張愈々方今の急務たり。乃ち明治の国是たる進取政策は今日に於て其の効験を著したると共に、之か保持拡充今日より愈々切なり。臣職輔弼に在り。先輩の志を紹述して維新の宏謨を万一に翼賛せんことを思ふ。不幸臣か先任者往々異議を取り国是をして中途に沮廃するを省さらんとす。臣憂懼措く能はす。茲に再ひ臣か微衷を披瀝し以て上聡に達す。仰き願はくは明察を賜はらんことを。

〔註〕「桂太郎関係文書」（国立国会図書館憲政資料室所蔵）中に、同文の写しあり。伊藤隆『近代日本の人物と史料』（青史出版、二〇〇〇年）にも紹介されている。

明治32年4月から5年間に限定して、地租は二・五パーセントから三・三パーセントに増徴された。桂内閣は海軍拡張など国防充実のためには明治37年1月以降も地租増徴が必要であると考え、増徴継続案を明治35年12月に召集された第17帝国議会に提出した。しかし、政友会と憲政本党はこれに強硬に反対し、同月28日に衆議院は解散された。本史料は、この時に桂太郎首相が明治天皇に解散を奏請した上奏文と思われる。ここには、政友会伊藤博文・憲政本党大隈重信という「前閣臣」とは「行政財務の整理に於て全く臣等と所見を異にし」とあるように、新たな国家的使命の実現に向けた桂たち世代の意気込みが述べられている。結局、明治36年に入って桂内閣は増徴継続を諦めていっそうの行政整理に努めることになり、児玉も内相・文相として入閣し一役買うことになる。

行政整理に関する卑見　有吉忠一〔児玉源太郎宛〕

明治(36)年

方今外は列国競争の衝黙〔點〕に立ち内は財政、行政整理の急要に迫るの秋に際し、閣下朝野の重望を負ふて任に内務の要職に膺り鋭意弊を矯め治を挙け国家の福祉を増進せられんとす。此時に当り小官亦幸に職を内務に奉し、命を受け指導を仰き其分を尽すことを得るは誠に喜悦に堪へさる所にして、日夜閣下の旨を体して微力を致さんことを冀ふ。頃者伝へ聞くに閣下大に行政を整理するに意ありと。此時に際し小官か平素懐抱する所の卑見を陳して閣下の清鑒を仰くは蓋し正さに小官の本分に属すと信し、茲に浅陋を顧みす別紙案を具して閣下の劉覧に供す。卑職固より天下の大勢に暗く文辞又意を尽す能はさるもの多く、或は閣下の憫笑を受く可きものあるへしと雖も、幸に衷情の熱誠を汲み人に依て言を捨てす。適々閣下会心の節あらは幸に一夕の懇談を吝ます。更に意のある所を尽さしめられなは、小官の光栄之に過くるものなけん。頓首再拝

内務省参事官　有吉忠一

内務大臣男爵　児玉源太郎　殿

行政整理に関する卑見

方今我国朝野の間に於て行政整理必要の声を聞くや久しと雖も、其要は単に局課の廃合に止まるもの丶如し。然れとも単純なる局課の廃合は只徒に事務を縮少して行政の活動を萎靡せしむるか、然らすんは彼にあるものを割きて之を此に移すの繁雑なる手数を増さしむるに止まり、之を以て直ちに行政を整理するものとは云ふ可からす。抑も現行官制は我国か尚ほ専制政体の下にあるの時に於て発布せられたりと雖も、将さに立憲政体に移らんとするの秋に際し其準備として制定せられたる所に係るを以て、今日と雖も其系統組織等に関し大改革を施すの必要なく、只各部の行政機関か国運の発展するに従ひ其権域を拡張し、社会の進歩するに伴ひ事務の種類を増加したるか為め稍膨大を致したるの観あるに過きす。之れ我国の如き著名なる進歩変遷の時期に於ては避く可からさる勢なりと云はさる可からす。然らは行政は遂に整理するの余地なきかと云ふに、決して然らす。之を必要とするもの頗る多しと雖も其要は多言を用ゐすして尽すを得可し。即ち法令は其精神に従て之を励行し、規定の要あるものは之を補充し時勢に適せさるものは之を改廃し、人を用うるに其選叙を慎み賞罰を明にし、上は大臣より下は属僚に至るまで励精事に当る。

之れなり。

此の如きは行政機関の職責として誠に普通のことに属し敢て多言するの必要なきか如しと雖も、

今日の弊は此普通に属するもの、励行せられさるか第一の弊害なり。今試みに二、三の実例を挙けて卑見の存する所を開陳せんとす。

第一　法令の施行か其精神に背反せること

内務行政に於て其尤も重要なる部分を占むるものは地方行政の監督にして、就中自治行政の挙否如何は国家の基礎に影響を及し其盛衰は直に国運の消長に関するを以て、之か監視は一日も忽にす可からさる所なり。

然るに今市町村の現状を見るに却て自治の本旨に背き寧ろ官治の実を顕はすか如し。試みに市町村に委任せられたる国政事務の項目を挙たれは、

一、衆議院、府県会、郡会等の議員選挙に関する事務
二、陸海軍徴兵徴発に関する事務
三、国税、府県税の徴収
四、度量衡取締
五、戸籍事務
六、人口、生産物、土地其他諸般の統計（其数は十余あり）
七、学齢簿の調整、就学の督促等其他国の教育事務
八、伝染病予防及検疫
九、貧民、行旅病人救助及精神病者の看護に関する事務
十、水難救護に関する事務

十一、土地収用に関する事務
十二、河川法、砂防法に関する事務
十三、獣疫予防及検疫
十四、畜牛結核予防
十五、種牡馬検査、害虫駆除
十六、森林法に関する事務
十七、各種の諸願届に関する証明

等其主要なるものにして、此他各府県限り市町村に委任したるものを挙くれは、其数蓋し驚くに余りあらん。之を普通の自治事務に比較するときは其繁簡多言を竢たすして明かなり。抑も市町村は自己固有の事務を処理すると同時に国より委任せられたる行政事務を処理するを以て其生存の目的となすものなりと雖も、而も自治の事務は主たり、委任事務は客たり。然るに今日の実状は此主客を転倒せり。蓋し市町村制の施行は国民をして政務に慣熟せしめ公共の事務を処理すること自己の事務の如くならしむるの目的に出てたるを以て、市町村長及助役は名誉職を以て本体とせり。然るに本制施行以後之に委任するに各種繁雑なる行政事務を以てし、之か任に膺るものをして業務の余暇を以ては公務に尽す能はさるに至らしめたるより、従て市町村は年々名誉職の数を減し有給吏員を用ゐさるを得さる状態に陥り、明治三十年に於ては有給町村長及助役の数は名誉職の五分の一に過きさりしもの、明治三十四年には殆んと四分の一に達せんとし、且つ名誉職の中にも名を報酬に仮り其実を有給となすもの頗る多きを加ふるに至れり。之れ自治の名を与へて実は官治の機関に供するか為めにして、其始め自治制を施行せられたるの精神に背離する頗る遠しと云ふ可し。是れ法令の規定あるも其精神に従て之を活用するの途を失したるの一例なり。

此の如き弊害を醸したるは独り内務当局者の罪のみならす、実は内閣に於て行政の統一を尊重するの念に乏しく各省をして任意に法令を樹て、深く地方の状態を察せすして只自己の便宜を図るに放任したるもの其一因たらすんはあらす。之を矯正するの途は内閣に於て法令の審査を厳密にし、徒に形式に拘泥するの弊を避け深く国勢民情の根底を洞察して其便否を考へ、地方事務の消長に関し又は地方経済に影響する法令は予め地方長官の意見を徴せらるゝの途を啓かは、今日の趨勢をして益甚しからしむるの弊を避くるを得ん。

第二　重要なる事項に関し法令の規定なきこと

我国立国の大本は商工業を盛んならしむるにあることは開国の始めより何人も等しく認識する所にして、我政府施政の方針も亦茲に存するものあるか如きに拘はらす、之に関する尤も重要なる法令の規定を欠くは何故そや。

我国は四面環海の国にして、外国との貿易一に船舶の便に由り、国内の栄養を補給し余剰を排泄するは港湾を以て唯一の機関となすに拘らす、之に関する制度未た立たす、港湾の改良維持は果して国の義務なるか県の施設すへき所なるか、将た又市町村の経営に一任す可きや或は一私人の計画をも認許すへきや、其大体の方針すら今日一も拠る可き所なく、横浜港の施設及維持は国の負ふ所にして、大阪及長崎は市の経営に係り、鹿児島は県の施行する所にして、神戸は何等の設備なく、博多、小樽、大牟田の如きは私人の計画に任し、港湾に関する政策は所謂其時任せの状態にして、一に当局の自由判断に一任せるもの丶如し。茲に於て乎事の緩急を誤り軽重を失し世の喧擾を惹き起したること一再に止まらす。彼の我国最大の貿易港たる神戸を後ちにして大阪築港に巨額の補助を与へたるか如き、又大阪築港今や将さに其八分を竣はり水深二十八尺幅員六十間延長二百五十間裕に六千噸の船舶四艘を繋留するに足るの設備あるに拘らす、桟橋上の鉄道を貨物集散の停車場に聯絡せしむる能はさるか為め尚ほ未た之を利用するの途を聞く能はす、一千余万円の資本を空しく水中に抛棄し置くか如き、国家経済の上より観察して転た慨嘆に堪えへさるものあり。之れ一に港湾に関する制度の確立せさるに因る所にして、政党は之を党勢拡張の利器となし、射利に吸々たる狡児は之を利用して自家の産を肥さんとす。而して当路の人未た一指をたも是に染めす。下僚適々案を具して伺へは忽ち内務、大蔵、逓信の争奪となり、時の内閣又之を解決する能はすして荏苒今日に至れるもの、之れ豈に整理すへき行政の大弊にあらすや。

第三　時勢の進歩に伴ひ改廃す可き法令の一例

今日に於て改正す可き必要ある法律は、新聞紙条例及地所名称区別之なり。

現時新聞紙の多数か事実を虚構し良民を苦しめ、悪事を摘発して風教を紊るは世人の等しく認むる所にして、之か取締の方法を講するは尤も急要の事に属す。然れとも新聞紙条例の改正は所謂新聞輿論の反対を買ひ易きを以て、鞏固なる英断を以てせらる丶にあらすんは之か効を奏すること難し。之れ従来の当局者か切に其必要を感し乍ら而も之を断行するに躊躇せられし所以なるへしと雖も、至誠国に尽すの熱心を以て徹行せは、四千万の国民は蓋し其堵に安するを得て、永く其徳沢に浴するを得へきや必せり。

地所名称区別は明治七年に公布せられたるものにして、今日の事情に適せさるもの頗る多く、而も官有、民有を区別し公用と私用とを分つ唯一の標準たるを以て執務上の不便少なからすと雖も、其改正案は第十六議会に於て貴族院の一喝を受け空しく握り潰しの厄に遭ひ、未た今日に至るまて之か挽回の策を講せられさるに似たり。

此二法律の改正せられさるは此かる事情の為めなりとせは、其責は豈に只下僚の怠慢にのみ帰す可けんや。

第四　人を用ゆるに選叙を慎しみ賞罰を明にせらるへきこと

選叙の当を得さる、賞罰の明かならさるの実例は、仮令ひ之ありとするも是を茲に摘記するは人の徳を壊るのみならす又小官の本分を踰越する所にして、大臣閣下の信用を以て奏薦任用せらるゝ所を下僚の固より是非し得可きものにあらす。一に大臣の賢慮如何に存す。然れとも行政の基は人に在り、其人を得ると得さるとは行政振張の上に重大なる関係を有するを以て、順序として一言を茲に附記せさるを得す。幸に言外の意を諒察せらるゝ所あらは此言亦徒為に帰せさる可し。

第五　励精事に当ること

此点に就ては大臣閣下就任の始めに於て既に已に小官等に諭示せられたる所日々服膺して其旨に違はさらんことを期すと雖も、駑鈍其職を曠ふせんことを懼る。幸に明示を垂れ懇篤指導の栄を得は庶幾くは其任を全ふすることを得ん乎。

〔註〕「内務省」罫紙。本史料は、児玉内相（明治36年7月15日～同年10月12日）に対して提出された意見書。有吉は明治6年生まれ、文官高等試験によって内務省に入省した若手官僚で、当時は総務局文書課長をしていた。のち、宮崎県知事、朝鮮総督府政務総監、横浜市長となる。本史料は局課の大幅な統廃合よりも、近代的官僚制に向けての充実を訴えている。

学制改革案に対する意見書　平田東助　明治(35・36)年

学制改革案は既往の変遷に鑑み将来の趨勢に察し詳密なる審査の余に出てたるものなるを以て、多く間然する所なし。唯負担の軽重と事の緩急前後とを酌量するの一事に於て少しく遺憾あるを認む。

一、義務教育年限の短きに失するは人の普く認むる所にして、之を六年に延長せんとするは必すしも適度を超えたるものに非す。然れとも国に無尽の財源なく人民の負担に一定の限度あり、限あるの財を以て限なきの支出に応することを得す。故に目下の急務は事業の緩急前後を較量し、費用を事の緩にして後なるものに節して、以て其急にして前なるものに利用するの道を講するに在り。方今教育の方面に於ては大に実業教育を拡張して国民の産業を振作するの必要なるあり。教員養成の設備を拡張し其優遇の道を講して、以て欠乏を補充し品質を改良するの緊急なるあり。若し民力鉅万の負担を為すの余裕あらは、之を義務年限の延長に費して徒に制度の外観を美にせんよりは、寧ろ之を実業教育、教員養成等の方面に利用して、以て教育の実効を挙くるの勝れるに如かす。改革案の計算を見るに、明治四十年に至て義務年限の延長を実行せは、特に之か為巨額の支出を要することなきか如しと雖も、是畢竟現今の比例をを〔ママ〕以て将来を推して明治四十年に至らは、高等小学入学者の数は強制を須ゐすして尋常小学卒業者の百中八十五に達すへきことを予測したるの結果に外ならす。故に強制に因ると否との差あるも、負担の今日に比し較しく増加するは一のみ。且此予測にして果して誤なからんか。尚貸すに一、二年を以てせは、義務年限を延長せさるも尋常小学卒業者は、殆と皆高等小学に入学するの結果を見るへきやの理なり。若し又勧誘奨励に由て高等小学の入学者を増すは自から一定の限度ありて、今の比例を以て数年の後を推し難しとせは、改革案の予測も亦未た容易に信憑し難きに似たり。且年限延長の為就学歩合の減少を来すこと改革案の予期する所の如しとせは、其得失亦未た遽に言ひ易からさるなり。之を要するに義務年限の延長可ならさるに非すと雖も、其実行の時期に至ては大に考慮を費さゝるへからす。目下人民の負担既に甚た軽からさるを思ひ、教育の方面に於ても事の更に之よりも急なるものあるを思へは、且く義務教育年限の上に二箇年の高等科を加へて以て中学校との連絡を保つの方法に甘せさるへからす。

二、改革案は小学校の義務教育年限を延長するの外、中等教育を受けさる者の為小学校の教育を補足し、兼て上級学校の予備教育を与ふるの目的を以て修業年限二ケ年の高等小学校を存置せんとす。然れとも初等の教育に甘んするの子弟は、概して低度の実業に就かんとするものたるは疑を容れす。故に是等の子弟の為に小学校の教育を補足するの学校は、必す実業に必要なる知識熟練を与ふるに重きを置かさるへからさるや論なし。之を外国の事例に徴するに、仏国は高等小学校（エコール・プリメール、シューペリエール）の制度を有すと雖も、其課程中職業教育を授くるの科若は級を有するものに在ては徒弟学校（エコール・マニュエル・ダ・ププランチサージュ）の類と酷似するものあり。唯実業に必要なる特種の知識を与ふると稍総般の知識を与ふるとの差異あるのみ。而して二者共に文部大臣及商工務大臣の監督に属す。普墺諸国の市民学校（ビュルゲル・シューレ）に至ては、小学校と相連絡する上級の学校に非す、普通小学校の課程の外土地の須要に応し諸般実業に必要なる観念を与ふるの目的を有するものにして、目するに高等小学校を以てすへきものに非す。且普国に在ては市民学校其他所謂中等学校（ミッテル・シューレ）は多くは市街地に在り、五、六の州に於て郡村に之を設くるものなきに非すと雖も、其数を比較すれは蓋し十の一、二のみ。而して市街地に在る者も大半私人の経営に係り、公立の市民学校に至ては之を公立小学校に比するに其数蓋し六、七十分の一に過きさるへし。巴威里も曾て小学校卒業者の為市民学校の制度を設けたることあれとも、其後制度の改正に依り、変して職業学校（ゲウェルベ・シューレ）となり、更に変して実科中学となれり。之を要するに欧州諸国の所謂高等小学校、市民学校等は之を高等小学校と称せんよりは、寧ろ専科実業小学校に対して之を普通実業小学校と称するの当れるを覚ふ。学制改革案は高等小学校をして二種の目的を兼ねしめんとするものなれとも、上級学校の階梯としては課程の画一ならんことを要し、初等教育の設営としては土地の情況に応して課程を斟酌折衷するを要すへきを以て、二種の目的往々相調和し難きことなきを保せす。故に高等小学校は寧ろ上級学校との関係を脱し、実科小学校其他適当の名称の下に実業学校系統内の一学校として地方の須要に応し之を施設せしめ、小学校教育の補習の外男子に在ては実業に必要なる普通の知識を与へ、女子に在ては裁縫、家政等に関する必要の知識を与へしむるの優れるに如かす。其他単に補習の為に施設を為すの必要あらは、別に補習学校を設くるも可なり。

三、改革案は中等実業学校を設けて以て高等小学校卒業者及中学二学年の修了者を収容せんとす。然れとも一夕に中学に入りたる者にして半途他校に転する者の如きは其数幾何も無かるへく、又五年の課程を修了するの資力と希望とを有する者にして、直に中学に進入するの捷径を取らすして高等小学の迂路を択ふ者も亦蓋し甚た多からさるへきを以て、中等実業学校は大に小学卒業者を吸収するの効なく、生徒の中学に偏すること依然今日の如くなるへし。且中学二年と高等小学とは大に課程を異にすへきに拘らす、均しく中等実業学校に入るの階梯となすか如きは理に於ても亦疑ふへきもののなきに非す。故に中等実業学校の修業の年限も亦中学校と同しく之を五箇年とし、直に之を小学校と連絡せは、多数の小学卒業者を吸収して之に実業教育を授くると同時に、中等国民の普通教育を与ふるの目的を完くするに庶幾からんか。此の如くすれは高等小学を以て前項論する如く一種の実業学校と為すも毫も支障あるなし。師範学校に至ては特別の目的の為にする施設にして、其入学には自から特別の資格を要すへきを以て、強て之を普通の学校系統内に置くを要せす。

四、改革案は中学高等科を高等学校に換へて、以て高等普通教育の足らさるを補ひ兼て大学に進むの階梯と為さんとす。然れとも中学高等科に入りたる者は其課程の修了に甘んするもの少く競て大学に進入せんとし、所謂中学高等科なる者は純然たる大学予科と異なるなきに至るへきは、之を従来の経験に徴するも明なり。且高等科の課程は分て文科と理科とし、之を普通教育の機関と称するは既に其実に副はさるものあるに似たり。若し其教育をして誠に高等の普通教育ならしめは、改革案の専門学校の如き社会の高等職業に就くへき者を養成せんとするの学校に入る者は、最も所謂高等普通教育を受くるの必要なかるへからす。然るに独大学に入らんと欲する者の為に高等科の履修を必要とするは、適に中学高等科の普通教育の機関に非すして其実大学予科に外ならさることを表白するものと謂ふへし。故に高等学校を改めて中学高等科と為すも、朝四暮三毫も事実に増益する所なく、余す所は唯国庫の負担を地方に移すの一事あるのみ。且従来高等学校に入るを望むもの、多くして高等実業学校に入るを望む者少きの経験を顧みす、五箇年の課程を以て完全なる普通教育を得るに足らすと為し、府県毎に一校若は二校の高等科を設くるに至らは、尋常科の卒業者は皆争て其門に趨走し、未た期年ならすして大学志望者の数今日に什倍するに至らん。此の如くにして功拙雑進悉く大学に稟至せは、仮令一、二の増設を為すも豈能く之に応接するに遑あらんや。果して然らは大中両学の連絡は畢竟紙上の連絡にして、其実両者の相隔絶すること更に今日より甚たしきものあらん。社会経済の余裕少く人才須要の急なる今日の如くなるの時に在ては、大学に収容する者は稍俊秀卓抜にして高等の学術を修むるに堪ふるの才能、資力ある者を精選し、中人凡庸の才は之を各種の実業学校に吸収して、器に適し才に応するの教育を施さんことを要す。徒に多数の学生を大学に誘致し落第に重ぬるに落第を以てし空しく半生を学校に費さしむるか如きは、独り国家の不利なるのみならす又人の子を賊ふの咎を免るゝこと能はさるへし。今の計を為せは高等学校は寧ろ断然大学予科と為して、以て名実相一致せしむるに如かす。此の如くすれは国家経済の事情に依り或は悉く大学志望者を収容するの設備を為すこと能はさるも、入学の選に漏れたる者は初に当て方向を実業学校に転するの余地あり、中学、高等科卒業生をして空しく大学の門外に彷遑〔徨〕せしむるに優ること万々なり。

大学予科の外専門教育を受けすして高等普通教育に甘する者の為に、中学教育を補足するの目的を以て特に施設を為すの必要あらは、実際の須要に応し全国に十校内外を限り中学高等科を置くも亦必すしも不可なりとせす。然れとも其教育は実業に必要なる諸般の観念及高等の社会生活に必要なる普通知識を与ふるを主眼とし、大学予科と大に其課程を異にせさるへからす。而して大学予科を卒業したる者の外は直に大学に進入するの資格を与へさることを要す。

五、改革案か中学校の上に各種の高等実業学校を設けんとするは大に善し。然れとも法科其他の専門学校を設くるの可否に至ては甚た疑なき能はす。蓋し経済社会の組織は極めて複雑にして、実業の種類繁多に其知識を要するの程度も亦大に相異なるものあり。故に大学の外各種の実業学校皆其須要あらさるなし。然れとも法律の学科の如きは、之を修めて後社会に出てゝ就くへきの職業は高等の官吏、弁護士及私立会社の重要なる職務等あるのみ。是等の職業は皆高等の学術を要するものにして、半解の法学を以て之に当るの危険なるは蓋し人の認むる所なるへし、現時私立学校の卒業者にして往々高等の官吏と為り弁護士となる者なきに非すと雖も、是皆十一を千百中より精選したる者のみ。概して之を言へは大学に於て高等の学術を修めたる者に非されは是等の職業に堪へすと謂ふも可なり。故に欧州諸国に於ても高等官吏又は弁護士となるは、大学の修学を以て其要件と為さゝるもの少し。独り我邦に於て低度の法律学校を設けて以て高等職業の程度を降さんとするは、頗る其意を解するに苦しむ。人或は法科の専門学校の制度を官設して、以て私立学校の弊風を矯正せんと欲する者なきを保せすと雖も、私立専門学校の制度を立てゝ其入学に必要なる学識の程度を一定し、且之か監督を励行するに非されは、千の官立学校を設くるも毫も弊風を矯正するの効なくして、適々私立学校の品格を降殺し益々其危険を増徴するに足るのみ。理科、文科に至ては主として学術の教育にして職業の教育に非す。若し高等の官吏にして是等の学術の素養を要する者あらは、宜しく之を大学に取るへく、教員は宜しく之を師範学校に求むへし。若し臨時に其欠乏を補ふの必要あらは、特に一時の権宜として之か養成所を設くるも亦不可なるなし。之を学校系統に加ふるか如きは取らさるなり。医科も亦理に於て法科と異なるなし。然れとも目下医師の欠乏を補充するの必要極めて緊急なるあり、低度の教育か社会の紀律に及ほすの危険も亦法科の如く甚しからす。且医科に関しては従来既に官立専門学校の設けあるを以て、今敢て之を否認せす。

六、大学の修業年限を限らすして卒業試験を受くるに必要なる最少限度の在学年数を一定せんとするの説は、従来人の往々唱ふる所にして、改革案も亦之を採用せんと欲するもの、如し。此制度に対しては別に理論上非議すへきものなしと雖も、之を三、五年の後に実行せんとするか如きは稍空想に馳せたるの嫌なしとせす。国富充実し人才汪溢すること独逸の如くならは此制度を実行して能く其効を収むるを得へしと雖も、本邦の現状を以て之を推せは、仮令学生にして悠々五、六年を大学に費さんとするも社会の需要之を容さす父兄の資力之に堪へさるなり。故に如何なる制度を取るも学生は皆最短の年月を以て其業を卒へんことを務むるは疑を容れす。而して試験の時期一定せさるか為多数の学生は放逸遊惰に流れ、試験に先て一時に知識を注入するの弊は或は却て今日より甚しきものあらん。若し此制度にして学生の在学年数を延長するの実効を有することあらは、蓋し多くは懶惰業に荒むの結果にして、人に力を自修に用うるの結果に非さるへし。偶々一、二天才の発達を助くることありとするも、真の天才なるものは制度の如何に依て屈伸するものに非す。徒に在学年数を延長して多数学生の社会に尽すへき年月を短縮するは国家の利に非さるなり。方今講座及教授の数未た学術進歩の程度に伴はさるものあり。教授の待遇亦未た宜きを得さるあり。学科課程に至ても緩急に応して選択科目、随意科目等を設けて以て学生の負担を軽くするの必要なしとせす。大学の改善を要するは是等の諸点にありて、修業年限の一定すると否とに在るに非さるなり。

改革案は専門学校を以て国家の須要に応するの人才を養成するの機関とし、大学の目的は之を学術研究の範囲に限らんと欲するもの丶如し。然れとも国家の須要に応するの人才を養成するは、欧州大陸諸国に於て大学の一大目的とする所にして、就中独逸大学の今日の熾盛を致したる所以は主として官吏養成の必要に在りと謂ふも可なり。国家経済の余裕に乏しき本邦に於て巨額の国費を擲て多数の空論家を養成せんとするか如きは、断して策の得たるものに非さるなり。

七、前数項を論する所に依て学制改革案の学校系統表に修正を加ふれは、概別表の如し。

〔註〕封筒表「学制改革案に対する平田前農相意見書　秘」。平田は第1次桂内閣の農商務相（明治34年6月2日～同年7月17日）。当時、学制改革論議が盛んで、明治35年には学制研究会や文部省による学制改革案が作成されている。本意見書は、判然としないが、いずれかの改革案に対してなされたもの。なお、明治36年3月27日に専門学校令が公布されており、それより以前と思われる。

地租増徴案・砂糖税増徴案に関する意見書草稿

明治(36)年

政府が第十七議会を解散せざる能はざるに至りたるは、海軍拡張の財源につきて衆議院の多数と其の意見を殊にし、双方共に其の所見を固持して相譲らざりしが為めなり。本来政府の目的とする所は国家自衛の必要を充たすが為めに海軍を拡張するに在り。従つて其の財源に至りては地租に依頼するも将た他の租税に依頼するも妨げなき筈なれども、政府は当時地増租を継続するの外他に好財源を見出す能はずと自信したるを以て、便ち之に重きを置き終に彼の如き大衝突を見るに至りしのみ。

三分三厘の地租が国民の負担する能はざる所なりとは今日に於て何人も信ぜさる所、便ち政党者流の増租継続に反対するは固より内心に増租其ものを非とするが為めに非ずして、実は之により て内閣を倒さんと擬するに外ならされども、然れども地租の復旧と云ふことは歴史上多数なる選挙人の為めに歓迎せらるゝの好題目にして、議員の多数は其の選挙を争ふの際に於て疾くに之を選挙民に約束したる者、政府が地租増徴継続案を固持するに於ては彼らは勢ひ之に反対せざる能はざるの情実あり。故に政府にして今後も尚地租増徴案を固持するに於ては、又々十八議会も亦十七議会と同様の結果を見るに終るや、殆んど疑ひを容れざるなり。果して然るときは最も必急なる海軍拡張は之が為めに勢ひ其の着手の期を緩ふするに至るべく、手段につきての争ひの為めに目的を達すること能はざるの奇観を呈出するに至るべし。是れ政府の堪ゆる能はざる所にして、又忠良なる国民の堪ゆる能はざる所なりとす。

去れば政府の為めに計るに此際適当の時機を見て増租継続案の旗幟を撤回し、之に代ゆるに砂糖税増徴案を以てするを得策なりとす。砂糖税増徴案につきては別冊に卑見を詳述しあるを以て茲に之を贅せず。

砂糖税増徴案を以て増租継続案に換ゆるにつきて一つの顧慮すべきことは、政府の所信につきて議会の攻撃を招くの虞れあること是なり。地租問題につきて議会を解散しながら次の議会に於て之を主張せざるは所信なきものなりとの批難は固より八方に紛起すべしと雖ども、政府の目的は海軍拡張に在り。増租継続は其の手段に過ぎざるが故に、別に適当なる手段の発見せられたる以上政府は敢て増租継続案を株守するの必要なしと云へば、之に対して答弁の道なきに然さるべく、加ふるに内閣の信任問題に於ては政党者流の論拠極めて薄弱なるが上に、解散を賭しまで此問題を提出するの勇気は解散を恐るゝこと虎の如き今日の議員に望むべからざるに似たり。政党者流の一致は恐らく為めに破壊せられ、或は四分五裂の状態に陥るやも亦知る可からざるなり。

政友会の領袖は固より政府を倒すことを以て目的とするものなり。増租反対は其の良心より出つるものに然ざるなり。故に砂糖税増徴案に対しても亦彼れらは恐らく反対の口実を見出すべく、若し之を見出し得ざるも内閣不信任問題を提起すべきや疑ひを容れずと雖とも、伊藤侯は必ずしも現内閣を倒さんとする考に然ざるのみならず、出来得る限りは之をして存続せしめんと欲するものなり。因つて思ふに増租案に代ゆるに砂糖税を増徴案を以てするときは、其の結果として伊藤侯をして政友会より絶縁せしめ、侯をして元老としての余生を送らしむることを得るに至らん歟。果して然らは現内閣の処置は実に天下後世の感謝を受くるに足るべし。兎に角政府は適当の時機に於て増租継続案を撤回し、以て緊急なる海軍の拡張を成就し、併せて政党の一致を破壊するを得策とするなり。

〔註〕筆跡は児玉とは異なるように思われる。時期的には、第17帝国議会（明治35年12月28日解散）と、第18帝国議会（明治36年5月12日開会）の間に書かれたもの。砂糖税とは明治34年3月20日に公布された砂糖消費税と思われるが判然としない。地租増徴が思うようにいかない政府にとって、台湾で生産が本格化した砂糖に対する徴税を期待したものか。

行政改革に関する諸覚書　明治(36)年

① 明治三十五年度歳出経常部および按分減額算出表

明治三十五年度歳出経常部		
所管	金額	
外務省所管	二、二八四、二七〇	三四五
内務省所管	九、五八八、六三一	九三〇
大蔵省所管	六、六九八、三二八	〇七七
陸軍省所管	三八、四二四、七六七	三六一
海軍省所管	二一、三四九、〇五三	六七五
司法省所管	一〇、四九八、二八三	八六〇
文部省所管	六三五、四三四	八四四

農商務省所管	二、四九一、五二六	六四三
逓信省所管	二一、一七二、九七六	六〔三〕六〇
計	一一三、一四三、二七三	二九五
節減額	一、〇〇〇、〇〇〇	〇〇〇

右合計に対し百万円の節減は其負担率

〇、〇〇八、八三八、三五一、三

按分減額算出表

所管	金額	
外務省所管	二〇、一八九	一八三
内務省所管	八四、七四七	六九八
大蔵省所管	五九、二〇二	一七七
陸軍省所管	三三九、六一一	五九三
海軍省所管	一八八、六九〇	四三七
司法省所管	九二、七八七	五二一
文部省所管	五、六一六	一九七
農商務省所管	二二、〇二〇	九八八
逓信省所管	一八七、一三四	二〇六
計	一、〇〇〇、〇〇〇	〇〇〇

② 文部省廃止に関する覚書

文部省廃止に付、

閣議に於て決定上は之を枢密院に内議するや否。

但内奏して御内意を伺ふ要するか。

閣議決定の上は文部、内務、農商務、逓信各省より極めて少数の者を撰定して善後処分をなさしむ。

善後処分の大要を定め閣議に提出する事。

予算分割を大蔵省に於て調査する事。

文官分限令の修正を調査する事。

〔註〕「内閣」罫紙。

③ 司法省廃止の方針綱領

司法省廃止の方針綱領

一、監獄局を内務省に移す。

一、裁判所行政事務の監督を大審院長に、検事局の行政事務監督及検察事務の指揮を検事総長に移す。

一、戸籍に関する事項を大審院長に移す。

一、裁判所及検事局の予算は大蔵省所管とす。

一、其他の事務を掌理せしむる為内閣に民刑局を置き、其局長は法制局長官をして兼ねしめ、書記官一名属数名を配置す。

一、右の綱領に基き法律命令の改正を行ふこと。

④　明治三十七年度文部省所管歳出概算増加額中重要事項

明治三十七年度文部省所管歳出概算増加額中重要事項

経常部

一、国定教科用図書編纂の為編修官及属の増員並之か編纂及製造諸費の増加

一、実業教育奨励費の増加

一、京都帝国大学文科大学新設に伴ふ経費

臨時部

一、第二女子高等師範学校創立費

一、熊本工学専門学校創立費

一、仙台工学専門学校創立費

一、臨時英語教員講習所新設に伴ふ経費

一、在韓国小学校補助費

〔註〕「文部省」罫紙。

⑤ 官吏交際手当等廃止に関する覚書

官吏交際手当及接待費廃止の件

　但特別に宴会費を設

官吏島岐在勤手当整理の件

官吏兼務手当廃止の件

官吏宅舎料整理の件

日本体育会補助費廃止の件

中央衛生会廃止

土木監督署の減少

北海道庁　鉄道部官制、支庁を庁と改む。云々

〔註〕「内閣」罫紙。

⑥ 臨時議会の対策に関する覚書

臨時議会

　予算の印版に修正を加ふれは間に合ぬ事はなし。但し頗る不体裁なり。

予算と法律と同時に提出

　法律の審査期限を緊急にと云ふ政府の意旨を発表する事。

　予算の審査期限を三月位に延長する乎。

予算を一時撤回する乎。

法律の伴ふものは廿八年度の予算迄、改革前の予算を以て提出する事。

〔註〕「内務省」罫紙。

⑦ 三十七年度以降歳計整理見込表

卅七年度以降歳計整理見込表

科目／年度	三十七年度	卅八年度	卅九年度	四十年度
歳入	二四五、一五五、九六〇	二四一、一七三、三〇九	二四一、八五五、九七五	二四〇、一九四、一〇七
歳出	二六一、三一一、〇八〇	二五六、五一〇、八五七	二五二、二一五、七六八	二四九、三六六、六六〇
差引歳入不足	一六、一五五、一二〇	一五、三三七、五四八	一〇、三五九、七九二	九、〇七二、五五三
右補塡計画				
行政整理減	一、〇〇〇、〇〇〇	一、〇〇〇、〇〇〇	一、〇〇〇、〇〇〇	一、〇〇〇、〇〇〇
新事業費減	三、九〇六、〇〇〇	四、八五七、〇〇〇	五、四三六、〇〇〇	五、六七六、〇〇〇
府県費整理減	四八九、〇〇〇	四八九、〇〇〇	四八九、〇〇〇	四八九、〇〇〇
裁判所費同	三三九、〇〇〇	三三九、〇〇〇	三三九、〇〇〇	三三九、〇〇〇
陸軍々事費其他減	一、六〇〇、〇〇〇	一、六〇〇、〇〇〇	一、一〇〇、〇〇〇	一、一〇〇、〇〇〇
海軍々事費其他減	一、五〇〇、〇〇〇	一、五〇〇、〇〇〇	一、五〇〇、〇〇〇	一、五〇〇、〇〇〇

逓信事業費減	一、〇〇〇、〇〇〇	一、〇〇〇、〇〇〇	一、〇〇〇、〇〇〇	一、〇〇〇、〇〇〇
計	九、八三四、〇〇〇	一〇、七八五、〇〇〇	一〇、八六四、〇〇〇	一一、一〇四、〇〇〇
再差引再過不足	六、三二一、一二〇	四、五五二、五四八	五〇四、二〇七	二、〇三一、四四七
煙草専売及製造益金	五、〇〇〇、〇〇〇	五、〇〇〇、〇〇〇	五、〇〇〇、〇〇〇	五、〇〇〇、〇〇〇
結局差引歳入過不足	一、三二一、一二〇	四四七、四五二	五、五〇四、二〇七	七、〇三一、四四七

備考　明治三十八年度以降漸次歳入残余を生するに随ひ新事業に着手の見込なり。
明治三十七年度に於ける歳入不足は予算調製の際査定上削減すへき見込なり。

⑧　文部省各局主管事項

文部省総務局人事課主管事項

一、医術開業試験委員官制中改正の件
右は職員中専任者の廃止及定員増加を要する等の必要あり、目下該官制改正の件請議中なり。

一、道庁府県視学官及師範学校長の件
右は教科書に関する官吏収賄被告事件の為休職となり、又は転任等に依り欠員中の者左の如し。

視学官　一府十三県
師範学校長　四県

前記の中三県は既に補欠の為人選し目下詮衡照会中に属す。

一、暹国留学生の件

右留学生（男四、女四）の内男生は高楠東京外国語学校長に、女生は高嶺女子高等師範学校長に監督方委託し目下修学中、但該留学生学資其他に関する条件の細目は稲垣公使と在東京暹国公使との間に交渉中。

専門学務局

未結了の件

一、高等学校入学試験の件

但現今答案調査中

一、福岡医科大学敷地用として国有林農商務省より保管転換の件

但要求地の過半は承諾済

一、三十六年度留学生派遣の件

但二十三名は内定済

一、一般の志望者より英語にて留学生募集の件

但出願期限八月十五日

実業学務局に属する分

新設すへき直轄実業専門学校

一、仙台高等工業学校

一、熊本高等工業学校（現在高等学校の工学部を独立せしむるもの）
開校済にして未た完成せさる直轄実業専門学校
一、神戸高等商業学校
一、盛岡高等農林学校
着手中にして未た開校せさる直轄実業専門学校
一、長崎高等商業学校
一、名古屋高等工業学校
〔註〕「文部省」罫紙。

⑨ 地方・学校等建築費

四万千円	横浜港維持費
拾六万五千円	警視庁建築費
八拾九万円	河川改修費繰延
五万円	北海道築港費
拾万円	東京医術及薬剤師試験場建築
三万八千円	熊本工学専門学校創立費
四万三千円	仙台同上
三万円	東京大学図書館増築費

四万円　東京高等師範学校増築費
四万円　金沢医学校専門学校新築費
三万円　東京美術学校新築費
〔註〕「内閣」罫紙。

⑩ 廃止・削減に関する覚書

北海道官設鉄道を逓信省に移す事
警察監獄学校廃止の事
　右内務省
裁判所の廃合
航海奨励費を減する事
　右逓信省
各省官房長廃止
々　参事官を減員する事、各省弐人とす
府県視学の廃止
塩業調査会廃止
港務局の事務を水上警察若くは税関に属する事
年末賞与を廃止する事、特別規定あるものを除く外

法制局を廃し内閣に参事官三人を増す
〔註〕「内閣」罫紙。

⑪ **文部省に関わる覚書**

学制問題中
中学校と大学の聯絡
大学の名称に付て
教科書編纂出版
編纂委員、手当
留学生の件
視学官々制
秘書官処分
京都大学御礼
シャム国生徒
トローブリッヂ

⑫ **省別概計**

大蔵省概計

外務省	二、三二五、三一四円
内務省	一一、一五六、一〇六
大蔵省	七〇、五二一、五七一
陸軍省	二七、一五四、三一八
海軍省	二三、六八一、四八〇
司法省	一〇、八〇六、三四六
文部省	五、四二五、三五三
農商務省	三、二五九、二三一
逓信省	二二、〇七五、五九一
経常部計	一八六、四〇五、三一〇
外　皇室費	三〇〇、〇〇〇

【註】①～⑫同封、封筒表「一般問題」。本史料群は、台湾総督児玉が内相（明治36年7月1日～同年10月12日）、および文相（明治36年7月17日～同年9月22日）を兼任していた際の行政整理に関する各種覚書と思われる。なお児玉文書中には、原敬文書研究会編『原敬関係文書　第7巻』（日本放送出版協会、一九八七年）63頁に掲載されている奥田義人「行政整理意見書」も存在する。

各道府県の政治状況　明治(36)年

庁府県名　①長官及知事施政の手腕　②警部長同上　③道府県会議員の党派　④衆議院議員の党派　⑤現在の大問題

北海道庁

①男爵園田安賢　自から老練を以て許すも道庁施政に対照し敢て著しき治蹟あるを聞かす。然れとも近時管下の人民に対し勤勉貯蓄を説き其思想を養成し実行を期せんとし、熱心奔走以て多少の効果を収めたりと聞けり。②古垣兼成　性粗放磊落にして統御の才幹あり。然れとも未た著しき成蹟あるを見す。③三十五人。内、政一八、無一七。④三人。内、無三。

東京府

①男爵千家尊福　温厚と老練とを以て府民に迎へられ、未た格別の批難あるを聞かす。又治蹟あ

るを見す。③五十壱人。内、政二五、進八、無一八。④十六人。内、政六、進三、無七。

京都府
①大森鍾一　事務の才ありと聞くも政務に至つては頗る冷淡なる風あり。刻下府政上格別の効果あるを聞かす。②高木忠雄　性厳格にして事務の才なきにあらすと雖も統御の才に欠くる所あり。又其風采は世事に疎きもの丶如し。③三十五人。内、政二五、進三、無七。④八人。内、政五、進一、無二。
大阪府
①高崎親章　老功なる事務家なるも傲慢なる風貌ある為め敬慕を招くの徳に乏しく往々他人の歓迎する所とならす。殊に属僚に於て然りとす。府政の上に於ては未た格別の効果あるを聞かす。
②池上四郎　風采温厚なるが如くして敏捷を欠くの嫌あり。事務、統御共に出色あるにあらすと雖も多年の経験は之を補ふに足らんが如し。③四十三人。内、政三三、帝一、無九。④十三人。内、政八、進二、無三。
神奈川県
①周布公平　老功なりと云ふも格別の手腕あるを見す、且つ県治に対し頗る冷淡なりとの聞へあり。②浜田恒之助　温厚にして統御の才に乏しく、且つ未た経験充分ならさるを以て効果あるを見すと雖も、素養あるを以て其地位に得たるなり。③三十六人。内、政二四、進一二。④八人。内、政五、無三。
兵庫県

①服部一三　老功にして事務を見ること頗る綿密なり。又多少政務の智見あり。②内村直俊　怜悧にして多年の経験あり。事務、統御共に多少の才あり。③五十三人。内、政二三、進二〇、無一〇。④十四人。内、政七、進六、帝一。⑤農工銀行疑獄事件あり。

長崎県

①荒川義太郎　饒舌にして志操頗る軟弱。県治上格別の成蹟なく、其の施政に対し攻撃を受くる毎に屢々方針を変更し些の定見なきが如し。為めに県民の軽侮する所と為れりと聞けり。②亀山理平太　警察事務の経験多からすと雖も多少政務の才識あり、且つ素養あるを以て他日効果を収めん乎。③三十三人。内、政一九、進七、帝六、無一。④八人。内、政四、進二、無二。⑤港湾改築事件あり。

新潟県

①阿部浩　譏誉の世評区々却て其捕捉に苦む。然れとも職務に熱心ならすして啻に今日を糊塗するに過きさるが如し（参考）曾て千葉県在職中教科書事件に関係せりとの批難ありし。此等の為めか現に県民に信用厚からす。之を排斥せんと企つるものありと聞けり。②青木定謙　饒舌の弊あるも事務に頗る熱心にして、多少見るへきの蹟あり。③四十六人。内、政一四、進六、新潟進歩二六。④十四人。内、政四　進一、新潟進歩七、無二。

埼玉県

①木下周一　治蹟見るへきの跡あるなし。老朽、吝嗇にして為めに県民の嗤笑を招き、信用頗る薄しとの聞へあり。②馬場晴利　事務、統御共に其才に乏しく、県民に阿諛するの風あり。③三

十八人。内、政二八、進八、無二。④九人。内、政四、進四、無壱。⑤鉱毒事件あり。

群馬県

①吉見輝　動作穏健にして志操堅忍。未た県治上見るへきの跡なきも、熱心に殖産興業の奨励に奔走し県民間に好評を以て迎へらる。②原作蔵　事務、統御共に其才なく成蹟毫も見るへきものなし。③三十二人。内、政一七、進四、無一一。④八人。内、政一、進一、無六。⑤鉱毒事件あり。

千葉県

①石原健三　事務の才識ありと聞く。然れとも意志薄弱にして政務に対し頗る冷淡なり。只た純然たる事務家を以て自から任するものゝ如し（参考）近時其何に原因するや未た判明ならされとも、県民間に於て之を排斥せんと同志を語らひつゝありと聞く。②岡田文次　性頗る温順にして未た事務の経験充分ならす。其成蹟の見るへきものなし。③三十九人。内、政二二、進一五、無二。④十人。内、政五、進三、無二。⑤安房郡築堤事件に関する瀆職事件及小金ケ原農民紛擾事件あり。

茨城県

①寺原長輝　性機敏ならす。曾て酒癖ありとて指弾せられたることあるも近時頗る謹慎、敢て其跡なし。本県は受任日浅しと雖も、奈良県に於ても格別の効果を修めたる蹟なきが如し。今や本県に於ては前知事河野に対する行掛上之を歓迎し居り。②龍岡篤敬　性機敏なりと云ふを得さるも統御の才幹あり、且つ多少事務をも弁せり。然れとも事を断するに余りに左右を顧慮し勇断に

乏しき嫌あり。③三十八人。内、政一六、進一五、帝二、無五。④九人。内、政三、進三、無三。
⑤鉱毒事件あり。

栃木県

①菅井誠美　格別の長所なく就任日浅くして未た治蹟の見るへきものなし。然れとも昨年風水害善後策に対し頗る熱心に経営しつゝあるを以て県民の信望を繋けりと聞けり。②黒金泰義　性敏捷ならすと雖も多少事務の経験あり。曾て少しく酒癖の為め批難を受けたることあるも、近時其跡なし。又本年三月山口県に於て選挙取締上知事と意見を異にしたるも、本人は頗る熱心に所信を断行したり。③三十二人。内、政一四、進一八。④七人。内、政一、進三、無三。⑤鉱毒事件あり。

奈良県

①河野忠三　就任日浅く未た評言あるを聞かす。曾て茨城県在職中県治寛厳宜を失し紛擾を醸成し県会に於て知事不信任の議決と為り、議員の総辞職と為り近時珍らしき衝突を来せり。要するに本人は統轄の才に乏し。②児玉利実　実直にして孜々其職務に従ふも統御の才に乏しく、敏活の働きに欠くるあり。敢て効蹟の見るへきものなし。③三十人。内、政一八、進一二。④五人。内、政一、進二、無二。

三重県

①古荘嘉門　老功にし統轄の才に富むと雖も少しく時世に晩れたるの感あり。然れ〔ママ〕も頗る政務に熱心にして脳中殆と其往来絶ゆる暇なきが如し。②小磯進　実直にして敏捷の働きを欠くと雖も、

多少統御の才ありて往々見るへきものあり。③三十五人。内、政一七、進一四、無四。④九人。内、政五、無四。

愛知県

①深野一三　怜悧にして事物に触れ頭脳頗る冷静なり。故に県治に於けるも亦同し。殊に来任日浅くして未た治蹟の見るへきものなし。②小野木源次郎　老練にして統御の才あり。曾て昨年中県庁土木工事の不始末を矯正するに力め事蹟多少見るへきものあり。③四十九人。内、政三八、進一、無一〇。④十三人。内、政七、無六。

静岡県

①山田春三　県治に於ける政策頗る強硬にして其治蹟少なからす。本県多年の秕政矯正に力め今や其奏功近からんとすと聞けり。②安河内麻吉　性淡泊にして素養あり。然れとも事務、統御共に其経験日浅く、未た事蹟の見るへきものなし。③三十八人。内、政二四、進一三、無一。④八人。内、政五、進二、無三。

山梨県

①大山綱昌　就任日浅く治蹟の見るへき跡なし。只た多弁にして重きを欠くの嫌ひあり。②大味久五郎　素養あるも経験日浅く、職務に熱心ならさるの風あり。且つ統御の才に乏しく部下に信用薄し。③三十人。内、政二〇、進一〇。④五人。内、政一、進二、無二。

滋賀県

①鈴木定直　治蹟見るへきものなしと雖も、又敢て批難あるを聞かす。②井上孝哉　素養あるも

経験日浅く未た見るへき成蹟あらすと雖も熱心職務に鞅掌しつヽあり。③三十人。内、政一〇、進八、無一一、欠一。④六人。内、政二、進四。

岐阜県

①川路利恭　性頗る実直に又頗る職務に熱心なり。未た県治上格別の批評あるを聞かす。②坂口実行　実直にして多少の経験あり。熱心職務に従事するも未た事蹟の記すへきものあるなし。③三十五人。内、政治一三、進一〇、帝九、無三。④八人。内、政二、進一、帝三、無二。

長野県

①関清英　磊落にして統轄の識あり。頗る政務に熱心且秕政の矯正に力め治蹟の見るもの蓋し尠少ならす。佐賀県に於けるが如きは其最も著しきものなり。②藤崎虎二　深く物に拘泥せす、多少の経験と統御の才とあり。事蹟の見るへきものあり。③三十九人。内、政三六、進三。④十人。内、政三、進二、無五。

宮城県

①田辺輝実　老功にして物に拘泥せす。来任以来未た治蹟の見るへきものなきも頗る熱心なり。②白上俊一　性粗豪にして部下に臨むに頗る峻厳なり。然れとも職務に熱心にして成蹟の見るへきものあり。③三十三人。内、政一七、進一三、帝一、無二。④七人。内、政二、進二、帝一、無二。

福島県

①有田義資　性善良。経験に乏しからすと雖も少しく優柔の嫌ひあり。未た治蹟の見るへきもの

なしと雖も、格別批難の声あるを聞かす。只た県民は之を信頼するもの丶如し。②尾崎勇次郎　素養あるも経験最も日浅く何等見るへきものなし。③三十七人。内、政八、進二九。④九人。内、政一、進六、無二。

岩手県

①北条元利　行政事務の経験未た豊富ならす、治蹟の見るへきものなく又未た格別の批難あるを聞かす。②池松時和　素養あるも未た経験充分ならす。然れとも性温順にして職務頗る熱心なり。③三十人。内、政一五、進九、帝六。④六人。内、政三、進一、帝一、無一。

青森県

①山之内一次　著しき治蹟あるを認めすと雖も、就職以来軍隊遭難事件又は飢饉の善後策等処置其当を愆らす、孜々之れか処理に鞅掌し県民の信頼を繋くに足れり。②松本時正　就任日浅く統御、事務共に経験に乏しく成蹟の見るへきものなし。③三十人。内、政六、進一八、無六。④六人。内、進三、無三。

山形県

①田中貴道　実直にして職務に熱心、親切、故に県民の信頼を受くること少なからす。又政務には殊に熱心にして往々治蹟あり。②今野東吾　就任日浅く未た記すへきことあるなし。③三十二人。内、政治二〇、進一二。④八人。内、政四、進二、無二。

秋田県

①椿蓁一郎　就任日浅く未た見るへき跡あるなく、然れとも既に老朽にして前任地に於ても格別

の治績あるを聞かす（参考）曾て和歌山県在職中教科書事件に関係せしやにて批難の声高かりしことあり。②野口能毅　統御の才なきにあらさるも少しく偏癖なり。又曾て品行上批難を受けたることあるも、目下其批難を聞かす。③三十一人。内、政九、進一三、帝六、無三。④七人。内、政三、進三、帝一。

福井県

①阪本釤之助　優柔不断にして治績の見るへきものなし。②並河一　実直にして孜々其職務に従事するも、統御の才に乏しく往々部下の統一を欠くことあり。③三十人。内、政二九、無一。④五人。内、政四、無一。

石川県

①村上義雄　多少事務の経験あるも所謂世事に如才なく断行の勇気に乏しく、未た治績の見るへきものあるを聞かす。②永田幸太郎　事務、統御共に多少の経験あり。且つ職務に熱心にして福島県在職中事績の見るへきものあり。③三十一人。内、政三一。④六人。内、政四、無二。

富山県

①李家隆介　事務家なる評あるも未た成蹟の見るへきものあるを聞かす。②久保通猷　事務、統御共に経験に乏しく殊に統御に至ては最も拙なり。栃木県在職中部下の統一を欠くこと多く批難の声高かりし。③三十人。内、政一〇、進一八、無二。④七人。内、政二、進三、無二。

鳥取県

①寺田祐之　属僚を遇する峻酷の評あり、従つて心服せすして批難の声あり。然れとも県治上に

於ては格別の批難あるなく。又格別の治跡あるを聞かす。②湯浅倉平　素養あるも就職日浅く未た記すへきものなし。③三十人。内、政一二、帝一六、無二。④四人。内、政一、帝一、無二。

島根県

①井原昂　老朽にして忠実を欠くの嫌あり。県治上別に見るへき治蹟あるを聞かす。（参考）曾て三重県在職中教科書事件に関係したりとて批難の声最も高かりしことあり。②太田政弘　素養あるも未た経験充分なると云ふを得す。然れとも職に忠実熱心なるを以て、他日は其成蹟の見るへきものあらん。③三十人。内、政一〇、進三、帝八、無九。④七人。内、政三、進一、帝三。

岡山県

①檜垣直右　実直にして孜々其職に鞅掌すと雖、勇断に乏しく未た治蹟の見るへきものなし。②萩原昌朔　事務、統御共に多少の才ありて、大分県在職中に於て稍々事蹟の見るへきものあり。③三十八人。内、政一五、進二二、無一。④九人。内、政三、進五、無一。⑤市、水道事件あり。広島県に対する砂鉄事件あり。

広島県

①徳久恒範　老朽にして殊に断行の勇を欠く。然れとも農事改良等熱心に傾注する所あり。其施設守旧往々識者の容るゝ所とならさるは遺憾なりと謂はさるへからす。②新妻駒五郎　多年の経験により事務、統御共に多少の技倆なきにあらすと雖も、勇断に乏しく成蹟の見るへきものなし。③五十人。内、政二九、進九、帝六、無六。④十二人。内、政一、進一、無一一。⑤愛媛県に対する漁業事件あり。岡山県に対する砂鉄事件あり。

山口県

①渡辺融　高知県在職中格別の治蹟あるを聞かす。本人は所謂世事に如才なく只た一時を糊塗するに長けたり。本県来任日浅く未た記すへきものなし。②依田銈次郎　温厚にして経験に乏しきも多少事務の才あり、高知県在職中に於て稍々其成蹟の見るへきものあり。③三十五人。内、政三二、帝一、無二。④八人。内、政三、無五。

和歌山県

①伯爵清棲家教　就任日浅く未た記すへきものあるなし。②桜井高尚　多少統御の才あるも職務に熱心ならす。敢て記すへき事蹟あるなし。③三十人。内、政二八、無二。④六人。内、政四、無二。

徳島県

①亀井英三郎　県治の経験未た豊富ならすと雖も、之か改善を期待すること蓋し尠少ならす。然れとも未た治蹟の記すへきものあるを聞かす。②本多五六　素養あるも未た経験に乏しく、成蹟の記すへきものあるなし。③三十人。内、政二一、進六、無三。④六人。内、政三、進一、無二。

香川県

①小野田元熈　怜悧にして所謂世事に如才なく、従つて意志堅からす。只た時の宜しき依り事を処するの風あり。故に県治上悪評なきと共に其治蹟の見るへきものあるを聞かす。②黒河内良　性敏ならす。統御の才に乏しと雖も其職務には至て熱心なり。然れとも未た成蹟の記すへきものなし。③三十人。内、政二九、進一。④七人。内、政七。

愛媛県
①本部泰　老朽にして手腕あるを聞かす。②中里丈太郎　性狡猾なるも頗る敏捷なり。統御厳峻に失することあり。曾て品行上大に批難を受けたるも、近時稍々改悛の状あり。③三十五人。内、政一七、無一八。④八人。内、政二、進三、帝一、無二。⑤広島県に対する漁業事件あり。別子銅山煙害事件あり。
高知県
①宗像政　政党出身の知事としては独り本人を止むるのみ。其技倆能く己れの職権を固守し敢て侵害せられさるの慨あり。然るに教科書事件に係累し昔日の信用を損ひたること少々にあらす。彼れにして此事微せは蓋し一流の知事たるを失はさりしか。②藤好乾吉　多少の経験あるも、怜悧にして志操堅忍ならす。時の宜きに従つて進退するの風あり。曾て素行に批難を受けたることあり。其成蹟は善悪の評あるを聞かす。③三十人。内、政三〇。④六人。内、政一、無（元政友五。⑤知事排斥の声あり。
福岡県
①河島醇　地方行政には深く経験なきも新思想を有し之を応用せんとするの期望を懐けり。滋賀県に於ては専はら之を施したるも格別の治蹟を見るに至らさりしは遺憾なり。然れとも県会の牽制を受けさりし跡顕然たるなり。②有川貞寿　気慨あり且つ経験に乏しからす。静岡県在職中県会議員等の専肆を矯正せんとし熱心之に従事し、効績の見るへきもの少なからす。本県には在任日浅く未た事蹟の記すへきものなし。③四十一人。内、政二八、進一二、無一。④十四人。内、

政九、進四、無一。

大分県

①大久保利武　温良にして地方行政の経験未た豊富ならす。治蹟別段見るへきものなし。②添田敬一郎　素養あるも経験乏しく、未た事蹟の見るへきものなし。③三十二人。内、政一一、進一一、帝五、無五。④六人。内、政二、進二、帝一、無一。

佐賀県

①香川輝　朴訥の風あり。志操堅忍にして県治に臨むも、一旦決定したることは容易に変せさるもの其特独の長所たり。其治蹟別に挙くへきものなしと雖も、又其紛紜あるを聞かす。②隈元清世　素養あるも就任日浅く未た事蹟の記すへきものなし。③三十人。内、政一八、進五、無七。④六人。内、政二、進三、無一。

熊本県

①江木千之　事務家の聞へあるも議論多くして容易に事を決定するに至らす。俗に所謂小田原評議に終はること多しと聞く。治蹟として未た見るへきものあるを聞かす。②六角耕雲　多少の経験あるも未た成蹟あるを見す。曾て廿五年総選挙の際佐賀県に郡長として尽力したることありと云ふ。③三十八人。内、政一四、帝二二、無二。④九人。内、政四、帝四、無一。⑤八代埋築事件あり。

宮崎県

①岩男三郎　治蹟見るへきの跡あるなし。私かに聞くに曾て秋田、福井等に在職中は俗に所謂有

志者なるものに阿諛し、屡々施政の方針を変更したることあり、之に反し属僚を慮るの風ありと云ふ。②小浜松次郎　温順にして素養あるも、之を活用するの勇気に乏しく来任未た日浅きを以て事蹟の見るへきものなし。③三十人。内、政三〇、無——。④四人。内、政二、無二。

鹿児島県

①千頭清臣　県下の七、八分は政友会員にして県会亦此派の多数を占むる所故に県治上常に政派の鼻息を窺ふの風ありて固有の職権を振活するの勇気なく、県政は概ね二、三政友会員の謀議に出つること多しと聞けり。②西村陸奥夫　普通行政事務には経験なきにあらさるも警察事務の経験なく、且つ勇気と統御に欠くる所あり、未た成績の見るへきものなし。③三十七人。内、政二八、無九。④九人。内、政七、無二。⑤築港県債事件あり。

沖縄県

①男爵奈良原繁　老朽にして県治上著しき功蹟あるを聞かす。②和田勇　老朽なるも誠実にして頗る職務に熱心なり。然れとも著しき成績の記すへきものなし。

〔註〕「内務省」罫紙。原史料は表形式。①～⑤の数字は、編集が付した。本史料は、児玉が内相（明治36年7月15日～同年10月12日）兼任であった時代に目にしたものと思われる。

府県に於ける目下の大問題　明治（36）年

府県に於ける目下の大問題

東京府　府に特別の経営問題なし。市に築港及街鉄問題あり。小笠原島、大島、八丈島の制度制定最急なり。

京都府　私設勢多川発電計画の聞あり。市には発電事業拡張及下水事業の計画あり。

大阪府　博覧会に関する外府には大問題なし。市に築港、下水等の問題あり。淀川の改修直轄大工事施行中なり。兵庫県と県界変更の問題数々議会に出つ。

神奈川県　県庁には横浜築港事業、ペスト予防事件の外別に問題なし。市は目下諸般事業大計画調査中。

兵庫県　大演習準備の為め砂防工事（凡そ百万円）施行中。海陸連絡問題あり。郡部の改善未た足らす。

長崎県　県には特別の問題なし。市の築港附属埋立工事五拾万円を稟請中。築港本工事未た完からす。対馬の制度考案を要す。

新潟県　大河津分水工事政府予算の通過如何に至大の関係あり。赤泊外一港の県築港問題再発せん。

埼玉県　別に問題なし。利根改修中。風水害工事六十七万円。鉱毒問題多少関係あり。

群馬県　風水害工事整理中。邑楽郡を始め鉱毒問題あり。

千葉県　利根川改修工事中。印旛沼疏水埋立工事三百有余万円の問題あり。

茨城県　利根川改修工事中。原案施行の結果を整善するの要あり。

栃木県　風水害復旧公債百五十万余円以上に上る。鉱毒地改善の問題あり。

奈良県　別に大問題なし。

三重県　近来分水工事の成効以来大水害なし。

愛知県　熱田築港事業に附帯する水陸連絡設備、土地売却問題最必要なり。

静岡県　前知事の時政党上の情弊問題ありしも、今やなし。

山梨県　別に問題なし。

滋賀県　新に県模範林事業を経営す。県会の紛擾止めり。

岐阜県　分流工事后資力充実最顕著なり。

長野県　近来原案施行に依りて政党上の関係より否決せる河川工事を実施す。従来の県治党弊漸々整理の緒に就けり。

宮城県　昨年の凶作善後策あり。松島港及品井沼問題あり。
福島県　凶作地善後策の外別に大問題なし。
岩手県　青森に次て凶作善後処分急なり。道路継続費百万円整理問題あり。
青森県　凶作善後策最関係大なり。青森市水道国庫問題及同港改良工事問題あり。
山形県　別に問題なし。
秋田県　従来の分配的道路百有余万円の継続事業を整理するの要あり。秋田市水道布設問題あり。
　船川湾築港問題あり。
福井県　別に問題なし。
石川県　別に問題なし。
富山県　凶作善後策の外目下別に問題なし。
鳥取県　別に問題なし。
島根県　別に問題なし。
岡山県　岡山市国庫補助水道施行中。宇野湾築港問題あり。継続四港湾浚渫の施行、高梁川改修
　問題あり。砂防百万円の工事施行中。
広島県　愛媛県と漁業紛議あり。
山口県　継続土木工事費百弐拾万円の問題あり。町村下戻を受けたる山林七万町歩整理問題あり。
　下関国庫補助水道施行中。
和歌山県　別に問題なし。

徳島県　県模範林新設着手。吉野川改修問題あり。
香川県　別に問題なし。
愛媛県　広島県と漁業紛議あり。国道補助問題あり。住友鉱山と被害人民の間に知事仲介交渉中。
高知県　別に問題なし。
福岡県　若松国庫補助築港施行中。博多湾築港問題あり。工業学校の整理、市区の拡張問題あり。
大分県　別に問題なし。
佐賀県　別に問題なし。
熊本県　銀行破綻後整理問題あり。県にて発電事業の経営問題あり。八代郡八拾万円の埋立工事善後処分中。
宮崎県　別に問題なし。
鹿児島県　築港事業八拾万円目下工事実施中。大島の糖業問題あり。
沖縄県　県制新設、町村制改正案上申中。土地整理終りたるを以て地方費の関係決定の急あり。糖業問題関係あり。

〔註〕「内務省」罫紙。本史料は、児玉が内相（明治36年7月15日〜同年10月12日）兼任であった時代に日にしたものと思われる。

府県技師出身学歴手腕一覧　明治(36)年

地方　①技師　②出身　③学歴　④手腕　⑤目下之著明工事　⑥卅三年度府県土木費決算

東京

①原竜太　②福島、士　③十四年東京大学理学部卒業　④優　①杉谷幸蔵　②新潟、士　③廿九年東京工科大学卒業　④甲　⑤市区改正　一、〇〇〇、〇〇〇円　市／東京電車鉄道　三、五〇〇、〇〇〇円　私人／東京市街鉄道　二、六〇〇、〇〇〇円　私人／東京電気鉄道　八〇〇、〇〇〇円　私人　⑥二、一六五、七九九円

京都

①石田二男雄　②福井、平　③十三年東京大学理学部卒業　④甲　⑤京都下水　計画中／国道改修　一一一、五二九円　県　⑥七〇六、七八三円

大阪

①足助好生　②山口、士　③十四年工部大学校卒業　④優　⑤大坂築港　二一、六七五、〇〇〇円　市／大坂下水　三二二、八三二円　市　⑥一、五五六、七九一円

神奈川

①金沢孝助　②山形、平　③三十二年東京工科大学卒業　④乙　①小田切忠四郎　②神奈川、平　③二十九年東京工科大学卒業　④甲　⑤埋立　二、八〇〇、〇〇〇円　私人／埋立　四二九、六七八円　私人／江ノ島電気鉄道　一一二、〇二〇円　私人　⑥一、二七七、四一六円

兵庫

①佐藤長太郎　②新潟、士　③二十九年東京工科大学卒業　④甲　⑤神戸市水道　三、二九〇、〇〇〇円　市／兵庫埋立　二、〇三六、八五八円　三菱会社／阪神電気鉄道　三、〇〇〇、〇〇〇円　私人　⑥一、二五四、五五八円

長崎

①東島権次郎　②佐賀、士　③三十三年京都理工科大学卒業　④乙　⑤長崎築港　四、九一〇、〇〇〇円　市／長崎市水道　一、二八二、〇〇〇円　市／長崎埋立　一七四、五六〇円　三菱会社／県道改修　三五一、四四三円　⑥一、〇九〇、九二九円

新潟

①加藤与之吉　②埼玉、平　③二十七年東京工科大学卒業　④甲　①新開専之助　②福岡、平　③三十三年東京工科大学卒業　④乙　⑤両津港防波堤工事　四一、二一九円　県／郷津外三港修

築　計画中　⑥一、一〇〇、七七〇円
埼玉
①島崎孝彦　②高知、士　③三十一年高等学校工学部卒業　④乙　①牧彦七　②大分、平　③三
十一年東京工科大学卒業　④甲　①横井保定　②東京、士　③学歴なし（実地修業）　④丁　⑤
災害工事　六一〇、六九二円　県　⑥八六九、一〇一円
千葉
①青木寿　②長野、平　③三十一年東京工科大学卒業　④甲　①小野政精　②静岡、平　③学歴
なし（実地修業）　④丙　⑤印旛沼開疏　計画中　⑥九一七、八六六円
茨城
①関屋忠正　②岐阜、士　③廿四年東京工科大学卒業　④優　⑤災害工事　三〇〇、一五三円
県　⑥四八一、九九〇円
群馬
①沖一誠　②鹿児島、士　③二十一年東京工科大学卒業　④優　⑤災害工事　二六一、五三六円
　県　⑥五二一、二八七円
栃木
①井上二郎　②千葉、平　③三十三年東京工科大学卒業　④乙　①中村猪市　②大坂　③三十一
年高等学校工学部卒業　④乙　⑤災害工事　一、四〇三、二二一円　県　⑥三〇七、六五〇円
奈良

欠　⑥二七一、二八一円

三重

①東武平　②熊本　③二十二年東京工科大学卒業　④丙　⑤四日市築港　計画中／宮川電気鉄道

一六四、七六八円　私人　⑥五六八、四六五円

愛知

①黒田豊太郎　②岐阜、士　③十九年東京工科大学卒業　④甲　①上田敏郎　②静岡、士　③十九年東京工科大学卒業　④優　⑤熱田築港　二、四九九、一一二円　県／悪水路兼用運河開鑿

八八、九三一円　私人　⑥一、四〇二、八四四円

静岡

①神春原太　②岡山、平　③三十二年高等学校工学部卒業　④乙　①橋爪誠義　②山形、士　③二十九年東京工科大学卒業　④乙　⑤災害工事　計画中　県　⑥一、〇一九、八七三円

山梨

①木村貫一郎　②新潟、平　③廿九年東京工科大学卒業　④丙　⑥六四二、六六〇円

滋賀

①清水保吉　②岐阜、士　③十六年工部大学校卒業　④優　⑥五二八、六六三円

岐阜

①戸谷亥名蔵　②群馬、平　③廿一年東京工科大学卒業　④甲　⑤国、県道改修　四三五、〇〇一円　県　⑥七八〇、八五七円

長野

①野田六次　②福岡、士　③廿五年東京工科大学卒業　④乙　①栗原唯喜　②熊本、士　③三十三年京都理工科大学卒業　④乙　⑤県道改修　三三四、〇四九円　県　⑥一、〇五一、八五七円

宮城

①杉野茂吉　②岐阜、士　③廿六年東京工科大学卒業　④甲　⑤仙台市下水　一一八、六八六円　市　⑥八二〇、二二五円

福島

①山上正夫　②岡山、士　③廿一年東京工科大学卒業　④乙　⑥五〇六、二四九円

岩手

①鈴木格吉　②三重、平　③廿二年東京工科大学卒業　④乙　⑤県道改修　八六四、三七四円　県　⑥二五八、一七二円

青森

①矢継篤太郎　②長崎　③学歴なし（実地修業）　④丙　⑤青森市水道　稟伺中　⑥一六六、四九九円

山形

①杉村伝通　②茨城、平　③廿三年京都理工科大学卒業　④乙　⑤加茂港築港　一八五、七一四円　県　⑥五七二、四七五円

秋田

①小野常次　②岩手、平　③廿五年札幌農学校卒業　④丙　⑤雄物川河口工事　一一八、七三五円　県／秋田市水道　稟伺中／船川湾改築工事　計画中／県道改修　八七八、四九〇円　⑥三五九、七三六円

福井

①勝又愛治郎　②宮城、平　③三十三年東京工科大学卒業　④乙　⑤道路、河川、港湾改修　五二二、八二八円　県　⑥八六五、七九一円

石川

①橋本卯之吉　②福岡、士　③廿六年東京工科大学卒業　④乙　⑥五〇一、八八四円

富山

①谷井鋼三郎　②東京、士　③二十一年東京工科大学卒業　④乙　①寺崎新策　②新潟、平　③三十四年京都理工科大学卒業　④甲　⑤神通川放水工事　三八、〇三一円　県　⑥一、五二三、八八六円

鳥取

①竿田秀静　②愛媛、士　③三十一年東京工科大学卒業　④甲　⑤境築港　五三、〇三五円　県　⑥一六二、七九〇円

島根

①小笠原酉三郎　②神奈川、平　③卅五年東京工科大学卒業　④乙　⑥五四八、一七四円

岡山

①林頼二郎　②山口、士　③十四年工部大学校（鉱山）卒業　④乙　⑤児島湾埋立　工費未詳／岡山市水道　八三〇、七四三円　市／笠岡築港　五八、九二一円　県／玉嶋築港　五七、三四九円　県　⑥一、三二〇、九九七円

広島

①中桐春太郎　②岡山、平　③三十一年東京工科大学卒業　④甲　⑥四六九、三六七円

山口

①滝川釖二　②茨城、士　③二十三年東京工科大学卒業　④甲　①桑邱茂　②和歌山、平　③三十二年東京工科大学卒業　④乙　⑤下関市水道　七五〇、〇〇〇円　市／埋立　一二九、九〇三円　私人／道路改修　一、三四四、二〇五円　県／災害工事　二七七、七三〇円　⑥六三五、八五八円

和歌山

①中村公元　②長崎、士　③三十二年東京工科大学卒業　④丙　⑤災害工事　計画中　⑥二四七、一二四円

徳島

①田賀奈良吉　②鳥取、士　③三十一年東京工科大学卒業　④乙　⑤国道改修　七二、一五四円　県　⑥六三九、五三三円

香川

①赤堀徳次郎　②岐阜、平　③学歴なし（実地修業）　④丁　①藤崎鍵次郎　②福井、平　③三

十五年京都理工科大学卒業　④乙　⑤高松築港　一六九、八七五円　市　⑥二四二、九二三円

愛媛

①千種基　②三重、士　③十三年工部大学校卒業　④優　⑤国、県道、港湾改修　二、五八二、七九八円　県　⑥六五八、六〇五円

高知

①用瀬松太郎　②東京、士　③廿一年東京工科大学卒業　④甲　⑤国、県道改修　五三四、九五四円　県　⑥六七七、二三七円

福岡

①鶴田多門　②佐賀、士　③廿四年東京工科大学卒業　④優　①西池民文　②京都、士　③三十一年東京工科大学卒業　④乙　⑤若松築港　二、八三五、〇〇〇円　会社／蘆屋築港　四七一、二四六円　私人／博多築港　二五〇、〇〇〇円　私人／門司市下水　稟伺中／大牟田築港　七七三、二二一円　三井会社／福岡築港　一二八、〇〇〇円　私人　⑥一、七二四、六〇四円

大分

①安田不二丸　②山口、士　③廿五年東京工科大学卒業　④優　⑤国道改修　一二一、六一二円　県　⑥四一九、四六六円

佐賀

①高山篤太郎　②福岡、士　③学歴なし（実地修業）　④丙　⑥三五四、三九四円

熊本

①三浦鍋太郎　②愛知、平　③卅年東京工科大学卒業　④乙　①森実太郎　②愛媛、士　③卅年高等学校工学部卒業　④乙　⑤八代埋立　八三四、五三三円　郡／国、県道改修　七九三、二四〇円　県　⑥七二二、四一一円

宮崎

①松浦円四郎　②福井、平　③卅三年東京工科大学卒業　④乙　⑥三四二、四二一円

鹿児島

①保科圭三郎　②東京、士　③廿四年東京工科大学選科卒業　④丙　⑤鹿児島築港　七六二、〇〇〇円　県／道路改修　七〇九、四九七円　県　⑥五三七、六八八円

沖縄

①渋谷競多　②群馬、士　③十三年工部大学校卒業　④甲

北海道

⑥計　三三二、八二二一、一〇七円

〔註〕原史料は表形式。①〜⑥の数字は、編集が付した。本史料は、児玉が内相（明治36年7月15日〜同年10月12日）兼任であった時代に目にしたものと思われる。

農工銀行一覧　明治(36)年

農工銀行一覧
道庁及府県　①資本金　②株式　③払込未済額　④備考

北海道
○東京
①三五〇、〇〇〇円　②二〇円　④(政)四、(政派)二、(進派)一、(無、政)一／八
○京都
①五〇〇、〇〇〇円　②二〇円　④(政)五、(政派)一、(進)一、(政、実)一、(無、実)二
／一〇
○大坂

①五〇〇、〇〇〇円　②二〇円　③四分ノ一　④（政）参、（帝）一、（無、政派）一、（無、大日本協会）一、（無）二／八
○神奈川
①四〇〇、〇〇〇円　②二〇円　④（政）五、（政派）二、（進）一／八
○兵庫
①一、〇〇〇、〇〇〇円　②二〇円　④三十六年四月より三十八銀行をして取扱はしむること、せり、（政）三、（進）二、（無、政）一、（無）二／八
長崎
①四〇〇、〇〇〇円　②二〇円　④（政）八、（実、政）一、（無、進）一／一〇
○新潟
①一、〇〇〇、〇〇〇円　②二〇円　④（進）八、（政派）二、（無）一／一一
○埼玉
①六〇〇、〇〇〇円　②二〇円　④（政）七、（進）一／八
○群馬
①五〇〇、〇〇〇円　②二〇円　④（政）四、（実業同志会、帝）五、（無）一／一〇
○千葉
①八〇〇、〇〇〇円　②二〇円　④（政）二、（進）一、（無、政）二、（無、進）一、（無）一／
七

○茨城
①六〇〇、〇〇〇円　②二〇円　④(政派)一、(進)二、(進派)一、(帝派)一、(無、進)二、(無、政)一/八
栃木
①六〇〇、〇〇〇円　②二〇円　④(無、政)三、(無、進)三、(無)二/八
○奈良
①五〇〇、〇〇〇円　②二〇円　④(政)四、(進)一、(無、進)一、(無)三/九
○三重
①七〇〇、〇〇〇円　②二〇円　④(政)六、(進派)三、(政、進)一、(無、進派)二/一二
○愛知
①一、五〇〇、〇〇〇円　②二〇円　③四分ノ一　④尾三農工銀行、(政)二、(無)八/一〇
○静岡
①一、〇〇〇、〇〇〇円　②二〇円　④(政)一〇/一〇
○山梨
①三〇〇、〇〇〇円　②二〇円　④三十六年四月より取扱はしむ、(政)四、(進)三、(無)一/八
○滋賀
①五〇〇、〇〇〇円　②二〇円　④(政)一、(進)六、(無)五/一二

○岐阜

①一、〇〇〇、〇〇〇円　②二〇円　④濃飛農工銀行、(政)一、(政派)一、(進派)二、(帝)一、(帝派)三、(無、政)一、(無、帝)二/一一

○長野

①一、〇〇〇、〇〇〇円　②二〇円　④(政)七、(進)一、(無、政)三、(無、進)一/一二

宮城

①六〇〇、〇〇〇円　②二〇円　④(政)四、(帝)一、(無)五/一〇

○福島

①八五〇、〇〇〇円　②二〇円　④(政派)一、(進派)四、(無、政)二、(無、進)二、(無)一/一〇

岩手

①六〇〇、〇〇〇円　②二〇円　④(政)五、(帝)一、(実)二/八

青森

①六〇〇、〇〇〇円　②二〇円　④(政派)二、(進)一、(進派)二、(帝派)一、(合同派、政)一/七

山形

①六〇〇、〇〇〇円　②二〇円　④両羽農工銀行、(政派)四、(進派)五、(無、政)一/一〇

秋田

①六〇〇、〇〇〇円　②二〇円　④（政）一、（進派）五、（帝派）四／一〇
○福井
①五〇〇、〇〇〇円　②二〇円　④（政）六、（政派）一／七
○石川
①五〇〇、〇〇〇円　②二〇円　④（政）九、（無）一／一〇
○富山
①四〇〇、〇〇〇円　②二〇円　④（政）二、（進）四、（進派）一、（三四倶楽部）一／八
○鳥取
①三〇〇、〇〇〇円　②二〇円　④（政）三、（帝派）一、（無、帝派）三／七
○島根
①五〇〇、〇〇〇円　②二〇円　④（政）三、（進）一、（帝）壱、（帝派）一、（実業全志会、党派関係なし）三、（実業全志会、政）一／一〇
○岡山
①一、〇〇〇、〇〇〇円　②二〇円　④（政）五、（進派）二、（無）一／八
○広島
①一、〇〇〇、〇〇〇円　②二〇円　④（政）一、（政派）二、（進）二、（進派）三／八
　山口
①六〇〇、〇〇〇円　②二〇円　④防長農工銀行、（政）七／七

和歌山

①六〇〇、〇〇〇〇円　②二〇円　④（政）三、（政派）五、（進派）三／一一

〇徳島

①四五〇、〇〇〇円　②二〇円　③三二、一〇五円　④阿波農工銀行、（政）三、（政派）一、（無、政）三、（無）一／八

〇香川

①四〇〇、〇〇〇〇円　②二〇円　④讃岐農工銀行、（政）五、（政派）四、（進）一／一〇

〇愛媛

①七〇〇、〇〇〇〇円　②二〇円　④（政）二、（実）一、（非増租派）九、（無）一／一三

〇高知

①四二〇、〇〇〇〇円　②二〇円　④土佐農工銀行、（政）八／八

〇福岡

①六〇〇、〇〇〇〇円　②二〇円　④（政）六、（政派）二／八

大分

①四五〇、〇〇〇〇円　②二〇円　④（進）一二／一二

佐賀

①三〇〇、〇〇〇〇円　②二〇　④（進）八、（無、政派）二／一〇

〇熊本

①七〇〇、〇〇〇円　②二〇円　④肥后農工銀行、（政）三、（帝）五／八

宮崎

①五〇〇、〇〇〇円　②二〇円　④（政）七、（政派）三／一〇

〇鹿児島

①六五〇、〇〇〇円　②二〇円　④（政）八／八

沖縄

①二〇〇、〇〇〇円　②二〇円

合計

〇印は県金庫事務を取扱はしめたるもの

（政）政友会　（政派）政友会派　（進）進歩党　（進派）進歩党派　（帝）帝国党

（帝派）帝国党派　（実）実業派

〔註〕原史料は表形式。①〜④の数字は、編集が付した。本史料は、児玉が内相（明治36年7月15日〜同年10月12日）兼任であった時代に目にしたものと思われる。

台湾総督府の位置づけに関する意見書　明治（　）年

第一　内務省所属説

一、本国行政の取扱に慣れ毫も台湾特殊の事情に通せさる官吏をして本務の傍ら台湾の事務に当らしむるか故に、左の結果を生す。

（一）徒に器械的統一主義に傾き台湾特殊の必要を無視するの傾きあり。

（二）事務動もすれば消極に流れ台湾の進歩発達を阻害するの傾きあり。

（三）主任者始め関係の官吏極めて台湾の事務に冷淡にして、其挙否に付殆んと全く痛痒を感せす、事務随て停滞するを常とす。

二、台湾課は規模小に過き朝野の間に無勢力にして、台湾の利益を擁護するの力に乏し。

三、予算関係に付大蔵省に、法令関係に付法制局に、其他各省主務に関係する事項に付ては、現に内務省官吏よりも却て台湾当局者多く之か交渉の任に当れり。又斯くするの自他の便利たることは疑を容れす。

第二　殖民省設置説

此説は専門の官吏をして台湾の事務を取扱はしむるの点に於ては正しく、第一説に優るも、結局左の不都合あり。

甲、我国力は尚一層外に向て伸暢したる暁は、格別今日台湾のみの為に一省を設くるの必要なし。又北海道は既に区町村制を布き一種の議会を設け、且衆議院議員を選出する今日に於て、内務省を離れて別段の取扱を為すの必要なし。

乙、台湾の統治は可成総督に一任するを得策とすへきに、殖民省の設置は中央掣肘の程度を高め結局先年の拓殖務省の失敗を再演するの虞あり。

第三　総督を内閣に列せらるゝの説

台湾総督を国務大臣として内閣に列せしめらるゝは、台湾為政者の側より見れは、

（一）中央政府の掣肘を免れ、

（二）其利益の擁護者を内閣中に有する、

の大なる利便ありと雖、而かも左の非難あり。

一、台湾総督をして自ら中央政変の余波を蒙らしめ、延て新領土の経営に頓挫を来すの恐れあること。

二、台湾総督にして果して内閣に列するとするも、恐らくは其国務大臣たるの職責を全ふするに由なからん。若し強て其職責を全ふせんと欲せは一年の大半は京地に留るの結果となり、台湾

の経営上障碍少なしとなさす。

三、内閣官制第十条の規定は特に其人を目的とするものにして、其職を目的としたるものにあらす。故に台湾総督に其職務上の関係に於て国務大臣として内閣に列せしむるか如きは同条の範囲外に属すること。

四、若し内閣官制を改正し職務上の関係に於て内閣に列せしむるの端を開くは、大に考究を要するものあり。若夫多数なる有名無実の内閣員を置く英国制度の如きは、畢竟政党政治の余弊にして後進国か採て以て先例と為すへきものにあらさるなり。

五、台湾総督をして国務大臣として内閣に列せしむるときは、勢ひ大臣の幕僚兼総督府の出張所として京地に常設の一機関を置くの必要を生し、経費の点に於ては第五説中台湾事務局設置説に比し殆んと軒輊する所なし。

第四　総督を行政長官たらしむるの説

此説の要旨は、現行官制に依れは台湾総督は内務大臣の監督に属し行政上の責任なし（実際上は別とし）。故に夫の国務大臣又は各省大臣に非すして行政長官たる宮内大臣又は会計検査院長、行政裁判所長の例に倣ひ総督に行政長官たる位置を与へ、則ち各省大臣と同一の地位に置き、以て行政上の責に任せしむへしと云ふに在り。一見事宜に適したるか如きも、仔細に之を攻究するときは左の弱点あるを免れす。

一、総督府は一種の地方的官庁なり。之を最高行政官府となし（一、二の除外例あるにせよ）更に之か監督の任に当る中央機関を置かさるは、行政系統上其宜しきを得たるものにあらす。之を欧州先進国の類例に照らすに、孰れも属領地に対して中央政府内に之か監督的機関を設けさるはなし。

二、宮内省、会計検査院、行政裁判所は援て台湾総督府の類例と為すを得す。宮内省は全然政府以外のものなれは之を措き、会計検査院及行政裁判所は孰れも国務大臣に特立すへき機関にして、何人も其行動に容喙するを得す。又何人も之か指揮監督の権力を有するを得す。然るに台湾総督府は台湾に関する一般の行政事務の掌理する一種の地方官的官庁に外ならされは、検査院、行政裁判所と同日の談に非す。

三、台湾に関する法律、勅令に副署するの主任大臣なし。尤も郵便、電信に付ては逓信大臣、銀行、貨幣に付ては大蔵大臣、人事に付ては総理大臣之に副署すへしとするも、其他の場合には果して何大臣か副署すへきや。或は総理大臣之に副署すへしと云ふ者あらんも、是れ根拠なきの説たり。若し又或る一定の事項に関し総理大臣に一種の監督権を付与し、之を根拠として同大臣に副署せしむへしと云はんか、是れ殆んと総理大臣を台湾総督府の監督大臣となすと何そ択はん。此非難は立法上並に会計上今後益々台湾を特別視するの制度を採るの日は格別、苟も今日の制を持続する間は到底免るへからさるの非難なり。

四、総督府に関する議会関渉の事務に付主任大臣なし。今日も議会関渉の事務は総督府主として担当し、内務省は殆んと只員に備はるのみなれとも、形式上より見れは兎に角主任大臣以下の吏僚ありて此欠漏を補填せり。故に若し現制度に改正を試むるときは此形式に於ても欠くる所なきを望まさるを得す。

第五　内閣所属説

此説に対しては左の非難あり。

内閣総理大臣の任務は行政各部の統一を維持するに在り、然るに今独り台湾の事務に関して主管大臣たるは此大体の元則に背戻す。

と云ふに在り。右の理由は去る明治三十一年二月、時の内閣をして台湾事務局を内閣より内務省に移すに至らしめたる根拠にして、単に内閣官制其物より観察すれは固より首肯せさるを得さるも、抑内閣官制は内閣組織職権の大体を定めたるものにして、他の官制を以て内閣総理大臣に負はしむるに、内閣官制に定むるもの丶外仍或る職責を以てするは毫も支障あるへきの理なり。又現に二、三の斯る実例あるにあらすや。類例を欧州先輩国に求むるに、殖民地に関する事務は殖民省に於て掌握するもの丶外、或は外務省に或は海軍省に或は陸軍省に或は内務省に属するものあり。夫の独逸国の如きは殖民地に関する事務を以て特に帝国宰相の直轄とせり。而して同一国に於ても種類に依り殖民地を各省に分属するものあり。則ち知るへし、殖民地の進歩発達の程度、四周の境遇等に因りて自ら其所属を帰一すへからさることを。果して然らは今台湾を何省の所属となすへきや。内務省に属するの不都合なるは衆議今や是認し、最早反対の意見を容る丶の余地なし。去りとて新に殖民省を置くは時期と経費と両つなから之を容さす。果して然らは暫く之を内閣の所管となし、以て時期の到来を俟つの外他策なし。況んや台湾総督の其位置、職権、待遇、勢望各省大臣と伯仲の間に在り、総理大臣を措て他に之か監督に当る適当の大臣なきをや。台湾を以て内閣の所属となすの至当なるや、上来叙述せるか如し。但其如何なる方法を以て内閣に属せしむへきやに付ては、所説紛々として未た帰する所を知らさるか如し。然れとも其細目論なるものは虚心坦懐之を玩味せば条理明快、敢て解決し難き底の問題にあらさるなり。

一、無機関説　此説は、総理大臣に属する監督的機関も台湾総督に属する交渉的機関も双つとも之を設けさるに在り。此説に依れは総督府の事務にして中央政府の許可を要するもの、又は交渉を要するものは総て、台北より直ちに或は内閣に或は各省に提出せさるへからす。到底満足に彼是の意思を疏通し事務の進捗を期する能はさるなり。

二、機関説は分れて左の三説となる

（一）総督府出張所を京地に設くること

此説は頗る事宜に適せるの説にして、殊に総督府の利益を擁護するの機関として遺漏なしと雖、他の一面に於て総理大臣の側に属する機関なきを以て、同大臣か監督権を施行するに困難なりとの非難を免れさるへし。

（二）内閣書記官説

此説は内閣書記官室をして台湾に関する事務を掌理せしめんとするに在り、総理大臣に属する総督府監督の機関としては其形式稍に備はれるも、元来内閣書記官なる者は行政事務に何等の直接関係を有せす。殊に台湾の事情に通せさるの点に付ては内務省よりも尚ほ甚しく、強て之をして台湾に関する事務を取扱はしめんか、由て生する種々の不都合は却て現制に優るへきは睹易きの理なり。故に若し今日の不都合を救済せんと欲せは勢ひ一種の専門的機関を要す。内閣書記官室に於て常務の傍台湾の事務を処理し、由て以て好果を収めんとするは詢に思はさるの甚しきものと云ふへし。

（三）　台湾事務局説

此説は台湾の事務を専門に取扱はしむる為に内閣に台湾事務局を設置せんとするに在り。此説に付ては解明を要する点は、事務局長官は⑴之を専任となすへきや、又は兼任となすへきや、若し兼任とせは何官より兼任せしむへきや、又⑵其局長官は総理大臣に直属すへきや、又は内閣書記官長の指揮の下に立つへきや、に在り。

予は同局長官は台湾総督府高等官をして兼任せしむるを以て最も事宜に適したるものと確信す。或は法制局長官をして兼任せしむるの説あるも、抑法制局なるものは全然行政事務に関係なく、多くは批評的に消極的に立法事務を取扱ふに止まるものなれは、其長官をして台湾事務局の事務を管理せしむるの不適当なるは言を俟す。今試みに総督府高等官をして此長官を兼ねしむるの利益を挙くれは、

(イ)事務局は一面は総督府の利益を擁護するの機関たると同時に、他の一面は総理大臣に属して総督府監督の機関となり、両に相悖らさるを得ること。

(ロ)中央政府の掣肘と総督府の絶対的独立と双つなから之を避け、円満適度の監督を為すを得ること。此点は最肝要なり。中央政府過度の掣肘は属領地の統治を失敗に終らしめたるの先例甚た夥多なれはなり。又属領地内外の施設は中央政府の利害に関渉すること少なからす。故に中央政府は属領地に対し常に相当の監督を行ひ、以て彼我利益の衝突を予防せさるへからす。前記兼任の制は此目的を達するに恰当するものなり。

(ハ)中央政府及総督府間の意思を疏通し事務の処理を敏活ならしむること。
(ニ)一機関にして両様の目的を達し得るを以て経費を節約することを得、現在の内務省台湾課の経費予算を其儘内閣に移せは足れり。今試みに其組織の大要を述へしに、長官は総督府高等官の兼務とし専任書記官一人属五人を常置し、外に法制局参事官一人総督府参事官又は事務官三人を書記官に兼任せしめ、其総督府より兼任する者は数ケ月毎に京台の間に更代勤務せしめ、以て中央政府総督府間に意思の疏通を図んとす。
次に事務局長官は総理大臣に直属して内閣書記官長に特立せしむへきや、又は書記官長の指揮を受けしむへきやに在り。此事たる一見極めて軽微なるか如くなるも、深く之を玩味すれは其利害の関はる所決して尠少ならさるを知るへし。抑内閣書記官長なる者は官制に依れは特別任用の規程に依れる官吏なれは、時に或は党派的嗅味を帯ふる者之に任することあるへし。既往に於てすら已に数回の実例あり。況んや将来に於ては其実例の多になるへきは識者を俟て後知らさるなり。然るに一面に於て台湾の経営は党派紛争の外に超然し、終始不動の方針に依処して施設せさるへからさるは固より論なきに拘らす、党派に特別の関係を絶つ能はさる書記官長をして一に台湾の事務に干渉せしむるの台湾経営の大体上不得策なるは、火を観るよりも明かなり。是れ事務局の総理大臣に直隷せさるへからさる理由の一なり。

事務局長官は主管事務に付政府委員となり、時に或は総理大臣に代り議院壇上に現はる、場合もあるへし。其他総ての場合に於て朝野とも未た殖民思想の幼稚にして、台湾の何物たるを知らす。又台湾に関し痛痒を感せらるの間に処して能く台湾の利益を擁護せしめ、以て其経営の後援たらしめんには出来得る限り其長官の待遇を優にするの妥当なるを認む。是れ事務局の総理大臣に直属せさるへからさる理由の二なり。

法制局を廃し内閣書記官に移すの議　明治(　)年

法制局を廃し其事務を内閣書記官に移すの議

明治十八年初めて現今の内閣制度を設けらるゝや、従来の参事院を廃し更に内閣に法制局を置き其官制を定めらる。此改正前に於ける政府の組織は、太政大臣を以て百政の中心とし、左右大臣を以て補翼せしめ、各省卿は一に其指揮命令に服従する属僚たるに外ならす。参議の制ありと雖、素より現今の内閣会議と同一視すへきものにあらす、蓋当時の必要は百般の政権を太政官に集中し、大小の事一に決を太政大臣に仰くにありたるを以て、太政官中参事院なる膨大なる機関を設け、太政大臣の指揮の下に一は行政各部の統一を保ち、一は太政官と行政各部との聯絡を通するの用に充て、併せて権限争議及一種の行政訴訟を司らしめ、兼て元老院との叶議の衝に当らしめたり。然るに現今の内閣制度を定めらるゝや、百般の政務は各省に分属し各省大臣は各其主任の事務に付其責に任し、国務各大臣より組織せらるゝ内閣は内閣としては一の主任事務あるなく、内閣総理大臣の職権は単に行政各部の統一を保持するに止まれり。是れ参事院に代ふるに法制局を以てせられたるの趣旨ならん。

法制局は其設置より二十二三年の交までは事務繁忙を極め、殊に長官以下孰れも閲歴識見ある者を以て之に充てたるを以て、其国家に貢献したること固より尠少にあらす、誠に必要欠くへからさるの機関なりし。然るに其後諸般の制度は略ほ其緒に就き、加ふるに二十一年枢密院を置かれ尋て帝国議会も開設せらるゝに依り、法制局の価値復前日の比にあらすして行政整理の都度其不必要を唱ふる者ありしか、結局前後二回其規模を縮少して之を存続すること、なり、尋て三十一年更に定員を増加し以て今日に及へり。比の如く屢其廃止の声を聞きなから、尚且廃止の運命に遭遇せさりし所以のものは、同局は内閣総理大臣に隷属し百般の法律命令案の審議の衝に当るを以て、事甚しく同局の不利に渉るものは到底此関門を通過するの望なきに因らすんはあらさるなり。

請ふ、少しく法制局の吏僚に就て言はしめよ。其大半は大学の門を出て来た数年ならさるの輩にして、能く内外の大勢に通し実務上深く経歴を有する者果して幾人か在る。故に法制局の意見なるものは、往々事の本末緩急を過り実際の事情に迂遠なるもの尠なからす。或は微細の事件に全幅の熱心を注ぎ、却て重要なる事項を軽々通過せしむることあり。或は字句の末に拘泥して行政各部の重要施設を停滞せしむることあり。近く例証を台湾に取らんに、彼の総督の職権に属する律令案を審査するに当りて毎に字句の訂正を主張し、又は台湾特殊の事情を察せす強て内地法律と其規定を同ふせしめんとするの傾きあり。為に律令の発布は往々其機に後れ、総督に附与するに律令発布の権能を以てしたるの趣旨何れに在るやを疑はしむるに至る。又彼の台湾土地収用規則案の法制局に廻付せらるゝや、同局は連月審議の後其平素に似す、之を修正して強制の範囲を拡め著しく専制的のものとなしたるの奇例あり。然り、而して閣種の各議案は是等吏僚の手に依りて調製せられ、各大臣は之に捺印し以て閣議を結了するの例なり。思うて茲に至れは其間多少の懸念なきを得さるなり。

法制局の存在は審議立案に関する各省の責任を軽からしむるの趨勢あるを免れす、各省に於ける法律命令案の審査は法制局なる一段上級の専門的官庁あるを恃み不知不識の間に粗漏に流るゝの嫌なきにあらす。甚たしきは字句上訂正すへきものあるを知りなから之に訂正を加へす、故らに之を法制局の修正に留保するか如き事例なきにあらす。

次に法制局事務は例年議会開期前は稍繁なりと雖、一年の大半は其事務寡少にして局員は往々無事に苦しむか如き場合なきにあらす。其一事件に多数の日子を費し区々たる字句の末まても修正を試みんとするか如きは、一は其事務の閑に過くるに基因すと云ふも過言にあらす。

法制局長官と内閣書記官長との関係は円熟ならさるを例とす。之れ二者の位置略ほ相若けるに因ると雖、抑も復此二者両立し難きものあるに由らすんはあらす。明治二十四年の官制改正前に在ては前者の位置、声望甚た高く、固より後者の比にあらさりしも、其後前者は人物の降下と共に漸次其声望を失ひ、後者は却て其位置を高め、甚たしきは前者は百事後者の下風に立ちたるの場合なきにあらす。要するに此二者中孰れか勢力を得、孰れか勢力を失ふかは其総理大臣との関係如何にあり。二者併存し双つなから其所を得るるは甚た難事に属す。若し総相の政務の都合上後者の存置を必要なりとせは、寧ろ前者を廃して此の不都合を避くるの愈れるに如かす。

法制局は参事院の変形なり。太政官時代の遺物なり。各国未た其の類例を見さるは固より其の所とす。

唯英国に稍に之に類するものありと雖、是れ独り政府の機関たるに止らす、又議院の機関として広く議員の為に法案の調査準備に任する一種変体のものにして、固より我法制局と日を同ふして語るへからさるなり。

之を要するに法制局の存置は利害相半はし、之を各省の見地よりすれは各省の責任を軽減せしめ各省の施設を停滞せしむるの害あり。更に内閣の見地よりすれは、総理大臣の手足として法令上行政各部の統一を保つの利ありと雖、規模の一層少なる機関に依るも尚同一の目的を達することを得へし。

或は法制局の組織を拡張して之を参事院に進めんと云ふ者あり。然れとも参事院の設置は権力を内閣に集中し、各省大臣の責任を軽くし各省大臣は其主任事項に付参事院の掣肘を受け政務不振の悪結果を来すへし。之に加ふるに我邦既に枢密院の設置あり。今又新に参事院を設置せんとするは、徒らに権力関係上錯綜を招くの虞あるのみならす、枢密院と参事院を併設するは各国未た其例を見さる所なり。

法制局を廃し其事務を内閣書記官に移すには左の組織を取るを要す。

一　内閣書記官長指揮の下に調査課を置くこと

二　調査課に参事官専任四人属五人を増置し課長は上席参事官を以て充つること

三　以上の趣旨を以て別案の勅令発布を要すること

府県併合に反対する意見書　明治（　）年

社会の進運に伴ひ行政各部の組織に変革を加ふ可き必要を生するは勢の已むを得さる所なり。現行府県の区画は明治維新の後を受け封建の遺習未た其跡を絶たさるの際に制定せられ、爾来今日に至るまで二、三の廃置を見たるの外更らに著しき変動なし。従て現行の区画か果して能く自治及官治の区画として今日の民情に適し利害を共通せしむるの範囲として適当なるや否やに付ては、若し精密なる調査を遂け深く将来の事を考へ之れか当否を断せは、蓋し改廃すへきもの二、三に止まらさるへし。殊に況んや維新以来社会の面目一新し、河海に船舶の便開け山野に鉄道を通する等交通機関の発達は土地の距離を著しく短縮せしめたるの実況なるに於てをや。近来世上地方制度の根基たる府県の区画の狭小に失するを以て、大に併合を行ふの急務なるを唱ふるものあるに至れるは決して怪む可きにあらさるなり。

然れとも地方の区画は自治の基礎にして、府県は自治体たると同時に国務施行の重要機関たり。

故に之か改廃は独り地方人民の利害のみならす、国家治政の挙否に重大なる影響を及すへきを以て、若し府県の併合を行はんとせは先つ周密なる調査を施し慎重なる考慮を要するは固より言を竢たさる所なり。

府県の併合を行ふに当り、尤も憂ふ可きは民心を動乱せしむる事是なり。明治の初年封建の制を廃し郡県の制を建て中央集権の基礎確立するに及ひ、更らに地方分権の主義に則りしより府県所在地は地方に於ける政治的並に社会的の中心となり、交通機関の設備、商工業の市場経営、教育衛生の施設等皆な此中心を基として発達し来れり。故に若し一朝此中心の他に移動する事あらん乎、其影響する所は独り府県庁所在地に於ける日常品の販売高を減少するか如き些少の結果に止まらす、県下全般の商工業を始め経済的並に社会的事業に重大なる関係を惹き起すの惧れあり。抑も地方の政治的、社会的中心を人為的に移動せしむるは此間に生したる各種階級の人民の利害の消長に関係する所少からす。殊に維新大変革の後を受けたる三十年来の慣行は民間に至大の勢力を扶植せるを以て、一朝之か変革に遭遇せは意外の騒擾を起さしめ、其結果は引て各種事業の発達を阻害するに至らは、府県併合の利を挙くるよりも寧ろ害の生する事多きを憂へさるを得さるへし。

仮令ひ此の如き騒擾は一時のものに止り、政府の決心鞏固にして能く之を鎮撫するの策ありとするも、之か実行に際しては帝国議会の争点となり地方議会の狂奔となり、府県庁所在地の争奪より地方的感情を益昂奮せしめ、一般人民に不安の念を増さしむるは勢ひ免れ難き所にして、之れ実に府県合併の名は美にして、然も実際に行はれ難き第一の障害なり。

次きに現行の制度に於ては府県は一方に於て自治の区域たると同時に他方に於て官治の区画たり。従て之か区域を拡張するは自治体の資力を増進すると同時に、又行政費に節約を行ふを得可きを以て、現今一府県の資力を以て施行する能はさる事業を興し、又目下焦眉の急たる政費節減の幾部を実行するを得へしと雖も、然も自治区域の拡張は地方利害の衝突を起し易く、行政区画の膨大は人民に不便を感せしむる事尠少ならす。既に現時の区画に於てすら地方的利害の関係よりして諸種の党与を樹て之か為め情弊を醸し、往々事業の緩急を誤り公費を濫費するの弊あるは世の認むる所なるに、今又新に数十年の慣行を破り更らに民情を異にし利害を同ふせさるの区域を之に加へんとするは、自治を鞏固ならしめんとする従来の方針に反し頗る遺憾なき能はさるなり。行政区画の膨大により人民の感する不便の程度は、之を交通機関の整備せさる当時に比すれは甚しき不便を来すと言ふを得すと雖も、事務の複雑なる事昔時の比にあらす。且つ各府県内に於て鉄道の便を利用し得るものは之を利用し得さるものに比して其数甚た少なきは今日の実況なるを以て、人民の感する不便の程度も亦再考を要す。加之現今府県知事に委任せられたる警察命令の範囲頗る広く、各知事は各其地方の情勢に従ひ適宜の規定を設くるを以て、隣接せる府県と雖も其規を一にせすして十数年に亘るものあり。若し此等の府県を併合するときは十数年の慣行を打破するか、然らすんは各区々の命令を設定するの必要を生し、勢ひ事務を錯雑ならしむるの患なきか、之又熟慮を要する所なり。

之を要するに府県の併合は言ふは易く之を行ふは頗る難し。地方の区画は国家と人民と互ひに相依り以て意思を疎通するの堰埭なるか故に、之か変更は一般人民の利害に影響する所頗る大なり。

之を欧州諸国の実例に徴するも、国家の政変は屢々之ありと雖も、地方の区画は常に慣行に基き、嘗て之か変更を企てたる事を聞かす。我国現行の地方区画は明治四年全く封建の区画を破り大小数百の各藩を併合したるものにして、今日に至るまて僅かに三十余年人民稍其区画に慣れ、地方の基礎も亦漸く確立せんとするに際し、今又之か変更を試みんとすれは其利害必しも多言を竢たすして明かなり。況んや今尚ほ一区画の下に各藩割拠の遺習を存し、往々地方的反目を生するの患あるに於てをや。

今我国府県設置以来廃置に関する沿革と、及英仏二国に於て我府県に相当する地方区画の人口及面積との比較を掲け参考に供す。

〔註〕「内務省」罫紙。比較表は略す。

『児玉源太郎関係文書』刊行までの経緯

伊藤　隆
上田　和子

平成二十二年に私たちは児玉秀雄宛書簡・電報類を纏めて尚友叢書15『児玉秀雄関係文書』Ⅰ・Ⅱを刊行することができた。そのⅡに伊藤が執筆した「児玉秀雄関係文書刊行に至った経緯」の中で述べているが、同書のもととなった児玉家から提供された史料の多くは秀雄関係のものであったが、一部に源太郎関係の書簡・書類があった。

かつて伺ったところによれば、源太郎関係文書は戦中期に郷里の岩国に疎開し、そこで空襲にあって焼失したとのことであったので、貴重なものと認識し、『児玉秀雄関係文書』の編集と並行してその解読を始めていた。主に担当していたのは尚友倶楽部史料調査室の太田展子、内藤好以両氏で、時に伊藤も手伝った。

平成二十三年六月二十日に尚友倶楽部史料調査室二十周年記念懇親会が開催されたが、その時ご出席になった児玉紀さんから、また史料が出てきた、という話をうかがった。季武嘉也（創価大学教授）、濱田英毅（当時学習院大学助教）の両氏と我々がそれを拝見に児玉家に伺ったのは、翌年二月二十九日、雪の降る日であった。源太郎を始め児玉家の方々を祀られている仏間に、大きな三個の箱が置かれていた。その中に入っていた大量の史料の中には山県有朋、伊藤博文などから源太郎へ宛てた書簡、源太郎が持ち歩いていた手帳、報告書、意見書草稿等が、秀雄関係の史料と共に含まれており、史料群の質の高さに驚かされた。

三月七日に、上田と史料室サポーターの松平忠昌氏が、児玉家からその史料を受け取り尚友倶楽部に移管した。早速、季武氏、濱田氏でざっと全体を点検し、整理を始め、目録作成作業を開始した。中には源太郎葬儀関係、判物類、写真等も多くあった。児玉家の毛利元就、毛利輝元の花押を含む近代以前の史料四三点は田中潤氏が整理に加わり、目録作成、解読入力を始めた。

一方、史料調査室では源太郎関係の書簡類の解読を引き続き太田、内藤両氏がすすめ、入力作業は松平晴子、川又真佐子両氏らが行った。この間、『児玉秀雄関係文書』書類編の編集作業も進行しており、濱田氏、蘆沢知絵氏が解読入力作業に従事した。

二十五年一月に追加で移管された児玉秀雄・源太郎関係新史料四六三点の目録が濱田氏の手で完成し、季武氏により、源太郎関係のもので叢書『児玉源太郎関係文書』として収録すべきものの選択が行われた。七月には書簡類と書類・日記類の二本立てとすることを決め、我々に濱田氏、塙ひろ子氏も加わって、季武氏と編集方針の詳細を相談した。濱田氏、蘆沢氏は手帳、書類の解読を続け、十二月に至って書類・日記類の整理がほぼ終了し、二十六年一月には書簡類の校正刷りが出て、我々と季武氏、太田氏が中心となって校正作業に入った。六月には書類・日記類の校正開始、そして九月には再校へ向けての努力が続けられた。再校では広瀬順皓氏（駿河台大学名誉教授）、千葉功氏（学習院大学教授）、松田好史氏（早稲田大学非常勤講師）、長南政義氏（戦史研究家）の協力も得た。

こうした関係者一同のたゆまぬ努力のもとに刊行をむかえるに至ったのである。本史料は弔辞を含む源太郎葬儀関係、児玉家系譜を示す判物類、秀雄、源太郎宛て児玉家家族間書簡、報告書、洋行日記、手帳、意見書草稿等、非常に多岐にわたる史料群である。担当の季武氏は刊行方針、編集作業と全般にわたり労を取られた。秀雄関係の史料は『児玉秀雄関係文書』書類編に収録予定であり、判物類、葬儀関係史料等は今後検討することにしたい。

かく貴重な史料をこれまでの長い年月を丁寧に保管され、尚友倶楽部にご提供くださり、公に刊行を快諾された児玉紀氏に深謝したい。

『児玉源太郎関係文書』編集にあたって

季武　嘉也

ここでは、「児玉源太郎関係文書」の整理から本書刊行に至るまでの経緯をご紹介したい。なお、通常であれば収載史料についての解題を書くところであるが、本書の場合は各書簡、および各書類等の末尾にそれぞれ内容に関わる簡単な説明も註記したので、そちらをご覧いただきたい。

元来、濱田英毅および筆者は、既に刊行されていた児玉秀雄宛書簡・電報を中心とする尚友倶楽部児玉秀雄関係文書編集委員会編『児玉秀雄関係文書Ⅰ』（尚友倶楽部、平成二十二年五月）、『児玉秀雄関係文書Ⅱ』（平成二十二年八月）に続き、書類を中心としてその続編を刊行すべく準備を進めていた。しかし、平成二十四年二月に児玉家をご訪問した際、新たに児玉源太郎関係の史料が遺されていることを確認した。この新たな史料も尚友倶楽部に持ち込むことをご遺族がお許し下さったので、濱田および筆者はさっそく尚友倶楽部で史料整理に取りかかり目録作成を始めた（便宜上、以前から尚友倶楽部に持ち込まれていた児玉秀雄中心の史料群を第一次分とし、今回の源太郎のものを第二次分とする）。

この整理の過程で、点数こそあまり多くはないが、源太郎の生涯の重要な場面に関わる貴重な史料が相当数存在することに気が付いたため、尚友倶楽部とも相談して、従来の児玉秀雄関係文書書類編纂という方針を変更し、『児玉源太郎関係文書』として刊行することにした。以後は濱田および筆者が第二次分の目録を作成しながら、同時に重要と思われる史料を選択して、その翻刻を尚友倶楽部のスタッフに依頼した。この第二次分史料には明治初期のものも多く、その解読には非常に苦労したが、伊藤隆（東京大学名誉教授）の多大な助力によって何とか解読を続けることができた。

なお、整理の過程で源太郎宛書簡の一部は、児玉秀雄編『藤園記念画帖　児玉源太郎十三回忌記念』（児玉家私家版、一九一八年。二〇一〇年にマツノ書店より復刻）に写真が掲載されていたり、また一部の書類は他の史料群に含まれていることが判明した。しかし、大部分が進出の史料であることも分かった。

さて、平成二十五年秋頃に第二次分の目録作成が一応終了し、それからは具体的な収録範囲の決定とその翻刻に取りかかった。そして、最終的には編集者塙ひろ子とも相談しつつ、以下のような方針に従って収録、編纂した。

一、収録の範囲およびその分類は次のようにした。

1　第二次分中の源太郎宛書簡は、『藤園記念画帖』掲載分も含めてすべて収載することにし、差出人別、年月日順に配列した。

2　同じく第二次分にある秀雄宛源太郎書簡もすべて収載し、年月日順に配列した。

3　第二次分に含まれる源太郎が記した日記・手帳類もすべて収載し、年代順に配列した。

4　第一次・第二次分から源太郎が記したと思われる意見書草稿や覚書で、比較的に史料的価値が高いと思われるものを選択し、年月日順に配列した。ただし、これら史料には作成者名が記されていないものがあり、厳密には作成者不明であるが、字体などから源太郎と推定したものがある。

5　第一次分中の明治七年の佐賀の乱、明治九年の敬神党（神風連）の乱、明治十年の西南戦争に関わる史料のうち、比較的に史料的価値が高いと思われるものを選択し、年月日順に配列した。ただし、一つの封筒にまとめて封入されていたり、あるいは紐で一つに綴じられていたものは、その集合のまま配列した。

6　第一次分・第二次分から日清・日露戦争に関わる史料で、源太郎が作成したものではないが、比較的に史料的価値が高いと思われるものを選択し、年月日順に配列した。

7　第一次分中から、源太郎が作成したものではないが、源太郎の手元に残された比較的に史料的価値が高いと思われる意見書などの書類を選択し、年月日順に配列した。源太郎は明治三十年代に台湾総督・陸軍大臣・内務大臣・文部大臣の要職に就いていたことから、このような書類が残ったものと思われる。

二、史料の翻刻および校正は伊藤隆、上田和子と太田展子が担当した。

三、各史料の作成者・年代の推定、および各史料の末尾に付した〔註〕の中の簡単な説明は、季武が担当した。

以上であるが、今回収録した史料以外にも、いまだ多くの重要な史料が残されている。例えば、当初に刊行を考えていた第一次分に含まれる児玉秀雄関係の書類には、大正・昭和期の植民地行政に関わる史料が多く含まれている。これらについては、後日を期したい。

最後に、本書に収載した史料の性格や価値については、春山明哲・斎藤聖二・小林道彦・芹澤良子・大江洋代各氏の助言を得た。謹んで御礼申し上げるしだいである。

児玉家系図

忠碩　河田一右衛門長男、半九郎
文化8年生、
安政3年10月19日没
—モト　児玉忠清　長女

忠炳　浅見正欽次男、厳之丞、次郎彦
天保14年生
元治元年8月12日没
—ヒサ　忠碩　長女

源太郎　忠碩長男
陸軍大将、陸軍大臣
内務大臣、文部大臣
嘉永5年閏2年2月25日生（15日）
明治39年7月24日没
—マツ　岩永秀松　長女

文太郎　元治元年6月2日生

秀雄　拓務大臣、逓信大臣
内務大臣、国務大臣
文部大臣
明治9年7月19日生
昭和22年4月7日没
—澤子　寺内正毅　長女
明治14年4月26日生
昭和41年7月17日没

貞雄　明治12年1月15日生
—静子

友雄　明治14年10月23日生
陸軍中将
—みつ　中村雄次郎　三女

常雄　明治17年3月29日生
陸軍航空兵大佐
—八重子　木戸幸正　二女

国雄　明治19年9月16日生
—節子　中村覚　二女

忠康　広幡忠朝　三男
日本郵船社長
明治31年7月29日生
平成2年10月27日没
—貞子　秀雄　長女
明治35年1月30日生
平成7年3月7日没

縫子　山口十八夫人

芳子　立花俊吉夫人

仲子　穂積重遠夫人

八郎　明治24年4月4日生
—寿満子

九一　明治26年8月3日生
島根県知事
—幸子　大森鍾一　五女

元子　藤田嗣雄夫人

鶴子　木戸幸一夫人

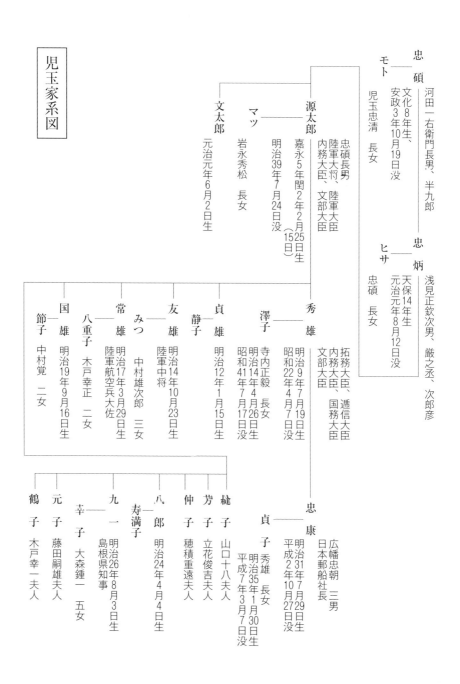

年	月　日	西暦	事項	階級・爵位
明治28年	3月25日	1895	大本営陸軍参謀	
	8月20日			男爵
明治30年	10月19日	1897	清国威海衛に出張（～11月28日）	
明治31年	1月4日	1898	第三師団長	
	2月26日		台湾総督（～39年4月11日）	
明治33年	12月23日	1900	陸軍大臣兼任（～35年3月27日）	
明治36年	1月23日	1903	児玉文庫開庫式	
	6月		欧州・南アフリカ・アメリカに出張命令、中止	
	7月15日		内務大臣兼任（～36年10月12日）	
	7月17日		文部大臣兼任（～36年9月22日）	
	10月12日		参謀次長	
明治37年	2月8日	1904	日露戦争勃発（～38年9月5日）、大本営兵站総監兼任	
	6月6日			大将
	6月20日		満州軍総参謀長	
	7月15日		東京発、大連上陸、11月30日旅順、12月5日二〇三高地陥落	
明治38年	3月	1905	帰京	
	5月		遼東守備軍司令官臨時事務取扱兼満州総兵站監	
	12月		宇品着	
	12月20日		参謀次長事務取扱	
明治39年	4月11日	1906	参謀総長	子爵
	7月13日		南満州鉄道創立委員長	
	7月23日		脳溢血で急死	
明治40年	10月2日	1907	嗣子・秀雄に伯爵	

年	月　日	西暦	事項	階級・爵位
明治8年	10月8日	1875	母モト死没	
明治9年	8月14日	1876	歩兵分遣隊巡視のため琉球へ（～9月14日）	
	10月24日		神風連の乱、11月報告のため上京	
	12月		熊本鎮台参謀副長	
明治10年	2月	1877	西南戦争、熊本城籠城、5月より転戦、10月凱旋	
明治11年	2月25日	1878	近衛局出仕、麹町富士見町	
	7月		近衛局参謀	
	12月		近衛局参謀副長	
明治12年	5月	1879	神風連の乱の際の軍旗奪取の報告が遅れ謹慎3日	
	7月		近衛局参謀	
明治13年	4月30日	1880		中佐
	5月7日		東京鎮台第2聯隊長・佐倉営所司令官	
明治14年	4月1日	1881	第1連隊と第2連隊の対抗演習（～14日）	
明治16年	2月6日	1883		大佐
明治18年	3月8日	1885	三浦半島で陸海軍初の合同演習（～11日）	
	5月26日		参謀本部管東局長	
	7月		西部検閲使属員	
	7月24日		参謀本部第一局長	
明治19年	9月30日	1886	陸軍大学校幹事兼任	
明治20年	6月3日	1887	監軍部参謀長	
	10月24日		陸大校長兼務	
明治22年	8月24日	1889		少将
明治24年	10月25日	1891	欧州へ出発（～25年8月） パリ、独、露、オーストリア、ハンガリー	
明治25年	8月23日	1892	陸軍次官兼軍務局長（～31年1月14日）	
明治27年	8月1日	1894	日清戦争勃発（～28年4月17日）	
	9月		参謀本部御用取扱兼務（～28年6月）	
	12月		大本営に出張、28年2月も	

児玉源太郎　年譜

年	月　日	西暦	事項	階級・爵位
嘉永5年	閏2月25日	1852	徳山藩士児玉半九郎忠碩・モトの長男として出生	
安政3年	10月19日	1856	半九郎死没、浅見次郎彦が養嗣子となる	
安政5年		1858	次郎彦と姉ヒサが結婚	
安政6年		1859	藩校興譲館入学	
元治元年	8月12日	1864	次郎彦暗殺される、家名一時断絶	
慶応元年	7月13日	1865	家名復興し中小姓、児玉源太郎忠精と名乗る	
明治元年	9月22日	1868	献功隊2番小隊半隊司令士として初陣。秋田土崎港、五稜郭転戦	
明治2年	6月1日	1869	東京凱旋	
	6月9日		東京居残り命令	
	8月1日		兵部省雇、京都二条河東・第1教導隊	
	9月4日		京都二条河東練兵場入営	
	11月5日		大阪兵学寮（玉造）	
明治3年	2月	1870	脱退騒動鎮定	
	6月2日		兵学寮卒業、歩兵4番大隊6等下士官	
	12月3日			権曹長
明治4年	4月15日	1871	歩兵第3聯隊第2大隊副官	准少尉
	8月6日			少尉
	9月21日			中尉
明治5年	6月17日	1872	歩兵第19番大隊副官	
	7月25日			大尉
	8月1日		大阪鎮台司令副官心得	
	11月5日		次姉ノブ、波多野毅と結婚	
明治7年	2月16日	1874	佐賀の乱、大阪鎮台第10大隊第4中隊として出征	
	2月23日		負傷、福岡病院入院	
	4月		大阪に移り療養	
	8月28日		熊本鎮台准官参謀	
	10月19日		大阪・岩永秀松・タキ長女マツと結婚	少佐

史料校訂者　一覧

尚友倶楽部

上田　和子　　尚友倶楽部 史料調査室

藤澤恵美子　　尚友倶楽部 史料調査室

松浦　　真　　尚友倶楽部 史料調査室　写真担当

太田　展子　　尚友倶楽部 嘱託

内藤　好以　　尚友倶楽部 嘱託

児玉源太郎 関係文書 編集委員会

伊藤　　隆　　東京大学 名誉教授

季武　嘉也　　創価大学 教授

濱田　英毅　　玉川大学 非常勤講師

田中　　潤　　御茶の水女子大学 非常勤講師

児玉源太郎関係文書《こだまげんたろうかんけいもんじょ》

2015年1月30日発行

編　者　尚友倶楽部
児玉源太郎関係文書
編集委員会
（代表　季武嘉也）

発行者　山　脇　洋　亮
印　刷　藤　原　印　刷　㈱
製　本　協　栄　製　本　㈱

発行所　東京都千代田区飯田橋4-4-8
（〒102-0072）東京中央ビル
TEL 03-3239-1467　振替 00140-0-20618
㈱同成社

ISBN978-4-88621-690-8 C3021